浙江省哲学社会科学规划课题后期资助项目
（14HQZZ002）

浙江省哲学社会科学规划
后期资助课题成果文库

WTO争端解决中的证据问题研究

WTO Zhengduan Jiejuezhong De Zhengju Wenti Yanjiu

崔起凡　著

中国社会科学出版社

图书在版编目（CIP）数据

WTO 争端解决中的证据问题研究 / 崔起凡著 . —北京：中国社会科学
出版社，2015.12
ISBN 978 - 7 - 5161 - 8058 - 7

Ⅰ.①W… Ⅱ.①崔… Ⅲ.①世界贸易组织 - 国际贸易 - 国际争端 -
证据 - 研究 Ⅳ.①F743

中国版本图书馆 CIP 数据核字（2016）第 084378 号

出 版 人	赵剑英	
责任编辑	宫京蕾	
特约编辑	高川生	
责任校对	王 影	
责任印制	何 艳	

出 版	中国社会科学出版社	
社 址	北京鼓楼西大街甲 158 号	
邮 编	100720	
网 址	http：//www.csspw.cn	
发 行 部	010 - 84083685	
门 市 部	010 - 84029450	
经 销	新华书店及其他书店	

印刷装订	北京市兴怀印刷厂
版 次	2015 年 12 月第 1 版
印 次	2015 年 12 月第 1 次印刷

开 本	710×1000 1/16
印 张	17
插 页	2
字 数	288 千字
定 价	65.00 元

目　　录

引　言

一　选题的背景与意义

（一）选题背景

WTO 争端解决机制的司法性越来越强，已经从 GATT 时期争端解决机制的准司法性体制，演变成了司法性体制。证据是认定事实的基本依据，直接关系到裁决的结果和当事方利益的维护。伴随着 WTO 争端解决机制司法性的逐步增强，证据的作用日益凸显。

然而，WTO 规则对于证据问题缺乏明确而系统的规定，甚至在 DSU 中没有提及"证据"一词。在这种情况下，作为专门解决国际贸易争端的富有特色的 WTO 争端解决机制，涉及许多证据问题需要研究和探讨：WTO 争端解决中的证据规则有哪些渊源？专家组和上诉机构在 WTO 证据规则的确定与适用中承担什么角色，有何权力？这些权力行使的影响因素以及边界在哪里？关于证据的可采性和证明力、证据的收集与提供、证明责任与证明标准等证据问题，大陆法和普通法存在法律文化冲突，它们对WTO 争端解决中证据问题的处理分别产生了怎样的影响？WTO 争端解决实践与其他国际司法实践中证据问题的处理有何共性又有何特色？是否有必要制订 WTO 专门的或具体的证据法？中国实务界应对 WTO 证据问题的立场和对策是什么？

事实上，在 WTO 争端解决实践中，专家组报告和上诉机构报告为WTO 证据规则的研究提供了"实然法"的资料，并且在很大程度上弥补了 WTO 证据成文规则的不足。同时，仍然有许多证据问题的处理缺乏一致性和可预见性。在这种情况下，对 WTO "判例法"予以梳理，对于模糊、矛盾的司法实践进行应然的探讨，成为 WTO 争端解决机制进一步健康发展、获取更高的权威性和正当性的关键。

（二）选题意义

1. 理论意义

本文将通过对 WTO 争端解决中的证据问题进行实证研究，并且结合包括 DSU 在内的 WTO 协定，总结 WTO 争端解决中的证据规则，并且将之上升到一定的理论高度，进而从理论上构建 WTO 争端解决中应然的证据规则体系，并且为中国政府、企业、实务人士将来参与 WTO 争端解决提供理论支撑。同时，也可为中国学术界对 WTO 争端解决机制以及 WTO 实体法的研究向纵深方向发展提供基础。

2. 实际应用价值

中国作为新兴经济体，国际贸易额已经占据世界第二的位置，同时也是世界上重要的资本输出国和输入国。由于世界各国或明或暗地采取贸易保护主义，中国与其各主要贸易伙伴贸易摩擦时有发生，其中不仅有发达国家，也有许多发展中国家，每年申诉到 WTO 的案件都有多起。中国不仅作为申诉方，也作为被诉方以及第三方广泛参与到 WTO 争端解决实践中。从 2006 年开始，中国步入 WTO 贸易争端高发期，中国的涉案数量一直保持有增无减的态势。

更好地利用 WTO 争端解决机制，包括其证据规则，对于保护中国国家和涉外企业的利益，为中国国际贸易发展提供必要而有效的救济，以及应对其他国家的贸易保护主义都具有重要的实践意义。

二　国内外研究现状

（一）国内研究现状

在中国，随着对 WTO 争端解决机制研究的重视，已经涌现了一批关于 WTO 争端解决中证据问题的有影响、有代表性的研究成果。在论文方面，如余敏友、席晶（2003），朱榄叶（2006、2007），韩立余（2007），姜作利（2008、2009），刘衡（2010）等。另外，也有一些 WTO 争端解决机制的专著专章涉及证据问题。关于 WTO 证据的硕士论文也有 10 余篇。值得提及的是，关于 WTO 证据问题的专著已有出版（高田甜，2012），专门对 WTO 的证明责任进行研究。总的来说，关于 WTO 证据的研究已经具备了一定的规模与基础。

WTO 证据问题已有研究存在的问题是，过分偏重于 WTO 证明责任的研究，尽管有些文献对证据问题进行了综合研究，但是对于一些证据问题的研究，比如专家证据问题、证据披露的范围与条件、商业秘密信息的保护、专家组和上诉机构确立证据规则自由裁量权的法理基础与界限，较少涉及；另外，已有研究也很少将 WTO 证据规则与各国国内证据制度以及其他国际性争端解决机制中的证据规则进行比较分析。

另外关于证明责任的研究也存在不足，包括：第一，实证分析不完整，对确立为例外或肯定性抗辩的案例进行了深入的考察，而对于实践中被认定为排除性规定的案例较少进行研究，这样难以总结出 WTO 证明责任分配的完整标准。第二，缺少充分理论阐述和应然分析，相对过于重视对专家组和上诉机构报告的梳理和援引，没有提供建议和对策。第三，研究较少涉及不利推定、证明标准等问题，而这些问题是证明责任问题中密不可分的重要部分。

综上，中国国内对 WTO 证据问题的相关研究成果仍然有待进一步系统和深入的研究。

（二）国外研究现状

相比于中国的研究，国外对 WTO 证据问题的研究更为全面和深入，如 Joost Pauwelyn（1998）、Joost Pauwelyn（2002）、Michelle T. Grando（2006）、Ho Cheol Kim（2007）、Y. Taniguchi（2008）、David Unterhalter（2008）、David Unterhalter & Henrik Horn（2009）、John J. Barcelo（2009）、James Headen Pfitzer and Sheila Sabune（2009）、Arwel Davies（2010）、Joachim Ahman（2012）等。特别是最近几年，相关学术论文的数量较多，其中包括 WTO 上诉机构成员对证明责任分配规则的学理阐释，也不乏学者关于证明责任分配实然标准的批评和应然标准的建议。关于WTO 争端解决的外文专著也涉及证据问题，其中个别专著甚至专章介绍WTO 证据问题。此外，关于国际争端解决证据问题的综合性研究成果比较丰富，如 Durward V. Sandifer（1975）、Mojtaba Kazazi（1996）、Chittharanjan F. Amerasinghe（2005），有些关于国际争端解决的专著夹杂着对WTO 证据问题的论述，如 Chester Brown（2007）。不过，关于对 WTO 证据进行全面系统研究的专著仍然较为少见。

三　重点和难点

本课题的重点也是难点主要体现在以下几个方面。

1. 证据的可采性、证明力以及证据的提供与收集等问题。在 WTO 争端解决实践中，WTO 规则缺乏具体规定，不同的法律文化之间存在冲突，WTO 争端解决机制作为一个富有特色的争端解决机制，处理这些证据问题的方法有何具体特点，是否有改进的空间？这需要通过大量的实证研究，更需要通过比较分析得出应然的结论。

2. 证明责任。在 WTO 争端解决中，提出肯定性主张或抗辩的一方承担证明责任，但是什么样的抗辩是肯定性抗辩，肯定性抗辩和排除性规定以什么科学标准进行区分，WTO 争端解决实践中的证明责任分配的说理存在一定争议，缺乏说服力，并且存在前后裁决不一致的情况。另外，专家组报告和上诉机构报告中经常会使用"证明责任转移"的措辞，导致很多理解和适用的混乱，需要通过分析找到症结和对策。

3. 证明标准问题。在证明标准方面，WTO 法也缺乏成文规则，学者们对其研究并不充分，实践中和理论上有时简单地将初步证据案件当作是 WTO 争端解决的证明标准。实际上，这是一种简单化的误解。有必要进行大量实证研究，发现证据"判例法"的不足，并且通过比较分析确立"应然法"。

四　研究思路和研究方法

（一）基本思路

本文的基本思路是从实践到理论，从个别到一般，从实然到应然，以归纳推理为主以演绎推理为辅，最终提炼出原则、理念与规则，进而指导 WTO 争端解决实践。

（二）研究方法

本论文主要采取了 3 种基本研究方法。

1. 案例分析方法。通过对 WTO 专家组和上诉机构的争端解决实践的考察，梳理和归纳出 WTO 争端解决实然的证据规则与不足，并且为应然分析提供基础。

2. 比较分析方法。包括对国内民事司法的证据规则比较，与其他国际争端解决证据规则的比较，深入了解和发现 WTO 争端解决中证据规则的本质特征，并且力求使得本文的主要观点具有合理性。

3. 不同学科交叉研究的方法。除了 WTO 法和证据法的交叉之外，在法学方法之外辅以经济分析方法。在阐述证明责任分配，尤其是"一般规则—例外模式"时，本文运用了经济分析方法，同时也辩证地分析了在证明责任分配问题上经济分析方法的作用与局限性。

　　另外，本书还涉及法文化学方法的运用，即以不同法律文化的冲突与融合为视角分析了 WTO 争端解决中证据规则的确定与适用。

第一章

WTO 争端解决中证据规则
的渊源与适用

WTO 争端解决机制的内容与性质直接影响到 WTO 争端解决中证据问题的解决与证据规则的特殊性。本文从阐述 WTO 争端解决机制入手，界定其性质，为后文论述具体证据问题提供必要的铺垫。另外，DSU 以及其他 WTO 协定没有明确规定详细的证据规则，那么 WTO 争端解决中证据规则的渊源有哪些？在争端解决中专家组在确定证据规则上有怎样的权力？上诉机构对证据规则的适用又有何作用？在 WTO 争端解决中证据规则的确定与适用受到哪些因素的影响？这些基础性的问题，在对具体证据问题进行分析之前，有必要予以厘清。

第一节　WTO 争端解决机制的内容与性质

WTO 争端解决机制被誉为世界贸易组织这个皇冠上的 "璀璨的明珠"。[1] 世界贸易组织的前任总干事雷纳托·鲁杰罗曾经指出，如果不提及争端解决机制，任何对 WTO 成就的评论都是不完整的。从许多方面讲，争端解决机制是多边贸易体制的主要支柱，是 WTO 对全球经济稳定做出的最独特的贡献。[2]

WTO 争端解决机制的主要法律渊源包括：GATT1994 第 22 条、第 23 条，《关于争端解决规则与程序的谅解》（以下简称 "DSU"），适用协定

---

[1]　Sylvia Ostry, Looking Back to Look Forward: The Multilateral Trading System after 50 years, in the WTO Secretariat, From GATT To The WTO: The Multilateral Trading System in the New Millennium, Kluwer Law International, 2000, p. 106.

[2]　世界贸易组织秘书处：《贸易走向未来》，张江波译，法律出版社 1999 年版，第 68 页。

中的专门争端解决条款,① DSU 附录 2 所列举的适用协定中的特殊或附加规则与程序，以及 DSB 制订的程序性规定。②

DSU 没有明确规定 WTO 争端解决机制的目标，通过对 DSU 第 3 条的解释，不同的学者得出的结论不尽相同。争端解决机制的目标可以概括为以下 3 项：其一，为多边贸易体制提供安全性和可预见性；其二，维护成员方的权利和义务；其三，通过解释以澄清 WTO 法。其中，为多边贸易体制提供安全性和可预见性是争端解决机制的核心目标。③ 这一核心目标是建立在争端解决机制的"规则导向"的基础之上，并且为各当事方建立公平竞争的比赛场地。

在 GATT 争端解决机制的基础上，WTO 争端解决机制有了巨大的发展，比如增加了上诉机构程序、执行程序、严格规定了各程序阶段的时间等。迄今为止，WTO 争端解决机制在巩固多边贸易体制方面发挥了重要的作用。

WTO 证据规则是 WTO 争端解决机制的有机部分，同时 WTO 争端解决机制是 WTO 证据规则运行的制度基础，在很大程度上影响着 WTO 争端解决中证据问题的特殊性。因此，在对 WTO 证据问题进行研究之前，首先应该对 WTO 争端解决机制进行整体的审视。

一 WTO 争端解决机制的内容

(一) WTO 争端解决机制的启动

关于参与 WTO 争端解决程序的主体，在"美国虾案"中，上诉机构明确指出，有资格利用 WTO 争端解决程序的只能是 WTO 成员方，除此之外，个人、国际组织，无论是政府间组织还是非政府组织都无资格启动该机制。也只有那些"与专家组处理的争端有实质性利益"的成员方才可以成为第三方参与专家组程序。因此，根据 DSU，只有作为当事方的成员

---

① 比如《农业协定》第 19 条，《贸易技术壁垒协定》第 14.1 条，《反倾销措施协定》第 17.1 条至第 17.3 条，SCM 第 4.1 条、第 6.8 条、第 7.1 条、第 9 条、第 30 条，《保障措施协定》第 14 条，GATS 第 22.1 条、第 22.2 条、第 23.1 条、第 23.2 条等。

② 比如《上诉机构工作程序》、《DSB 会议议事规则》、《DSB 行为规则》、《关于争端解决程序的工作实践》、《根据〈补贴与反补贴措施协定〉第 8 条第 5 款进行仲裁的程序》等，这些也构成 WTO 争端解决规则的法律渊源。参见朱榄叶、贺小勇：《WTO 争端解决机制研究》，上海世纪出版集团 2007 年版，第 11—12 页。

③ 徐昕、张磊：《WTO 争端解决机制的法理》，上海三联书店 2011 年版，第 47 页。

方和与争议所涉事项有利害关系的第三方才有法律权利向专家组提交书面陈述，以及要求专家组考虑这些陈述。① 可见，只有 WTO 成员方才具备参与 WTO 争端解决程序的主体资格。

WTO 争端解决机构的管辖权具有统一性、强制性以及排他性。其一，统一性。这体现在 DSU 建立了能够适用于 WTO 各适用协定的统一争端解决机制。② 另外，WTO 中的一些特定适用协定规定了附加规则和程序以处理该协定下的争议。当 DSU 与这些附加规则和程序存在冲突时，应该以作为特殊法的后者为准。③ 同时，两者共同构成了统一的争端解决机制。其二，强制性。DSU 第 23.1 条规定："当成员方寻求纠正违反义务情形或寻求纠正其他造成适用协定项下利益丧失或减损的情形，或寻求纠正妨碍适用协定任何目标实现的情形时，它们应援用并遵守本谅解的规则和程序。"这样，申诉方有义务将 WTO 协定下的争议提交 WTO 争端解决机制解决。另外，被诉方在申诉方启动争端解决机制后，无权选择是否同意管辖，而只有接受管辖。其三，排他性。在"美国贸易法 301 条款案"中，专家组指出："DSU 第 23.1 条要求所有成员方在寻求救济时援引和适用 DSU 的多边程序，在这种情况下，成员方只能适用 DSU 争端解决机制。我们称之为'排他的争端解决条款'，是成员方在 DSU 下享有权利和承担义务的一个重要的新的因素。"④

基于诉因的不同，GATT1994 第 23.1 条把 WTO 争端解决机制下的申诉划分为违反之诉、非违反之诉以及其他情形之诉。违反之诉是指一成员方因另一成员方的措施违反 WTO 规则而提出的申诉。非违反之诉是指当一成员方所采取的措施虽然不违反 WTO 规则，但是导致其他成员在 WTO 协定项下利益的丧失或减损，或者阻碍了 WTO 目标实现的情况下，其他成员方提起的申诉。非违反之诉是建立在这样一个事实基础之上，即政府希望从贸易协定中获得的利益可能被另一政府毫不相关的、并且可以容许的行为所抵销，而有关行为是在制订协定时不可能合理预见到的。⑤ 关于

---

①　AB Report, US – Shrimp, WT/DS58/AB/R, para. 101.

②　DSU 第 1.1 条。

③　DSU 第 1.2 条。

④　Panel Report, US – Section 301 Trade Act, WT/DS152/R, para. 7.43.

⑤　［美］戴维·帕尔米特、［希腊］佩特罗斯·C·马弗鲁第斯：《WTO 中的争端解决：实践与程序》（第 2 版），罗培新、李春林译，北京大学出版社 2005 年版，第 144 页。

其他情形之诉，根据 DSU 第 26.2 条的规定，一争端方只有在认为其利益的丧失或减损（或协定任何目标的实现正在受到阻碍）是由于上述两项以外的原因造成时才能够提起申诉。在其他情形之诉下，DSU 的程序仅适用至专家组报告散发各成员为止，对报告的通过仍然采取"协商一致原则"，对该专家组报告不得上诉。在 GATT 或 WTO 的争端解决实践中，迄今尚未出现这种申诉。

（二）WTO 争端解决机制的基本程序

WTO 争端解决机制主要包括了磋商程序、专家组程序、上诉程序以及执行程序。磋商程序是必经的程序，在专家组程序和上诉程序中，专家组和上诉机构分别负责对成员方之间的贸易争端的审理，相当于国内诉讼中的一审和二审。在对专家组报告或上诉机构报告的执行过程中，当事方之间仍然可能会产生一些新的分歧，比如执行的合理期限，这些分歧可以通过仲裁方式解决。仲裁裁决对争端双方有拘束力。另外，在争端解决程序中，当事方可以运用斡旋、调解和调停方法解决争端，这些方法根据当事方意愿可以随时开始，也可以随时结束，其结果的实施无强制性。

1. 磋商程序

WTO 争端解决机制始于磋商程序，磋商程序是设立专家组的先决条件。磋商程序的目的在于使当事方获取有关争端解决的确切信息，以期相互谅解并且达成解决问题的协议，或者在不能够达成满意解决方案的情况下，便于双方向专家组提供准确信息。①如果当事方在开始磋商后的 60 天未能解决争端，则申请方可以请求设立专家组。

2. 专家组程序

专家组应该在不迟于第 1 次将请求列入 DSB 会议议程后的第 2 次会议上成立，除非 DSB 协商一致不同意，②即专家组的成立采用"反向协商一致原则"。WTO 秘书处备有一份关于专家组的指示性名单，当事方自己可以协商专家组成员并通知 DSB，但是实践中这样的情况很少。如果当事方无法在 20 天内就专家组人选达成协议，任何一方可以请求 WTO 总干事，在与 DSB 主席以及相关委员会协商后，确定专家组的组成。

---

① 贺小勇：《国际贸易争端解决与中国对策研究》，法律出版社 2006 年版，第 103 页。

② DSU 第 6.1 条。

　　根据 DSU 第 7 条规定，除非争端各方在自成立专家组后 20 天内另有约定，否则专家组应该获得标准职权范围，即根据争端各方援引的适用协定的有关规定，审查成员方向争端解决机构提交的事项并且提出建议或做出裁决。如果当事方同意，DSB 可以授权其主席在与当事方协商后制定特殊授权条款。根据 DSU 的规定，专家组的职能是协助争端解决机构履行其依照 DSU 和适用协定承担的职责。因此，专家组应该对提交给它的事项做出客观评估，包括对案件的事实、各有关适用协定的适用和是否与各有关适用协定相一致的客观评估，并且得出调查结果，以协助争端解决机构按照各适用协定规定提出建议或做出裁决。专家组应该定期与争端各方协商并且给予其适当机会以达成相互满意的解决办法。①

　　专家组工作程序包括两次实质性会议。在第 1 次实质性会议上，申诉方和被诉方陈述案情。在第 2 次实质性会议上进行正式辩论。在争端各方提供的资料和信息的基础上，专家组报告由专家组独立完成。专家组报告散发后，DSB 应该在 60 天内通过专家组报告，除非争端方提出上诉，或 DSB 经过协商一致决定不通过该报告（"反向协商一致原则"）。专家组程序的期限通常为 6 个月，在任何情况下都不得超过 9 个月。

　3. 上诉程序

　　DSU 设立上诉程序，是为了防止专家组程序可能出现的法律错误和提供救济，保护和加强法律适用的统一性和一致性，对专家组报告中的法律问题与法律解释进行审查。②

　　DSU 规定由 7 名上诉机构成员中的 3 名组成合议庭审理案件。合议庭采取协商一致的方式做出裁决。在一般情况下，从争端当事方正式通知其上诉决定之日起到上诉机构散发报告之日止，整个上诉过程不得超过 60 天，特殊情况下最长不超过 90 天。③ 上诉机构报告的通过也采用"反向协商一致原则"。根据 DSU 第 17.6 条的规定，上诉机构的管辖权限于专家组报告所做的法律结论和法律解释。

　4. 执行程序

　　专家组报告或上诉机构报告通过以后，其建议或裁决对争端方即产生

---

① 　DSU 第 11 条。

② 　韩立余：《既往不咎：WTO 争端解决机制研究》，北京大学出版社 2009 年版，第 68 页。

③ 　DSU 第 17.5 条。

约束力，争端解决进入执行程序。已经发生法律效力的建议和裁决应该立即执行，如果不能够立即执行，则应该确定执行的合理期限。合理期限的确定方式包括 3 种：有关成员方提议并经争端解决机构批准，争端各方协商确定，以及仲裁方式确定。如果争端各方就执行措施与通过的建议或裁决的相符性发生争议，则该争议应该提交原专家组裁决。如果败诉方未能够执行专家组或上诉机构的建议，则败诉方须与利益受损的当事方进行协商以确定补偿方案。如果对此没有达成一致，则受损方可以请求中止先前授予违反方的贸易减让。除非 DSB 一致反对中止减让，或者违反方请求就中止减让的程度进行仲裁，否则 DSB 将授权中止减让。

另外，争端解决机构应该监督建议或裁决的执行情况。任何成员可以随时向 DSB 指出败诉方在执行建议或裁决中存在的问题，此类问题应该于执行的合理期限确定之日起 6 个月后列入 DSB 会议的议事日程，并且一直保持到问题得到解决。

二　WTO 争端解决机制的性质

（一）争议与分歧

关于 WTO 争端解决机制的性质，理论上存在着分歧，其中有代表性的观点有两种：其一，WTO 争端解决机制是一种准司法体制。与其他国际争端解决机制相比，WTO 争端解决机制的特点最具实用性，涉及面广，是外交方法和法律方法组合起来的一种机制。不过，它正呈现出从"实力导向"向"规则导向"演变的一种趋势。[①] 其二，WTO 争端解决机制是一种司法体制。因为在该机制中，有专门的争端解决机构，即专家组和上诉机构，专家组的职能是认定事实并依法进行裁定，专家组对有关协定下产生的争端拥有排他的管辖权。而且，专家组和上诉机构处理案件具有明确的规则和程序，专家组和上诉机构的报告将自动通过，对于当事方具有拘束力。[②]

国际争端的解决方法可以分为"实力导向"和"规则导向"两种类型。"实力导向"又称外交方法，是通过讨论、谈判等政治外交方法来解决争端，其特征是程序具有弹性，争端解决结果不完全以法律为依据，在

---

① 邵沙平、余敏友：《国际法问题专论》，武汉大学出版社 2002 年版，第 335 页。
② 左海聪：《国际经济法的理论与实践》，武汉大学出版社 2003 年版，第 120 页。

很大程度上受争端方实力的影响。"规则导向"又称司法方法，是由独立的专业人士依据规则做出有拘束力的裁决。

从应然的角度看，规则导向更有利于维护多边贸易体制的稳定，更有利于实现不同成员方尤其是存在实力差距的成员方之间的利益平衡。因为，它可以保障争端解决的公平性和可预见性。对于实力不均等的成员方之间，实力导向更多地体现了"弱肉强食"的法则，因为弱势一方常常不具有争取公平结果的实力。从历史上看，GATT 争端解决机制在 20 世纪 70 年代几乎导致整个 GATT 体制的解体，各种形式的"自愿出口限制""双边市场安排"等灰色区域措施使 GATT 日益陷入规则失灵的境地，正因为如此，东京回合缔约方重新规定了争端解决条款，乌拉圭回合更是通过谈判加强了争端解决机制的司法属性。

实际上，WTO 争端解决机制既不是纯粹的规则导向，也不是纯粹的实力导向，而是处在实力导向向规则导向演变的某个阶段。美国学者亨金指出："在各国的关系中，文明的进展可以认为是从武力到外交，从外交到法律的运动。"[1] 从 GATT 到 WTO 的争端解决机制，就是这样的一种"从外交到法律的运动"。GATT/WTO 争端解决机制都兼具外交方法和司法方法，现在的关键问题是，演变到哪一阶段算是完成质变，一个争端解决机制可以认定为司法体制？WTO 争端解决机制是否已经属于司法体制，或者仅仅属于准司法体制？

WTO 争端解决机制与 GATT 争端解决机制的性质不同。后者是一种准司法机制，这具体表现在：GATT 争端解决机制的一般程序与各单项守则中的特别程序缺乏协调性，缺乏明确的程序期限，对于拖延和阻扰程序无力解决，管辖权有限，而且实体法规则的混乱也影响了争端解决机制的有效性。[2] 不过，从 GATT 时期发展到 WTO 时期，争端解决机制的规则导向有了明显的增强。

（二）结论：WTO 争端解决机制是一个司法体制

关于 WTO 争端解决机制性质产生的争议，根源在于 WTO 争端解决机制兼具司法性因素和外交性因素，或者说融合了司法方法和外交方法。

---

① Louis Henkin, How Nations Behave: Law and Foreign Policy (2nd edition), Columbia University Press, 1979, p. 1.

② 贺小勇：《国际贸易争端解决与中国对策研究》，法律出版社 2006 年版，第 7—11 页。

WTO 争端解决机制的司法性体现在以下几个方面：它的强制性和排他性管辖权；专家组和上诉机构作为裁判者，在行使审理职权时，具有独立性，不从属于任何国家和组织，也包括 WTO 各机构，案件的审理有明确的规则与程序可遵循；专家组需要客观认定事实，[①]而上诉程序带来的潜在压力使得专家组不得不遵守正当程序，依法审理；执行程序使专家组和上诉机构的报告具有实际拘束力和有效的执行力；专家组和上诉机构报告具有事实上的"判例"作用，其确立的规则通常为以后的案件审理所遵循。

WTO 争端解决机制的外交性体现为：DSU 对磋商方法在争端解决中地位的强调，[②]成员方经济实力的差异导致报复机制的有效性让发展中国家难以满意；审理程序的秘密性原则，[③]专家组或上诉机构的报告需要争端解决机构表决通过，等等。[④]

理论上对 WTO 争端解决机制性质的不同界定是因为审视角度以及对"司法体制"的界定标准不同。我赞同"司法体制论"，理由有二：其一，WTO 争端解决机制的性质认定取决于"司法体制"如何被界定，如果严格以国内法院为参照标准，它还很难称得上司法体制。但是和国际法院（ICJ）、解决投资争端国际中心（ICSID）等国际司法机构相比，WTO 争端解决机制的司法性非常明显。比如，WTO 争端解决机构的管辖权具有强制性，不以被诉方表示同意为条件，而国际法院和解决投资争端国际中心的管辖权都需要争端双方表示接受管辖为条件；WTO 具有上诉机制，相比之下，ICSID 仲裁等许多国际争端解决机制没有上诉程序。从实效看，有学者认为 GATT 争端解决机制的成功，不论是国际法院，还是欧共

---

①　DSU 第 11 条规定了专家组的职能："专家组应对其审议的事项做出客观评估，包括对该案件事实及有关适用协定的适用性和与有关适用协定的一致性的客观评估，并做出可协助 DSB 提出建议或提出适用协定所规定的裁决的其他调查结果。"

②　除了磋商是专家组程序的必经阶段，DSU 第 11 条规定了专家组的职能，即专家组"应定期与争端各方磋商，并给予它们充分的机会以形成双方满意的解决办法"。

③　专家组评议、上诉机构评议、当事方和第三方的书面材料，以及外部个人或组织提供给专家组的信息都被要求必须是秘密的，究其原因在于成员方政府认为保持程序的非公开性使得他们能够通过磋商灵活地解决争议。

④　徐昕、张磊：《WTO 争端解决机制的法理》，上海三联书店 2011 年版，第 123—141 页。

体法院都相形见绌。① 其二，如果辩证地看，即从矛盾的主要方面而非次要方面来看，机制的法律性质属于司法体制，并不因为包容非司法性因素而改变。② 尽管在 WTO 争端解决机制中，磋商是必经程序，另外它还包含了调解程序。但是磋商不成就会进入专家组程序，而调解程序完全是自愿的，因为诉诸 WTO 前已经进行过非正式的调解，因而调解在 WTO 争端解决实践中很少发生。事实上，国内司法程序中也包含调解与和解程序，诉讼附带 ADR 程序在各国是常有的，这些并不会影响其司法属性。虽然专家组或上诉机构的报告需要争端解决机构通过才能生效，③ 但是它采取反向一致的表决方式，其通过实质上不存在障碍。争端解决机制具有秘密性，报复效果不够理想，这些需要改进，但不是决定一个机制是否构成司法体制的决定性因素。而以下因素从整体上决定了 WTO 争端解决机制是司法体制：强制性的管辖权，裁判者的独立性和中立性，对事实的认定采取证据裁判主义，④ 裁判结果的拘束力和可执行性等。

综上，WTO 争端解决机制符合司法体制的本质特征，"外交性"的一些因素并不影响 WTO 争端解决机制整体上作为一个司法体制的性质。事实上，专家组报告和上诉机构报告被多数人视为"国际法意义上的司法机构"的裁决。⑤并且，WTO 争端解决机制的司法性仍然在不断加强，证据在争端解决过程中发挥着越来越重要的作用，直接影响到 DSB 对事实的认定以及裁决结果。WTO 争端解决机制在国际经济关系领域发挥了举足轻重的作用，从 WTO 成立至 2014 年 10 月，WTO 争端解决机构受理案件

---

① 约翰·H. 杰克逊指出："GATT 的争端解决程序是一个十分成功的国际法律制度。在国际法律制度历史上达到如此辉煌巅峰者，若不算独一，至少是罕见的。这些机制的运作比预料的要好，至少它的成绩比国际法院好。"从前：《WTO 法律规则与中国现行法律制度的应对与策略全书》，中国商业出版社 2001 年版，第 1567 页。

② 左海聪：《国际经济法的理论与实践》，武汉大学出版社 2003 年版，第 123 页。

③ DSU 第 6.1 条、第 16.4 条和第 17.14 条。

④ 证据裁判主义具有 3 层含义：(1) 认定事实必须依据证据，没有证据则不能认定事实；(2) 裁判必须根据有证据资格的证据；(3) 证据必须在法庭出示，并且经过合法的质证、认证程序后方可作为裁判的依据。何家弘：《证据法学研究》，中国人民大学出版社 2007 年版，第 287 页。

⑤ Joost Pauwelyn, the Role of Public International Law in the WTO: How Far Can We Go? 95 (3) American Journal of International Law 535, 553 (2001).

已达 483 起。而 GATT 存在的 40 多年间，解决的争端仅为 250 件。① 这些数字反映了 WTO 争端解决机制司法功能的极大增强以及成员方对它的信赖。

WTO 争端解决机制司法性的增强，使证据问题和证据规则变得越来越重要，并促使证据规则逐渐发展和完善；反过来，证据规则的发展和完善，也体现和增强了 WTO 争端解决机制的司法性。

第二节 WTO 争端解决中证据规则的渊源

《国际法院规约》第 38 条第 1 款规定了国际法的渊源，包括条约、习惯、一般原则、司法判例及各国最高权威之公法学家的学说。这些不仅是国际实体法的渊源，同时也是国际程序法的渊源。② 其中，条约、习惯以及一般原则属于正式渊源，司法判例及公法学家的学说构成辅助渊源。WTO 争端解决中证据法或证据规则的渊源主要包括 WTO 协定、一般法律原则、专家组报告或上诉机构报告以及其他国际司法机构的实践。

一 WTO 协定

证据问题兼具实体法和程序两种属性。大部分证据问题属于程序问题，如证据的收集、证人出庭与询问；也有些证据问题属于实体问题，最为典型的就是证明责任分配，必须结合 WTO 协定的实体法才能对证明责任的分配做出适当决定。相应地，WTO 证据规则具有实体法和程序法两种渊源。

DSU 是 WTO 争端解决机制中最基本的程序规则，尽管其中并未出现"证据"之类的措辞，但是仍然构成 WTO 证据规则的重要渊源，如 DSU 第 11 条以及附录 2、3、4。另外，《上诉审议工作程序规则》和《WTO 争端解决规则与程序的谅解行为守则》等关于证据的一些规定，也构成 WTO 证据规则的渊源。

WTO 协定的实体规则决定着证明责任的分配，比如依据上诉机构和

---

① 数据来源：WTO 官方网站。

② Chester Brown, A Common Law of International Adjudication, Oxford University Press, 2007, p. 37.

专家组的解释，GATT 第 20 条下的证明责任归引用它的被诉方负担。类似的 WTO 规则还有 GATT 第 21 条、第 24 条，等等。另外，《农业协定》第 10.3 条更是明确地规定了证明责任的分配，它们都构成了 WTO 证据规则的实体法渊源。

二　一般法律原则

在实践中，一般法律原则作为国际司法机构适用的程序法律渊源也已经被充分地确立。① 《奥本海国际法》指出："对一般法律原则作为国际法渊源的承认，使一些法律规则能够弥补习惯和条约运行所可能留下的法律缺陷或弱点，并且提供一种在适用习惯和条约时予以参照的法律原则的背景，而且，这样的承认可以在其运行中修改习惯和条约的适用。"②

关于作为国际法渊源的一般法律原则，国际学者普遍认为，它是指各国法律均予以承认并且适用的法律原则，即它来源于各国国内法。③ 为填补规则的空白，许多国际司法机构习惯性地寻求各种规则渊源，包括一般法律原则。有许多学者对一般法律原则进行了总结和概括，但是一般法律原则的内容十分丰富，进行一一列举难免挂万漏一，德国国际法学家魏智通主张通过比较的方法来确认一般法律原则。④

关于证据问题的一般原则也有许多，比如"法官知法"（jura novit curia）⑤，即法官知道法律，不依赖当事人对法律的观点，当事人举证的对象应该限于事实问题；再比如"听取双方陈述"（audi altcram partem）⑥，以及作为"谁主张，谁举证"（actori incumbit probatio）⑦，等等。

---

① Chester Brown, A Common Law of International Adjudication, Oxford University Press, 2007, p. 53.

② ［英］詹宁斯、瓦茨：《奥本海国际法》（第 1 卷第 1 分册），中国大百科全书出版社 1995 年版，第 24 页。

③ 也有学者认为，随着国际法的发展，国际法所特有的原则也已经出现。一般法律原则的来源不仅包括各国国内法原则，也包括国际法本身特有的原则。刘敬东：《WTO 法律制度中的善意原则》，社会科学文献出版社 2009 年版，第 33 页。

④ 刘敬东：《WTO 法律制度中的善意原则》，社会科学文献出版社 2009 年版，第 34 页。

⑤ Cheng Bin, General Principles of Law as Applied by International Courts and Tribunals, Cambridge University Press, 2006, p. 299.

⑥ Ibid. , p. 291.

⑦ Ibid. , pp. 326 – 335.

作为 WTO 证据规则渊源的一般法律原则可以分为两类：适用于 WTO 争端解决程序的一般法律原则和适用于具体证据问题的一般原则。前者统领整个争端解决程序，比如各国司法机制普遍认可的善意、正当程序，这些原则在 WTO 争端解决机制包括在证据程序中都有明显的体现。后者涉及争端解决程序中的具体证据问题，比如"谁主张，谁举证"、"法官知法"等。

专家组和上诉机构在必要时会援引一般法律原则来支持他们的推理。在"美国虾案"中，上诉机构就评述 GATT 第 20 条的序言是关于善意原则的表述，而善意原则是国际法的一般原则，规制各国权利的行使。① 关于"谁主张，谁举证"这一基本举证原则，上诉机构在 1997 年"美国羊毛衬衫案"中，先是引用了 DSU 的相关规定做出解释，接着论述了国际法院对于这项原则的适用，最后指出大陆法、普通法甚至事实上在世界上大部分法域中，都接受了这项基本原则。②

三　专家组报告和上诉机构报告

判例在大陆法国家和普通法国家的司法体系中具有不同的法律地位，在普通法国家判例是正式的法律渊源，甚至是首要的法律渊源；在大陆法国家的传统上，判例不是正式的法律渊源。不过，大陆法国家正愈加重视判例的作用，尽管现在判例仍然不具有强制约束力，但是上级法院的判决被认为是有说服力的，对下级法院发生着实际上的约束力，而且违背上级法院判决中确定的原则往往会导致下级法院的判决被撤销。③中国已经确立并且逐渐完善案例指导制度，虽然它不同于判例法，但是判例在司法实践中实际发挥着指导作用。那么在国际性的法院或法庭，先前判例是否是法律渊源，具有什么样的地位和作用呢？

依据《国际法院规约》，在国际法上司法判例仅构成辅助的渊源。④ 另外，法院裁判除对当事国及该案外无拘束力。⑤ 这并不意味着法院的决定在一般意义上对于法院或者国际法没有作为判例的影响，只不过是它们

① 　AB Report, US – Shrimp, WT/DS58/AB/R, para. 158.

② 　AB Report, US – Wool Shirts and Blouses, WT/DS33/AB/R, p. 14.

③ 　纪格非：《证据能力论——以民事诉讼为视角的研究》，中国人民公安大学出版社 2005 年版，第 140 页。

④ 　《国际法院规约》第 38 条第 1 款 c 项。

⑤ 　《国际法院规约》第 59 条。

对于条约当事国之间关系的具体决定不具有拘束力。这个规定无论如何不妨碍法院将它的判理学（jurisprudence）看作判例。①

相似地，专家组和上诉机构的报告也没有被明确承认构成判例法并且在以后案件审理中必须遵循。但是，WTO 体制中判例的指导或垂范作用是客观存在的，谁都无法漠视。②在 WTO，法律文件中先例的概念是争端解决机制中可靠性和可预见性目标有效实施的核心。③

WTO 协定涉及证据的条款必须由专家组和上诉机构在具体的争端解决中做出解释，并表述于专家组和上诉机构的报告。专家组或上诉机构在解决争端过程中也常常援引以往的专家组报告尤其是上诉机构报告，如在"美国外国销售公司（欧共体援引第 21.5 条）案"中，上诉机构援引"美国羊毛衬衫案"和"欧共体荷尔蒙案"中确定的证明责任分配规则。④专家组和上诉机构报告构成了 WTO 证据规则的重要渊源。在"欧共体沙丁鱼案"中，专家组将 TBT 第 2.4 条第二部分认定为"例外"，但是却在上诉程序中被推翻，上诉机构认为专家组未遵循上诉机构在"欧共体荷尔蒙案"中关于 SPS 第 3.3 条性质的裁决但没有提供合理解释。相反，由于 SPS 第 3.3 条和 TBT 第 2.4 条第二部分极强的概念相似性，"欧共体荷尔蒙案"中上诉机构的说理在本案中同样适合。⑤ 可见，上诉机构的裁决通常应当被以后的专家组程序所遵循，形成了事实上的拘束力。

在"日本酒税案"中，上诉机构指出，"被采纳的专家组报告构成 GATT 在 WTO 成员之间确立的合理期待的重要部分"。⑥ 同样的原则在此之后被适用于其他上诉机构报告。⑦ 上诉机构报告仅约束争端当事方，"并不意味着之后的专家组可以随意地忽视已经被争端解决机构通过的上

---

① See Report of the Informal Inter – Allied Committee on the Future of the Permanent Court of International Justice, 39（Suppl）American Journal of International Law 1，20（1945），para. 63.

② 赵维田：《WTO：解释条约的习惯规则》，湖南科学技术出版社 2006 年版，第 22 页。

③ ［爱尔兰］彼得·萨兰德等：《WTO 的未来——阐释新千年中的体制性挑战》，刘敬东等译，中国财政经济出版社 2005 年版，第 77 页。

④ AB Report，US – FSC（21.5 – EC），WT/DS108/AB/RW，para. 127.

⑤ AB Report，EC – Sardines，WT/DS231/AB/R，para. 274.

⑥ AB Report，Japan – Alcoholic Beverages II，WT/DS8/R，WT/DS10/R，WT/DS11/R，para. 108.

⑦ AB Report，US – Shrimp（Article 21.5 – Malaysia），WT/DS58/RW，para. 109，See also AB Report，US – Oil Country Tubular Goods Sunset Review，WT/DS268/AB/R，para. 188.

诉机构报告中所包含的法律解释和法律原则（ratio decidendi）"。①

在"美国陆地棉案"中，专家组也指出："我们理解，在先前'美国外国销售公司（欧共体援引第 21.5 条）案'中专家组和上诉机构就美国和欧盟之间争端做出的裁定提供了适当（relevant）的指导。我们可以，事实上是必须予以考虑。……它们在 WTO 成员方之间确立了合理的期待，因此，当它们与任何争议相关时，应当予以考虑。但是，它们不具有法律上的拘束力，除非对于在争议当事方之间发生的特定争议。"②

判例在 WTO 争端解决实践中发挥重要作用，其原因在于：其一，上诉机构作为常设机构非常重视裁决的一致性。在"美国不锈钢（墨西哥）案"中，上诉机构强调了在 WTO 协定和 DSU 框架下澄清成员方权利和义务的具有一致性和可预见性的判理学（jurisprudence）的发展。③ 其二，WTO 作为一个国际组织，无强制性的执行机构，专家组和上诉机构报告的法律效力必须保证具有正当性和权威性，才能够得到成员的认同，所以争端解决机制必须具有可预见性、一致性和稳定性。在 WTO，法律文件中的先例的概念是争端解决机制中可靠性和可预见性目标有效实施的核心。④ 另外，遵循先前的裁决，还可以节省时间和保证效率，不断积累法律解释和分析的方法。⑤

四　其他国际司法机构的实践

国际司法机构在争端解决中，越来越多地考虑其他国际司法机构的实践，这是一种清晰可辨的趋势。⑥ 在实践中，如果其他国际司法机构已经处理过与 WTO 争端解决相关的一个案件、解释过一条术语或者一个习语，争端各方通常会援引它们的裁决以支持自己的观点，专家组和上诉机构也

---

① AB Report, US – Stainless Steel (Mexico), W T/DS344/AB/R, para. 158.

② Panel Report, US – Upland Cotton, WT/DS267/R, para. 7. 960.

③ AB Report, US – Stainless Steel (Mexico), WT/DS344/AB/R, para. 161.

④ ［爱尔兰］彼得·萨兰德等：《WTO 的未来——阐释新千年中的体制性挑战》，刘敬东等译，中国财政经济出版社 2005 年版，第 77 页。

⑤ 左海聪：《国际经济法的理论与实践》，武汉大学出版社 2003 年版，第 141 页。

⑥ Chester Brown, The Cross – Fertilization of Principles Relating to Procedure and Remedies in the Jurisprudence of International Courts and Tribunals, 30 Loy. L. A. Int'l & Comp. L. Rev. 219, 244 (2008).

会运用这些裁决来支持自己的结论。①

正像一位上诉机构成员所言，司法职能有其本身的要求，对于每个法院或法庭都是如此。这些法院或法庭就像不同的房间，体系结构相同，但是你却觉得环境有很大不同，那是因为司法政策在不同的司法机构是不同的，司法政策必须保持在司法职能的限定范围内。② 不同国际法院或法庭的实践体现了正在呈现的国际程序法原则。简单地讲，国际法官的职能是在争议案件中通过参考已经确立的国际法规则决定特定的权利、义务、权力、利益和责任。

专家组和上诉机构频繁引用其他国际司法机构特别是国际法院的裁决来支持自己的决定，如在"美国汽油案"中，上诉机构援引国际法院、欧洲人权法院和美洲人权法院的裁决，论证《维也纳条约法公约》第31条已经取得了习惯国际法规则的地位；③ 在"美国羊毛衬衫案"中，WTO上诉机构提及各种国际司法机构，包括国际法院的司法实践，来阐述证明责任应该如何分配。④

其他国际司法机构处理证据问题的惯常实践在性质上接近于习惯国际法。习惯国际法可以成为程序法的渊源，它的作用可以通过援引国际司法机构的实践得以体现。⑤

上述几种渊源在 WTO 证据规则体系中的地位各有不同，其中最主要的渊源是 WTO 协定以及专家组和上诉机构的报告，前者为证据问题的处理提供了基本的法律框架，争端解决中应当予以遵循，即专家组报告或上诉机构报告不得违反 WTO 协定；而后者是通过 WTO 专家组和上诉机构对

---

① ［美］戴维·帕尔米特、［希腊］佩特罗斯·C·马弗鲁第斯：《WTO 中的争端解决：实践与程序》（第2版），罗培新、李春林译，北京大学出版社2005年版，第68页。

② D. Terris, C. P. R. Romano and L. Swigart, The International Judge – An Introduction to the Men and Women Who Decide the World's Cases, Oxford University Press, 2007, p. 139 (quoting Professor Abi – Saab).

③ AB Report, US – Gasoline, WT/DS2/AB/R, 29 April 1996, n34.

④ AB Report, US – Wool Shirts and Blouses, WT/DS33/AB/R, p. 14.

⑤ Chester Brown, A Common Law of International Adjudication, Oxford University Press, 2007, p. 53. 也有学者反对将其他国际司法机构处理证据问题的惯常实践作为国际习惯法，认为理论上符合国际法渊源的习惯国际法存在于具有法律确信（opinio iuris）的各国实践，而不能是国际司法机构的实践。See Chittharanjan F. Amerasinghe, Evidence in international litigation, Martinus Nijhoff Publishers, 2005, p. 26.

证据规则的探索，不断推动着 WTO 证据规则的发展和完善。甚至有学者认为，"在 WTO 的争端解决机制中，关于证据和证明责任的问题是通过案例发展起来的，是地地道道的'判例法'。"①尽管专家组报告和上诉机构报告没有普通法国家判例那样的约束力，但是具有"软"约束力，没有充分理由的背离不会被上诉机构认可。一般法律原则和其他国际司法机构处理证据问题的惯常实践也常常在 WTO 争端解决程序中被援引。不过，一般法律原则和其他国际司法机构的实践很少被专家组和上诉机构单独援引，通常都是将其与其他证据规则渊源并列引述。②而公法学家的学说，作为 WTO 证据规则的渊源在实践中并不多见，说明它在这一领域至今仍然未能发挥重要的作用。在很大程度上，这种情况与 GATT 的外交传统有关。随着在 WTO 专家组成员中学者数量的增多，国际法学家教义的援引会逐渐增多。③

由于 WTO 协定中成文证据规则的不完善，加之其他几种渊源都不能够完全满足处理证据问题的需要，WTO 专家组和上诉机构自由裁量权的行使在填补规则空白方面起到了不可或缺的作用。

第三节　WTO 争端解决中证据规则的确定与适用

WTO 争端解决机制缺乏明确完备的证据规则，这就需要 WTO 争端解决的裁判者通过行使自由裁量权来阐释规则或填补规则的空白，如法庭之友陈述是否具有可采性，这有赖于专家组和上诉机构进行解释才能确定。那么，专家组或上诉机构在确定与适用证据规则中具有怎样的权力？其理论基础是什么？该权力的边界在哪里或者受到哪些因素影响？这些是 WTO 争端解决中证据规则的确定与适用中的基本问题。

一　专家组确定与适用证据规则的权力

在 WTO 协定没有明确规定的情况下，专家组享有塑造程序的自由裁

---

① 朱榄叶、贺小勇：《WTO 争端解决机制研究》，上海世纪出版集团 2007 年版，第 155 页。

② 吕微平：《WTO 争端解决机制的正当程序研究》，博士学位论文，厦门大学，2007 年，第 53 页。

③ ［美］戴维·帕尔米特、［希腊］佩特罗斯·C·马弗鲁第斯：《WTO 中的争端解决：实践与程序》（第 2 版），罗培新、李春林译，北京大学出版社 2005 年版，第 57—58 页。

量权。依据 DSU 第 12.2 条，"专家组程序应提供充分的灵活性，以便保证高质量的专家组报告，同时不会不适当地拖延专家组程序"，这实际上是确认了专家组灵活确定 WTO 争端解决的程序规则包括证据程序规则的权力。在"欧共体荷尔蒙案"中，上诉机构指出："DSU 特别是其附件 3，为专家组预留了对那些可能在具体案件中出现的和没有明确规定的特定情形下，根据正当程序进行处理的自由裁量的空间。在这种背景下，一项要求上诉机构推翻专家组就程序事项所做裁定的上诉请求，必须证明由专家组的法律裁定所导致的损害。"①

在 WTO 争端解决中，专家组负责事实的认定，全面和直接地涉及方方面面证据问题的处理，专家组在过往案例中的关于证据问题的处理意见常常为后来的案件审理提供参考，起到类似"判例法"的作用。当然，专家组的有些观点也被上诉机构推翻，即使如此，专家组报告仍然提供了确定 WTO 证据规则的尝试和理论铺垫，有力推进了证据"判例法"的发展。

二　上诉机构确定证据规则的权力

根据 DSU 第 17.6 条的规定，上诉机构只能够审查法律问题和专家组报告所涉及的法律解释，无权审理事实问题，即上诉机构没有直接审查认定证据的职权。在"欧共体荷尔蒙案"中，上诉机构认为，审查评价证据是事实认定的一部分，原则上属于专家组的自由裁量权范畴。事实的认定，与专家组的法律解释或法律结论不同，原则上不受上诉机构审查。认定某一事件是否发生是典型的事实问题，恰当地认定某一证据的可靠性或者证明价值也是事实认定程序的一部分，原则上应当留给作为事实审判者的专家组去自由裁量。② 事实认定主要就是围绕着证据的采纳、评价、证明责任的分配展开，它实质上就是证据问题。

但是，事实上绝大多数的证据问题被提交到上诉机构，上诉机构常常对证据规则的适用提出意见。原因在于事实问题与法律问题有时界限并不是泾渭分明，尤其当事方可以质疑专家组在行使审查评价证据的自由裁量权时滥用职权，违反正当程序，这就是法律问题。在"欧共体荷尔蒙案"

---

① AB Report, EC - Hormones, WT/DS/AB26/R, fn. 138. See also AB Report, US - FSC (21.5 - EC), WT/DS108/AB/RW, paras. 247 - 8.

② AB Report, EC - Hormones, WT/DS26/AB/R, WT/DS48/AB/R, para. 132.

中，上诉机构指出，"专家组是否对提交至其面前的事实，如 DSU 第 11 条规定的那样，进行客观评估，是一个法律问题，如果被正确地提起上诉，属于上诉机构审查范围。"① 再比如，证明责任如何分配以及是否适当，不仅是一个程序问题，它根本上是一个实体问题（即事实不清时，哪一方承担不利后果，实际上是对实体法上的责任做出裁判），这依赖于专家组和上诉机构如何解释 WTO 实体法，依据实体法的规范分析来确定，这仍然落入上诉机构的职权范围。实践中，上诉机构对许多 WTO 案件中的证据问题，尤其是证明责任问题发表意见，为 WTO 证据规则的澄清和发展做出了重大的贡献。

三　专家组和上诉机构权力来源的法理分析

国际司法机构的权力主要来源于 3 个方面，分别是国际司法机构的宪章性文件、其他程序性规则，以及国际司法机构的固有权力（inherent power）。当然，争端当事方临时（on an ad hoc basis）达成的一致意见也可以赋予同样的权力。

当 WTO 协定对有关程序或证据事项有明确规定时，专家组或上诉机构的权力来源就是 WTO 法律文件本身。而这些 WTO 法律文件的效力来源于 WTO 成员方通过法定程序予以的认可。当事方临时达成的一致意见也可以赋予同样的权力，这是由具体争端的当事方就它们之间的争端解决程序赋予专家组或上诉机构的权力。不过，这种权力只能是在该具体程序中行使。

当缺乏 DSU 或其他 WTO 法律文本的明确规定，也未获得当事方的临时一致授权时，专家组的自由裁量权来自于为满足履行其经过明确授权的争端解决或客观评估事实的基本职责的一项固有权力。

固有权力是仅凭作为裁判者的事实或地位即可享有的权力，只有当在特定的争端解决机制中为履行其司法职能必要时才能够实施。这就是它具有正当性的理由，② 其实施不依赖宪章性文件或程序规则的明文规定，固有权力的内容取决于权力实施的具体情境。这构成一项可反驳的推定，即

---

① AB Report, EC – Hormones, WT/DS26/AB/R, WT/DS48/AB/R, para. 132.

② Chester Brown, the Inherent Powers of International Courts and Tribunals, 76 British Yearbook of International Law195, 222 – 229 (2005).

各成员方通过同意创设一个司法机构，也默示同意了授予履行司法职能的必要权力。

一个上诉机构成员曾经如此诠释：DSU 提供了争端解决机制的一个粗略纲要，但是对于上诉机构从事司法活动来说，它需要详细的程序规则和证据规则，DSU 未能够提供。上诉机构不得不通过参照法律和国际法的一般原则，从头创设这些规则，尤其是证据规则，并且没有人对此反对。① 程序规则使得争端解决机制发挥司法职能，只要它们不违反 DSU 以及特定案件中争端方的一致意见，专家组和上诉机构是其争端解决程序的主人。这种权力为它们提供了创设程序规则的灵活性，DSU 的明文规定一定程度上体现了这种灵活性，其第 17.9 条授权上诉机构拟定它自己的工作程序而未界定这些程序规则的范围。

专家组和上诉机构的"固有权力"也是有边界的。国际司法机构权力的所有限制来自"一致同意管辖原则"（principle of consensual jurisdic-tion），不管这种同意是如何表现的，专家组和上诉机构的"固有权力"也受到这样的限制。

第一，固有权力不得违反国际司法机构的宪章性文件或其他程序规则的条款，明文规定和默示条款都可以用来判断专家组或上诉机构是否具有某一权力的依据。比如，DSU 第 3.2 条规定："……依照解释国际公法的惯例澄清这些协定的现有规定。DSB 的建议和裁决不能增加或减少适用协定所规定的权利和义务。"据此，WTO 专家组和上诉机构在行使其"固有权力"时，不得违反这项规定。

当制订 WTO 协定时，各成员方因存在分歧和争议而搁浅了某一证据规则的制订，专家组不得通过行使所谓"固有权力"创造该项证据规则，上诉机构也不得如此解释规则，因为 WTO 协定制订当时的情况足以推翻专家组和上诉机构享有该固有权力的推定。

第二，固有权力必须与其职权相符。对于 WTO 争端解决机构来说，其中一个限制是不得越权原则（non ultra petita）。依据这个原则，上诉机构应当专注于上诉程序中的专家组报告中的法律问题以及专家组进行的法

---

① G. Abi - Saab, The Appellate Body and Treaty Interpretation, in The WTO at Ten: the Contribu-tion of the Dispute Settlement System (G. Sacerdoti, A. Yanovich and J. Bohanes eds.), Cambridge University Press, 2006, pp. 453, 463.

律解释。① 对于证据的采纳与提供，通常由专家组审理，上诉机构不予过问，除非存在某些极端的情况。而且，需要强调的是，固有权力的行使是为确保国际司法机构履行职能之必要。这是固有权力行使的条件和正当性理由。

专家组受职权范围的限制，后者决定了它审查并且做出决定的事项，间接影响证据收集和审查的范围。DSU 第 7.1 条规定，专家组的职权范围是审查提交给争端解决机构的事项，该事项通常体现在申请成立专家组的申请书中。依据 DSU 第 6.2 条，争议事项包括了相互关联的两个方面，即特定的系争措施和申请方的法律依据。由于专家组必须在其职权范围内做出决定，其查明事实权力的行使不能够针对职权范围以外的事实和证据。不得越权规则在有些情况下与正当程序要求有关。在"智利限价制度案"中，上诉机构认为，当专家组就申诉方未曾提出的请求做出决定，被诉方进行回应的公平机会就被剥夺了。②

四　WTO 争端解决中证据规则确定与适用的影响因素

（一）不同法律文化

从整体而言，两大法系的证据法律文化存在着一些差异，比如普通法国家的诉讼程序具有更多的对抗色彩，当事人在诉讼程序中具有主导地位，他们必须积极进行证明活动，包括对证人进行直接询问和交叉询问。另一方面，裁判者的角色消极中立，法官通常不依职权收集证据，也不依职权询问证人，甚至不对当事人提供的证据发表评论。而大陆法系的诉讼程序具有更多的职权主义色彩，在证据收集、质证等方面法官的角色积极主动，诉讼程序在法官的管理和控制下得以运行。③

在证据规则存在空白地带的情况下，专家组和上诉机构行使自由裁量权或多或少受到其法律文化背景的影响；同时，WTO 专家组成员来自不

---

① DSU 第 17.12 条和第 17.6 条。

② Michelle T. Grando, Evidence, Proof, and Fact – finding in WTO Dispute Settlement, Oxford University Press, 2009, pp. 343 – 345.

③ 不过，法系内部各国的证据制度也会有一定差异，而且未必完全符合本法系整体上的特征。伴随着全球化，两大法系在法律制度上相互借鉴，取长补短，不同证据文化出现了一定的融合。关于证据法律文化差异的深入论述，参见 ［美］米尔建·达马斯卡《漂移的证据法》，李学军等译，中国政法大学出版社 2003 年版。

同的国家，具有不同的法律文化背景，必然存在着法律文化的冲突，为了解决纠纷，能够使审理程序继续，他们通常不会仅仅适用某一国的证据法，而是从不同法律文化中吸取他们认为适合 WTO 争端解决的规则或做法。

(二) 争端解决机制的价值取向

WTO 争端解决机制的价值取向是效率优先、兼顾公平。

DSU 对效率价值的追求体现在：其一，DSU 强调，当成员方利益减损或丧失，"迅速解决此类情况对 WTO 的有效运转及保持各成员权利和义务的适当平衡是必要的"。① 其二，WTO 争端解决机制中设立了一套严格的时间表，每个程序阶段都有相应时限。其三，司法经济原则的确立也体现了效率性原则。在"美国羊毛衬衫案"中，上诉机构认为："DSU 第 11 条和 GATT 先前的惯例都没有要求专家组审查原告提出的所有法律问题。GATT1947 和 WTO 先前的专家组常常只审查其认为解决争端事项所必需的问题，而对其他事项不做出决定。"② 司法经济原则由此确立，并且开始被 WTO 专家组或上诉机构作为原则引用。

另外，WTO 争端解决程序兼顾公平价值，这体现在：首先，WTO 争端解决机制增设了上诉复审程序，这是 WTO 争端解决机制追求公正性的有力佐证。其次，依据 DSU 的规定，WTO 专家组和上诉机构将实体问题和程序问题的处理都充分地阐述，包括不同当事方对程序问题及证据问题的不同意见，专家组或上诉机构的意见、对事实的认定、推理过程都要在报告中体现，这是程序公正的体现和保障。这种增强程序透明度的做法，有利于 WTO 争端解决程序的公平公正。

专家组和上诉机构在确定证据规则时，难免要考虑 WTO 争端解决机制价值取向并受其影响。比如，由于 WTO 争端解决机制的效率价值取向，这就决定了在 WTO 争端解决中不适宜像美国民事诉讼那样进行证据开示，高度对抗的交叉询问；专家组不宜过分消极，同时在主动收集证据以及决定是否采纳逾期证据时又不得不考虑时间因素。鉴于其公平价值取向，专家组和上诉机构除应当满足正当程序这一最低限度的公平要求外，还应当在确定证据规则时，除非有强有力的正当理由，通常遵循"先例"，避免

① DSU 第 3.3 条。
② AB Report, US – Wool Shirts and Blouses, WT/DS33/AB/R, p. 18.

给争端方造成意外。

（三）专家组的客观评估义务

如前文所述，固有权力的行使不得违反国际司法机构的宪章性文件或其他程序规则，专家组权力的行使也不得违反 DSU 规定的客观评估义务。DSU 第 11 条规定专家组应当对其审议的事项做出客观评估，包括对该案件事实及有关适用协定的适用性和与有关适用协定一致性的客观评估，并且要求专家组在收集、采纳证据、评价证据及通过这些证据认定事实时应当是公正无偏私的。在"智利限价制度案"中，上诉机构认为：DSU 第 11 条向专家组施加了客观与善意评价证据的义务，这种要求当然是专家组履行其职能所必不可少的。[①]

（四）善意原则和正当程序原则

善意和正当程序作为一般法律原则，与证据问题的处理密切相关，应当在 WTO 证据规则确定与适用中予以遵从。在"智利限价制度案"中，上诉机构认为，DSU 第 11 条向专家组施加了客观与善意评价证据的义务，这种要求当然是专家组履行其职能所必不可少的。专家组还应该保证正当程序得到尊重，因为正当程序是 WTO 争端解决机制中的固有义务。[②]

1. 善意原则

善意原则是各国国内法的一般原则。国际法学家欧康纳认为，"善意原则是所有法律的基础，也可被理解为法律的基本原则。"[③] 善意不仅仅是实体法的一般原则，也是程序法的一般原则。国际法院在审理 1999 年巴基斯坦与印度之间发生的航空事故案中，就从《联合国宪章》第 2.2 条联合国成员国应该遵守的善意原则中引申出争端方负有以善意为基础解决纠纷的更为具体的义务。大量的国际法实践表明，在国际争端解决程序中，遵循善意原则已经成为一项非常重要的程序义务。[④]《华盛顿公约》第 23 条、《联合国海洋法公约》第 294 条都体现了善意原则。

善意原则包含条约必须信守、善意协商、善意履行条约义务、禁止反言、保护合法预期等。相当多的国际组织和司法机构越来越重视程序中的

---

① AB Report, Chile – Price Band System, WT/DS207/AB/R, para. 176.

② Ibid.

③ John O'Connor, Good Faith in International Law, Oxford University Press, 1991, p. 2.

④ Marion Panizzon, Good Faith in the jurisprudence of the WTO, Hart Publishing Ltd, 2006, p. 14.

善意原则，其核心目的在于防止滥用程序和法律技巧，从而获取法外权益，这种程序法中的善意原则使得国际法领域更加突出以规则为导向、而非以权力为导向的追求成为一种新趋向。①

在 WTO 争端解决机制中善意原则也得到了应用和体现。DSU 有几处明确提到善意原则，如第 4.3 条规定，成员方应"以善意进行协商"，以及 DSU 第 3.10 条规定：如争端发生，所有成员应善意参与这些程序以努力解决争端。

在 WTO 争端解决程序中，关于证据事项的善意原则主要包括两个具体层面：第一，当事方不得滥用权利并须履行合作义务，在提交证据时，应当出于善意，不得拒绝披露在其控制之下的查明事实所必需的证据。第二，专家组应当促使当事方遵守善意原则，对于当事方拒绝配合披露证据的行为采取必要措施，如做出不利推定。另外，善意原则也要求专家组在审查评价证据过程中，不得滥用其享有的广泛的自由裁量权。②

2. 正当程序原则

正当程序（due process）作为一项司法基本原则，肇始于英国的自由大宪章，完善于美国宪法第 5 条和第 14 条修正案。依据《布莱克法律词典》，正当程序是指依据已确立的保护和执行当事人权利（包括获得通知和公平听审的权利）的规则与原则进行的法律程序。③

正当程序的表述常见于专家组和上诉机构报告，在 WTO 争端解决中占有重要地位。在"智利限价制度案"中，上诉机构确认，正当程序是在争端解决机制中固有的义务。④

WTO 专家组曾经表示，依据 DSU 第 3.2 条与第 3.3 条，WTO 争端解决必须反映多边贸易体制的安全性、可预测性以及争端迅速解决之重要性，但是这些重要因素必须与正当法律程序及程序公平之基础考量相互

---

① Marion Panizzon, Good Faith in the jurisprudence of the WTO, Hart Publishing Ltd, 2006, p. 17.

② 刘衡：《WTO 证据法论纲》，《国际经济法学刊》2010 年第 2 期。

③ See Brayan A. Garner, Black's Law Dictionary (8th edition), West Publishing Company, 2004, pp. 538 – 539.

④ See e. g. , AB Report, Chile – Price Band System, WT/DS207/AB/R, para. 175；AB Report, India – Patents (US), WT/DS50/AB/R, para. 94.

平衡。①

在"澳大利亚鲑鱼案"中，上诉机构也指出，"我们注意到，DSU 第 12.2 条规定'专家组程序应当提供充分的灵活性，以保证高质量的专家组报告，同时不应该不适当地延误专家组程序'，然而专家组必须谨慎地遵守正当程序，给当事方提供足够的机会以便对对方所提交的证据做出回应。"②

有学者指出，成员方利用争端解决机制影响其他成员方的贸易政策，以取代单方的贸易报复措施。此国家自治权的丧失，可以通过共同同意的规则被所有成员遵守得以补偿。而 WTO 争端解决机制对于各成员的贸易政策的干涉，利益受到影响的个人、企业众多，必须基于程序公平与正当程序。③

DSU 第 12.7 条要求专家组陈述他们认定的事实、适用的规定以及支持其任何认定与建议的理论基础，从而在一定程度上避免专家组裁定的随意性。

在纠纷的解决过程中各利益关系方是程序的主体，地位相互平等。WTO 争端解决机制许多规定体现了对当事方主体地位的尊重与维护，如 DSU 第 18.1 条关于单方交流的禁止。DSU 附件 3《工作程序》第 10 段规定，为保持充分的透明度，一方的陈述、辩驳及说明均应该在各方在场的情况下做出；而且每一方的书面陈述，包括对报告描述部分的任何意见和对专家组所提问题的答复，均应该使另一方或各方可以获得。

与证据问题相关的正当程序还包括，当事人提供支持己方证据的权利，了解对方证据的权利，对对方提供的证据进行质证的权利，在涉及证据问题的处理时，如分配争端方陈述和质证时间方面，平等对待双方当事人等。

除了上述因素外，WTO 证据规则的确定和适用还会受到对 WTO 协定的解释方法、公共政策等因素的影响。比如，采取广义还是狭义解释会影响到"例外"的认定，从而直接影响到证明责任的分配。公共政策的考

---

① Panel Report, US – Upland Cotton, WT/DS267/R, para. 7. 976

② AB Report, Australia – Salmon, WT/DS18/AB/R, para. 272.

③ Gail Evans, Law Making under the Trade Constitution: A Study in Legislating by the World Trade Organization, Springer, 2001, p. 183.

虑也会影响到证据的可采性，比如专家组可能基于特免权信息的保护而免除某一争端方提供于己不利的证据的义务。

本章小结

WTO 争端解决机制是一个司法体制。WTO 争端解决机制的管辖权具有统一性、强制性和排他性；WTO 争端解决机制包含专家组程序、上诉程序和执行程序，可以保障案件的审理和执行；各阶段程序有严格的时间限制；专家组和上诉机构成员具有中立性和独立性；它采取证据裁判主义原则；专家组报告和上诉机构报告尽管不像普通法中判例具有正式法律渊源的地位，不过作为事实上的"判例法"往往被以后的案件审理所重视和遵循，除非存在强有力的偏离或修正的理由。

WTO 争端解决机制没有像国内诉讼那样完备的证据规则。WTO 争端解决中证据规则的渊源具有自身的特征，这些规则的渊源主要包括 WTO 协定、一般法律原则、专家组报告和上诉机构报告以及其他国际司法机构的实践等。其中，作为证据规则渊源的 WTO 协定，包括了以 DSU 为代表的程序规则和以 GATT、GATS 以及 TRIPS 为代表的实体规则。尤其需要强调的是，WTO 实体规则决定了证明责任的分配，证明责任分配不得不结合具体的实体规则进行分析，不同的实体规则下证明责任的分配不尽相同，因此 WTO 实体规则构成重要的证据规则渊源。专家组报告和上诉机构报告几乎全部涉及证据尤其是证明责任的问题，通过 GATT 尤其是 WTO 争端解决机制多年的运行实践，在 WTO 框架下已经发展出一套虽然不够完善但是已经形成体系的证据"判例法"，这也加强了 WTO 争端解决机制的司法性。一般法律原则和其他国际司法机构的实践也往往在 WTO 争端解决实践中被援引，成为处理证据问题不可或缺的规则。

尽管具有多元化的规则渊源，WTO 争端解决中证据规则仍然不够完备，存在模糊不清甚至空白的地带，需要专家组和上诉机构通过行使自由裁量权予以确定和填补。在 WTO 争端解决中，专家组负责事实的认定，全面和直接地处理证据问题。专家组在具体案件中关于证据问题的处理意见常常为后来的案件所援引。和专家组不同，上诉机构不负责事实认定，不直接在案件审理中适用证据规则，不过大多数案件中证据问题的处理作为法律问题提交给上诉机构，在这个过程中，上诉机构常常对证据规则的适用提出意见，对 WTO 证据规则的发展和统一适用发挥着重要作用。专家组和上诉机构在确定或适用证据规则过程中，享有充分的自由裁量权，这种权力属于"固有权力"范畴，同时这项权力的行使不得违反 WTO 协定的明文规定，并且应当与其职权相符。另外，WTO 专家组和上诉机构在确定或适用证据规则的过程中，还会受到诸多因素影响，如不同的法律文化、WTO 争端解决机制的价值取向、专家组的客观评估义务、善意原则和正当程序原则等。

第二章

WTO 争端解决中证据的
可采性与证明力

"证据的可采性"一词来源于普通法，相当于大陆法中的"证据能力"。证据具备了可采性意味着取得证据资格，法官应当在案件审理中予以采纳。① 证据的证明力，也被称为"证明价值"，是指证据能够在多大程度上证明待证事实。② 证据证明力是确定是否将其作为定案依据的决定性因素。

两大法系在证据的可采性方面存在较大的法律文化差异，普通法民事诉讼证据制度中包含了大量的可采性规则，这是因为在普通法国家的法院传统上有陪审团的设置，详细的可采性规则可以限制陪审员的自由心证；而大陆法国家证据可采性规则相对简单许多，大陆法法官享有广泛的自由裁量权。

在证据的证明力方面，两大法系也存在一定的法律文化差异。在普通法国家，虽然证据的采纳受到严格的限制，但是，一旦证据被认定具有可采性，对于不同形式证据（如口头证据、书面证据）的证明力并不预先设定。相比之下，大陆法系就证据的提交与可采性很少进行规定，但是对于不同形式的证据赋予了不同的证明力，如书证优先于证人证言的证明力，政府行为如公证文书可以提供某些事项的决定性证据等。③ 不过，总体而言，自由心证是当今各国针对证明力判断普遍采用的一项原则，即使许多大陆法国家也明文规定了法官对证据证明力的自由裁量权，④ 除了上

---

① 何家弘、刘品新：《证据法学》，法律出版社 2004 年版，第 112 页。

② 何家弘：《证据法学研究》，中国人民大学出版社 2007 年版，第 93 页。

③ Chester Brown, A Common Law of International Adjudication, Oxford University Press, pp. 90 – 91.

④ 何家弘、刘品新：《证据法学》，法律出版社 2004 年版，第 371—372 页。

述个别例外情况的规定。所以，在现代国家民事诉讼中法官在认定证据证明力时，"自由心证所依据的不再是少数事先已规定好的标准，而是范围更广的关于我们可能会因之改变意见的具体情况的标准。这些标准都具有客观性，包括逻辑和概率标准、自然规律标准、人类行为标准及其他普遍真理标准"。①

各国国内法，尤其是普通法国家存在着一些证据可采性规则。这些规则中哪些在 WTO 争端解决中适用？在 WTO 争端解决中专家组如何认定证据可采性？另外，在 WTO 争端解决中证据的证明力如何认定？有何具体规则呢？

第一节 WTO 争端解决中证据可采性的一般原理

一 其他国际司法机构立法与实践的考察

在证据可采性问题上，国际司法机构采取了类似于大陆法国家法院的做法，② 存在避免严格方法的趋势。甚至有学者认为，无论拒绝证据采纳的理由为何，拒绝之判断本身即会使人产生形式主义的印象，而减损裁决的可信度，无论如何应尽量避免。③ 类似的观点也可以从许多国际司法机构裁决的说理中可见一斑。

在"Nicaragua 案"中，国际法院虽然没有接受发表的文章和书籍摘要可以作为证据，不过认为它"在一些情况下，可以作为有益于佐证事实存在的材料，即作为其他来源证据的补充性说明材料"④。可见，关于证据的可采性问题，《国际法院规约》并没有明确限制，其第 52 条不是限制，而是确认国际法院对于当事人逾期提交并且受到对方异议的证据有决定接受或拒绝的权力。因此，国际法院在证据采纳问题上，可以灵活地裁量。

---

① ［英］乔纳森·科恩：《证明的自由》，何家弘译，《外国法译评》1997 年第 3 期。

② Durward V. Sandifer, Evidence before International Tribunals, University Press of Virginia, 1975, p. 176.

③ Mojtaba Kazazi, Burden of Proof and Related Issues：A Study on Evidence before International Tribunals, Kluwer Law International, 1996, p. 189.

④ Nicaragua Case (Merits), 1986 ICJ Reports, p. 40. See also the Corfu Channel Case (merits), 1949 ICJ Reports, p. 20.

在"Oscar Chinn 案"中，Van Eysinga 法官在其独立意见中指出，法院不受关于证据采纳的任何制度的约束。① 在"Walfish Bay 案"中，仲裁庭指出，在程序中某种程度上附属于当事国的个人所提供的证据不是不可采纳的，尽管这种依从关系将对他们的证言评价有影响。②

事实上，国际司法机构对证据的可采性行使自由裁量权属于其"固有权力"，是国际法一般原则，WTO 争端解决中证据的可采性也属于专家组自由裁量的范围。

二　WTO 争端解决中证据可采性的一般原则

依据 DSU 第 13.2 条和第 11 条，专家组对于证据的可采性有自由认定的权限，专家组可以让当事方自由提出证据，之后，专家组有自由评价该证据的权限，给予其认为适当的证明力。

在"欧共体床单案"中，专家组认为："国际司法机构通常都能自由地接受并审查所有种类的证据……专家组在 WTO 争端解决中采纳证据有很大的自由度。"③ 在"美国虾案"中，上诉机构指出："专家组还有权接受或拒绝其可能已经寻求和收到的任何信息或建议，或者对这些信息或建议做出其他适当的处理。在具体案件中决定信息或建议的必要性，确定收到的信息或建议的可采性和相关性以及决定应赋予信息或建议多大的权重或者根本就不授予这些信息或建议任何权重，尤其处于专家组权限范围之内。"④

在 WTO 争端解决中，专家组对证据可采性的自由裁量和灵活态度也表现在它对证据形式以及传闻证据采取的宽松立场上。

WTO 协定中没有关于证据形式的系统和明确的规定。从专家组的相关陈述及争端解决实践来看，WTO 证据规则中的证据概念要比国内证据法中的证据概念宽泛得多，几乎等同于信息与材料。⑤ DSU 中并未出现"证据"而使用"信息"一词，也似乎印证了这一点。在"欧共体床单案"中，专家组认为，DSU 没有关于可能限制专家组所考虑的证据形式

---

① （1934），PCIJ Series A/B No. 63, pp. 146 – 147.

② （1911），11 UNRIAA, p. 302.

③ Panel Report, EC – Bed Linen, WT/DS141/R, para. 6. 34.

④ AB Report, US – Shrimp, WT/DS58/AB/R, para. 104.

⑤ 刘衡：《WTO 证据法论纲》，《国际经济法学刊》2010 年第 2 期。

的规定，而且一般来说，国际司法机构通常都能够自由地接受并且审查任何种类的证据……接受任何种类和形式的证据，以及根据特定案件的情况赋予它们所应具有的证明力，是合法的。①

传闻证据是指非亲身感知案件事实的证人当庭进行的陈述和亲身感知案件事实的证人在法庭外所做的口头或书面证言。在普通法下，传闻证据原则上应予以排除，尽管存在许多例外。在大陆法下，没有传闻证据排除规则，不过由于违反其直接审理原则，传闻证据的采纳受到实际上的限制，即使采纳也通常不能给予较大的证明价值。在 WTO 争端解决中，传闻证据具有可采性。在"印度尼西亚汽车案"中，印度尼西亚使用新闻报道作为证据，专家组认为印度尼西亚没有提交充分的证据，不过同时还强调，它"无意指出在 WTO 争端解决中，在有关新闻报道的可采性方面存在任何严格证据规则……"② 在国内司法中，传闻证据不被采纳是因为这样的证据在大多数情况下证明价值较小或难以保证其真实性，并且不能够在审判中被有效质证，在普通法下的传闻证据排除还有一个考虑，即作为陪审员的非专业人士可能会赋予传闻证据不适当的证明力。而在 WTO 争端解决中，专家组成员都是资深的专业人士，他们给予传闻证据的适当证明价值的能力相对值得信任。

尽管证据的可采性一般由专家组行使自由裁量权予以确定，但是就一些具体的争端解决实践中证据可采性形成了"判例法"，这些"判例法"考虑了 WTO 争端解决的特定需要，构成 WTO 争端解决中特殊的证据可采性规则。

三　WTO 争端解决中证据的可采性与证明力

证据的可采性与证明力是具有关联的两个不同的概念，两者不同之处在于，证据可采性是指某一事实是否具有证据资格，可否在司法活动中运用；而证明力是指具有可采性的证据对于案件事实有何意义，可否作为定案依据。

在美国证据法中，对于那些证明价值非常小或没有任何证明价值的证

---

① Panel Report, EC – Bed Linen, WT/DS141/R, para. 6. 34.

② Panel Report, Indonesia – Autos, WT/DS54/R, WT/DS55/R, WT/DS59/R, WT/DS64, para. 14. 233.

据将予以排除。①而在国际证据法领域，也存在将证据对审判结果的重要性作为采纳或排除证据的依据。② 之所以证据的证明力会影响证据可采性，正如 Adrian Keane 所言，在决定某一证据是否相关时，他必然从某种程度上评价该证据的价值，以决定这个证据的可采性问题。如果某一证据属于不充分的证据，法官有权决定其不具有可采性。③

"欧共体床单案"的专家组明确区分了证据的可采性和证据的采信。在这个案件中，专家组指出，仅仅因为证据是不必要或者不相关的，并不能因此排除它。专家组可以决定允许当事方提交证据，但是在随后的程序中对证据不予考虑，因为这个证据与案件的审查不相关或没有必要，或者对所需要处理的问题没有证明力，花费时间和精力裁定证据是否具有可采性是没有价值的。④ 这意味着，WTO 的证据"准入"门槛较低，传闻证据等证据通常可以被采纳，但是赋予什么样的证明力则是另外一回事，专家组可以灵活地予以裁量，当然除了极端情况，通常不会赋予较高的证明力。

综上，与上述国内和国际司法实践不同，在 WTO 争端解决中，证据的证明力对于其采纳通常没有影响，至少影响比较小。

第二节　WTO 争端解决中证据可采性的具体问题

一　WTO 磋商程序中所获证据的可采性

（一）其他国际司法机构的实践

在国际司法机构解决争端过程中，通过磋商解决争端的当事方通常会认为，一旦谈判失败，当事一方在磋商过程中的立场以及用以谈判的文件和信息将不会被对方在后来的诉讼中使用。

当争端方之间可能会达成临时协议时，这时双方可以约定，如果磋商未能够解决争端，在磋商中的立场、信息以及文件不能够在后续争端

---

① 张保生：《证据法学》，中国政法大学出版社 2009 年版，第 267 页。
② 2010 年国际律师协会《国际仲裁取证规则》第 9 条第 2 款第 1 项。
③ Adrian Keane, the Modern Law of Evidence, 7th ed., Oxford University Press, 2008, pp. 29 – 30.
④ Panel Report, EC – Bed Linen, WT/DS141/R, paras. 6. 32 – 6. 33.

解决程序中援引或泄露用于对抗其他当事方，除非这个协议经过磋商最终被变更。这项原则为一些国家之间的协议所采用，并且适用于国际争端解决。

比如，在"Gulf of Maine 案"中，美国和加拿大 1979 年 3 月 29 日达成的特别协议第 5 条第 1 款规定："在 1969 年以来双方当事人进行的谈判或讨论过程中，任何当事方不应将在海洋划界谈判中提交的建议的性质、内容，以及相关的回复，作为证据或主张进行援引，或者以任何形式公开披露。"①

即使当事方之间没有明确的协议，这样的信息或文件通常都不具有可采性。国际司法机构一般也不会采纳当事方就争端事项经过谈判而取得的证据，并且当事一方在谈判过程中所发布的声明、承认或建议等，不得在将来的诉讼中被另一方所援引。

在 1986 年"布基纳法索/马里边境案"中，国际法院也确认了经过谈判取得的证据的排除规则。在这个案件中，尽管国际法院考虑了当事方 1965 年协议中反映的某些事实，但是它在判决书中强调：它考虑的"不是 1965 年 1 月 15 日的协议，而是该协议缔结时的情况"②。并且在案件审理过程中援引了"Chorzów 工厂案"，表明它无意背离那时已经牢固确立的规则。③

在伊朗—美国求偿庭（Iran – US Claims Tribunal）受理的"Pepsico 案"④ 中，申诉方提交被诉方公司授权的代表人的一封信作为证据，这封信涉及被诉方对支付应付账款义务的承认。被诉方主张这封信件是关于双方之间的磋商，因此不具有可采性。伊朗—美国求偿庭认为，作为承认未付账款当前状态的商业交流本身是具有可采性的，但是由同一公司提交的 1981 年 9 月 6 日的会议备忘录和申诉方在 1981 年 10 月 14 日的后续信件，反映了和解谈判的条件，因此作为证据不具有可采性。⑤ 这项原则在伊

---

① 1984 ICJ Reports, p. 254.

② Frontier Dispute（Burking Faso/Republic of Mali），Judgment，ICJ. Reports 1986，pp. 632 – 633，paras. 147 – 149.

③ 1986 ICJ Reports, p. 632

④ （1986）13 Iran – US CTR, p. 3.

⑤ （1986）13 Iran – US CTR, p. 28.

朗一美国求偿庭受理的其他案件中也同样得以适用。①

可见，在已有的国际司法一般实践中，磋商谈判中获得的证据通常不具有可采性。作为证据采纳自由原则的一项例外，其合理性在于鼓励争端方之间的坦率沟通，消除争端方对谈判磋商中的主张或观点将来用于其他目的的顾虑，这类似于国内民事诉讼或商事仲裁中的"不受损害特免权"。②

（二）WTO 立法与实践

磋商是 WTO 争端解决机制中的必经程序，在这个程序中争端当事方相互交换有关争端的意见和信息。依据 DSU 第 4.6 条的规定，磋商程序是保密的，而且不影响成员在随后的争端解决过程中的权利。但是，问题是在磋商过程中当事方从对方获取的信息或事实是否可以在随后的专家组程序中作为证据，即磋商中所获证据是否具有可采性？

理论上，这是一个两难的选择：如果这样的证据具有可采性，那么对于当事方而言，在磋商环节他们将难以做到坦诚地、无后顾之忧地沟通。如果否认其可采性，那么专家组认定事实的证据和信息的渠道受到了限制。

磋商中所获证据的可采性，需要依据 DSU 第 4.6 条进行判断，WTO协定的其他条款未能够进一步明确这个事项。对此，在 WTO 的相关判例中，专家组和上诉机构围绕着 DSU 第 4.6 条进行了解释和澄清。

较早一些的 WTO 案例否定了磋商中所获证据的可采性。在"美国内衣案"中，专家组认为，DSU 第 4.6 条的措辞清楚地表明了在磋商中的提议，就争端方的法律权利而言，对于随后的程序没有影响。最终专家组认定，磋商程序中获得的对方的要约信息不能够被采纳。③

在"印度专利案"中，上诉机构认为争端方应该在争端开始坦诚而直率地交换争端所涉及的主张及事实，强调"DSU 中所隐含的程序正义要求使得在磋商程序中尤其有必要这样做"。同时，它也肯定了磋商程序对于专家组获得充分信息的重要性，认为"磋商程序中发现的事实和主张

---

① See ISS Case (1987), 14 Iran – US CTR, p. 65, and Westinghouse Case, Iran – US Claims Tribunal Order of March 7, 1988.

② 不受损害特免权，是指当事人为和解的目的所进行的书面或口头交流，在和解努力失败后将其作为仲裁或诉讼中的证据不得被采纳。关于不受损害特免权，世界各国普遍确立了相应的立法和实践。

③ Panel Report, US – Underwear, WT/DS24/R, para. 7. 27.

对于确定随后专家组程序的范围和实质性问题有很大的作用"①。这样，WTO 争端解决实践中，磋商中所获证据的可采性获得认可。

"澳大利亚汽车皮革 II 案"具有一定特殊性，因为它涉及在一个争端的磋商程序中获得的信息在先前的一争端的专家组程序中作为证据是否具有可采性的问题。在先前的一个案件即"澳大利亚汽车皮革案"中，美国曾经针对澳大利亚相同措施在先前提出过磋商，但是专家组并未成立，未能够继续进行争端解决程序。后来，美国就此事项重新提出新的磋商请求，并且成立了新的专家组，这个案件中没有第三方参加。在"澳大利亚皮革 II 案"中，美国提交的书面陈述包含其从"澳大利亚汽车皮革案"磋商中所获得的信息，澳大利亚基于信息保密性反对美国所提供的证据的可采性。② 不过，专家组指出，DSU 第 4.6 条的规定并不表明，依据一个磋商请求进行的磋商中得到的信息和事实不能应用于相同争端方之间依据另外的磋商请求就相同的争端设立的专家组程序，专家组没有理由将美国提供的信息排除在考虑范围之外。③

（三）评析

有学者认为，磋商是专家组程序启动前的必经程序，通过这个程序达成信息和意见的交换，这是 WTO 争端解决机制所特有的，这在一定程度上影响了其他国际国内司法实践作为 WTO 磋商程序中所获证据的可采性的参考依据。④ 事实上，WTO 争端解决机制中磋商的重要功能在于收集正确的信息，以便有助于达成解决办法或有助于以后向专家组提交准确的信息，因此磋商中所获得证据的可采性可以获得认可。⑤

WTO 争端磋商中所获证据具有可采性，那么如何看待磋商的保密性，两者的关系又如何呢？磋商的保密性的维护体现在：第一，保密性针对公众，而不是针对争端解决后续程序中的参与者。磋商的内容可以作为证据在后续程序中提交，而后续程序也是保密的。第二，参加 WTO 争端解决程序的第三方有机会了解磋商内容，同时负有保密义务，不能擅自对外公

---

① AB Report, India – Patents (US), WT/DS50/AB/R, para. 94.

② Panel Report, Australia – Automotive Leather II, WT/DS126/R, paras. 6. 48 – 6. 73.

③ Ibid. , paras. 9. 32 – 9. 35.

④ 余敏友、席晶：《论 WTO 争端解决机制中的证据规则》（上），《法学评论》2003 年第 5 期。

⑤ 纪文华、姜丽勇：《WTO 争端解决规则与中国的实践》，北京大学出版社 2005 年版，第 149 页。

开。第三，作为证据提交的磋商内容，如果体现在最终对方公开的文件中，争端方有权要求删除，从而确保这些内容不对外公开，达到保密性要求。① 所以，一般而言，磋商中所获信息作为证据在后续的专家组程序中使用不会实质损害磋商的保密性。

可见，当磋商的保密性与 WTO 争端解决的发现事实之目标发生冲突时，WTO 专家组和上诉机构在维护保密性的同时，须要进行取舍，为了公平价值甚至对保密性有所牺牲，以做出倾向于扩大专家组所采纳证据范围的裁定。与其他的国际司法机构相比，WTO 磋商程序的功能有所不同，而磋商程序中所获证据具有可采性体现了它更侧重于事实发现的目标。尽管 WTO 上诉机构强调争端方必须自磋商一开始就在主张与提供事实方面充分合作，坦率披露，但是由于专家组和上诉机构多次在先前案件中表明，它不会对磋商的充分性进行审查，实践中磋商证据的采纳显然不利于争端方在磋商程序中坦诚的沟通。WTO 争端方为了防止在磋商中提出的主张或信息在后续程序中被对方所利用，或者为减少各方这样的顾虑，以达到坦诚沟通的效果，可以参考其他国际争端解决实践，如上述国际法院审理的"Gulf of Maine 案"那样，要求与其他争端方签订协议。如果存在这样的协议，即对 WTO 专家组或上诉机构产生约束，后者没有权力否认这个协议的效力，这样就排除了磋商中所获证据在后续程序中的使用，甚至对 WTO 争端解决的其他参与者也构成保密性信息。

二　WTO 争端解决中逾期证据的可采性

普通法国家的庭审采用集中制，即庭审过程连续不断地进行，如果当事人在特定阶段不能够及时提供证据，就将承受不利的后果，如被认定为放弃举证的权利（即证据失权）。在传统上，大陆法系庭审实行间断制，不像普通法系国家那样采用严格的证据失权制度，当事人可以根据庭审的需要收集和提供新的证据。不过，后来许多大陆法国家借鉴普通法的做法确立了证据失权制度，如德国在 1976 年修订《民事诉讼法》时就确立了比较严格的证据失权制度。在国际司法实践中，尤其是 WTO 争端解决中，对于逾期证据是否采取严格的证据失权规则？WTO 争端解决中逾期证据

---

① 纪文华、姜丽勇：《WTO 争端解决规则与中国的实践》，北京大学出版社 2005 年版，第149—150 页。

的采纳需要具备什么条件呢?

（一）其他国际司法机构的实践

依据国际司法的一般实践，逾期证据具有可采性，条件是不得违反当事人平等原则，证据提交者不是出于拖延程序的不正当目的，以及不会造成程序过分的延迟。① 这样的实践是基于两个方面的原因。

第一，在国际争端解决中，当事方在规定期限外提交证据，会使得案件审理进程被拖延，如果对逾期证据不予限制，那么它常常会被恶意的当事方作为诉讼策略使用。如果逾期提供证据的当事方具有正当理由而非出于恶意，同时对审理程序又不会产生不适当的拖延，那么另一方对逾期证据进行评价或提供反驳证据的权利保障将成为重要问题，这是正当程序的要求。因此，须要对逾期证据进行限制。

第二，在国际司法程序中，当事方和国际司法机构获取证据的能力相比于国内司法程序要低，获取证据的途径要少，所以更加看重证据获取，以查明事实，尤其是，当事方提交的新证据可能对决定案件的审理结果具有重要性和相关性，或者当事一方提出了令人信服的逾期提交的理由。所以，逾期证据常常有采纳的必要。

关于逾期证据，根据《国际法院规则》第 22 条第 1 款和第 2 款规定，在书面审理程序结束后，任一当事方不得提交新的证据，除非经另一方同意；或者在当事一方未做同意表示的情况下，法庭在听取双方意见的基础上，如确实认为有必要，可以授权另一方提出此类证据。

在认可逾期证据的同时，《国际法院规则》第 56 条第 3 款规定，如果当事一方提出新文件，另一方应当有机会对其表达自己的意见，以及提出相关佐证的文件。尽管如此，当事方提出新文件并不应构成拖延口头程序进行的理由。对此，前国际法院院长罗莎琳·希金斯认为："这种做法使得由法院判决所引起的当事方间的不公平性减少到最小。"②

在伊朗—美国求偿庭的程序规则中没有类似于《国际法院规则》第 56 条的规定，伊朗—美国求偿庭有时排除逾期提交且没有提供充分理由

---

① Chittharanjan F. Amerasinghe, Evidence in International litigation, Martinus Nijhoff Publisher, 2005, p. 168.

② R. Higgins, Respecting Sovereign States and Running a Tight Courtroom, 50 (2) International and Comparative Law Quarterly 121, 130 (2001).

的证据。在认定这些证据不可采纳时，伊朗—美国求偿庭依据的事实通常是新证据的采纳可能损害其他当事人的利益或者仲裁程序的进行。① 伊朗—美国求偿庭在这方面的实践在起初几年是灵活的，而随着时间的推移变得逐渐严格。②

在"Hidetomo Shinto 案"中，伊朗—美国求偿庭认为当事人在不同程序阶段提交的主张与证据具有可采性。申诉方提出的新主张，引致其他当事方在案件庭审后新一轮的材料提交。伊朗—美国求偿庭指出，在通常情况下，它会拒绝这些逾期提交的主张和证据，这是依据已经确立的实践，即在如此接近庭审时限以至于对方当事人只有很少时间或没有时间回应，不允许新的实质性的材料提交。但是，应当注意的是，申诉方主张的情况变化的发生是由于伊朗提交的书证在庭审前仅 3 周造成的。在这样一种情况下，申诉方除了在庭审时提交材料，没有多少选择。这样，申诉方在庭审时提出新主张的权利不应当被质疑。③

（二）WTO 争端解决中逾期证据的可采性

WTO 争端解决实践中有关举证时限的首次争论出现在"澳大利亚鲑鱼案"中。在这个案件中，申诉方在专家组规定的最后期限之后提交了 2 份证据，专家组接受了其中的 1 份。④ 之后，WTO 争端解决中多次涉及逾期证据的可采性问题。逾期证据的可采性问题涉及以下两个方面：第一，WTO 争端解决中对证据提交的期限有何要求？为专家组设定工作程序的 DSU 及其附件 3，没有规定向专家组提交证据的期限。证据提交的期限关涉到善意原则和当事方合作义务。因为，对于当事方而言，如果没有时限，它将没有足够的积极性去搜寻证据，或者在没有弄清楚证据是否对自己有利时可能不会积极提交证据。时限要求意味着如果证据的持有方不及时提交证据，它将面临证据被排除的风险。⑤ 第二，什么情况下否认逾期

---

① Mohsen Nazari Case (1994), Award No. 559 – 221 – 1, para. 22.

② Mojtaba Kazazi, Burden of Proof and Related Issues: a Study on Evidence before International Tribunals, Kluwer Law International, 1996, pp. 189 – 196.

③ (1988) 19 Iran – US CTR, p. 321.

④ Panel Report, Australia – Salmon, WT/DS18/R, para. 8. 4. 当然，最终被专家组予以采纳的这一份证据并没有被采信，专家组认为其不影响已经得出的结论。

⑤ Michelle T. Grando, Evidence, Proof, and Fact – finding in WTO Dispute Settlement, Oxford University Press, 2009, p. 272.

证据的可采性，什么情况下认可逾期证据的可采性？以下分别从这两个方面进行阐述。

1. 原则上的"举证期限"

专家组通常在具体案件中制订相应的工作程序来处理这个问题。专家组经常规定，除了用于反驳目的回应其他当事方的问题或评论而提交证据外，其他证据必须不迟于第一次实质性会议时提交给专家组。①

在"阿根廷纺织品与服装案"中，阿根廷反对美国在第二次实质性会议前很短时间提交书证。专家组指出："专家组的程序规则并没有阻止在第一次听证会后提交补充证据。"专家组接受了美国提交的证据，并且给阿根廷 2 周时间对该证据进行评论。上诉机构随后裁定，专家组接受该逾期证据并没有滥用裁量权。②

在"加拿大飞机案"中，加拿大请求专家组就申诉方是否可以在第一次实质性会议结束后提交证据和指控做出初步裁定，认为证据或指控过迟将使其遭受损害。专家组指出："既然存在要求申诉方提交新证据以回应被诉方反驳的可能性，那么绝对排除申诉方在第一次实质性会议之后提交的新证据是不合适的。而且，在本案中，成员方也有可能被专家组要求提交新证据。由于上述原因，我们拒绝做出加拿大提出的不应该接受在第一次实质性会议之后巴西所提交的新证据的初步裁决。"③

"加拿大乳制品案"对于确定逾期证据的可采性具有重大意义和影响。在这个案件中，"专家组工作程序"中有一条规定："各方最迟应当在第一次实质性会议期间提交事实证据，除非该证据为反驳对方所提交的材料或回答专家组的问题所必需。上述程序的例外应在一方有充分理由的情况下得到同意，并应当给对方一定时间发表评论。"这项规定后来成为专家组工作程序中普遍使用的做法。④

可见，专家组程序中的举证时限只是原则性规定，并非逾期证据一律不具有可采性。

① Michelle T. Grando, Evidence, Proof, and Fact - finding in WTO Dispute Settlement, Oxford University Press, 2009, p. 273.

② AB Report, Argentina - Textiles and Apparel, WT/DS56/AB/R, WT/DS56/AB/R/Corr. 1, paras. 79 - 81.

③ Panel Report, Canada - Aircraft, WT/DS70/R, para. 9. 73.

④ 朱榄叶、贺小勇：《WTO 争端解决机制研究》，上海世纪出版集团 2007 年版，第 163 页。

2. 逾期证据采纳的条件

如"加拿大乳制品案"专家组认为的那样，原则上举证时限以第一次实质性会议为准，允许存在例外，但是逾期证据的采纳应该具有充分的理由，必须具备的基本条件包括：

首先，逾期证据具有相关性，为反驳对方所提交的材料或回答专家组的问题所必需。专家组在一些案件中拒绝考虑本来可以较早时间提交却延迟提交的证据。①

其次，符合正当程序要求，该证据的采纳必须能够保证对方正当程序权利的实现，即提供合理的时间以便对方做出反应。比如，在"阿根廷纺织品与服装案"和"韩国酒类饮料案"中，专家组分别给对方增加 2 周和 1 周的时间进行评论或回应。

最后，专家组对逾期证据的采纳受到了 WTO 审理期限的影响，不应该造成不适当延期。WTO 审理期限事实上对证据提交的弹性存在约束，依据 DSU 的规定，从设立专家组到最终做出专家组报告最迟在 9 个月内完成。所以，专家组对于逾期提供的证据的采纳，必须考虑 WTO 审理期限，尤其对于第二次实质性会议后提交的证据的采纳，更是必须慎重。从目前 WTO 案例看，专家组对这些问题通常非常谨慎，力求在获取必要的证据保证裁决的准确性与防止程序的拖延之间进行适当的平衡。

WTO 争端解决机制对于逾期证据的采纳保持了充分的灵活性，在极端情况下，即使不符合上述条件，为查明事实之需要，逾期证据也未必一定不被采纳。在"美国版权法（援引第 25 条）案"中，美国回答仲裁员提问时提交了新证据，对于逾期提交证据并没有提供理由，仲裁员仍然采纳了这个证据，并且认为证据缺乏时，负有客观评估事实义务的仲裁员在任何时候都欢迎补充的信息，而且欧共体已经对该证据做出了评价，因而没有违反正当程序。②

总的来说，对于逾期证据的可采性，专家组享有自由裁量权，由专家组根据案情确定，具有一定的弹性。专家组是否认可逾期证据的可采性，

---

① See e. g., Panel Report, India – Quantitative Restrictions, WT/DS90/R, para. 4. 9.

② Award of the Arbitrators, US – Section 110 (5) (Article 25), WT/DS160/ARB25/1, paras. 1. 15 – 1. 21.

实际上是一个整体权衡的过程，它需要考虑的因素包括发现事实之目标、程序公平尤其是正当程序、案件审理的时间和速度、提交逾期证据的争端方是否出于善意、有无适当理由等。由于 WTO 争端解决机制中效率并非唯一价值取向，效率和公平都是重要的考虑因素，因此如果提交逾期证据的争端方具有合理的理由，并且未违反善意原则，专家组通常可以采纳该证据。此时，依据正当程序原则，需要给对方适当的时间予以回应，以防止产生"证据突袭"的后果。而且，有时专家组由于认定事实所需的证据不足，可能并不在意提交逾期证据的争端方是否具有适当理由，采纳证据的标准会比较宽泛。如果审理案件时间紧迫，专家组在证据的采纳方面则可能会更加严格地把关。①

三　国内做出裁定时未利用的证据的可采性

WTO 成员方在做出国内裁定（通常是关于贸易救济措施的裁定）时未利用的证据，可否为专家组所采纳？WTO 争端中多个案例涉及这一问题。

早在"美国羊毛衬衫案"中，专家组即确认自己不考虑成员方在国内做出决定时没有使用的证据，并且指出："在判断 WTO 成员的措施是否符合 WTO 义务时，专家组不会去重新调查市场情况，而是限于考虑进口成员方在做出采取有关措施的决定时所依据的证据。"②

在"欧共体荷尔蒙案"中，专家组拒绝接受实际上不为欧共体所利用的新证据，并且指出："依照授予我们——一个争端解决专家组的职权范围，我们既没有权力根据这类'新证据'来重新审查欧共体所提及的风险评估，也没有权力自己主动去进行风险评估。"③

---

① DSU 第 12.6 条和附件 3 第 4 条规定：WTO 争端当事各方应当在专家组第一次会议之前进行有关案件事实和法律意见的书面提交。从附件 3 推荐的专家组日程表来看，通常控方在专家组成立后的 3 周到 6 周内首先提交证据，之后的 2 周到 3 周由辩方举证。专家组也有可能在与当事方协商后要求控辩双方同时举证。第一次提交材料后各个当事方通常在第二次书面提交材料中附上反驳对方诉讼主张的证据。［美］戴维·帕尔米特、［希腊］佩特罗斯·C·马弗鲁第斯：《WTO 中的争端解决：实践与程序》（第 2 版），罗培新、李春林译，北京大学出版社 2005 年版，第 110 页。

② Panel Report, US – Wool Shirts and Blouses, WT/DS33/R, paras. 7.20 – 7.21.

③ AB Report, EC – Hormones, WT/ DS26/AB/R, paras. 8.114 – 8.115.

在"美国棉纱案"中，上诉机构维持了以上立场。在这个案件中，专家组裁定它"应当审查所有的证据，不管有关证据在调查期间是否被利用或者被考虑，目的是评估以美国主管机关的裁定为依据展开的调查，是否彻底和充分"。专家组做出的解释是："国内当局在做出调查结论时忽略了一项至关重要或决定性的事实，其中的原因是在进行调查时有关事实没有被提交给它，如果专家组仍然不能推翻该当局的调查结论，那么专家组的做法就不可能是正确的。"① 上诉机构在推翻这种说法时指出，专家组"不得不把自己置于有关成员方在做出裁定时所处的地位。因而，专家组必定无法考虑在那一特定时候还根本不存在的证据。成员方当然不能因为没有考虑到做出其裁定时还不知道的证据而受到指责。如果专家组意图审查此类证据，专家组事实上会是在进行重新（de novo）审查。并且，如果它果真这样做的话，在利害关系方看来，那将不符合它们的利益"。②

另外，在"美国热轧钢案"③ 和"埃及螺纹钢筋案"④ 中，专家组也否定了在做出国内裁定时未利用的证据的可采性。

国内做出裁定时未利用的证据不应当采纳，这是因为专家组没有权力评估这些"新证据"。事实上，这也方便了专家组对被诉方措施合法性的审查，因为专家组在审查时只以其做出裁定时所依据的证据为限，审查的范围明确而固定，可以高效解决争端。同时，它与许多国家国内行政法上的案卷排他性原则⑤有异曲同工之处。行政行为以案卷记录为根据，法院只要审查案卷就能够确定行政行为是否存在违法的瑕疵。案卷排他性原则的适用有利于保护相对人的合法权益，加强对行政机关的监督和约束，有助于防止或制约行政机关在没有充分的事实基础便做出决定，并通过事后收集证据以证明其行政行为的正当与合理。

---

① Panel Report, US – Cotton yarn, WT/D192R, paras. 7.33 – 7.35.

② AB Report, US – Cotten yarn, WT/D192/AB/R, para. 78.

③ Panel Report, US – Hot – Rolled Steel from Japan, WT/DS184/R, part Ⅶ.

④ Panel Report, Egypt – Steel Rebar AD Measures, WT/DS211/R, paras. 7.17 – 7.21.

⑤ 案卷排他性原则要求行政机关据以定案的证据只能是记载于行政案卷之中并且经过当事人口头或书面质证的证据，凡未经记载和质证的证据不得作为定案依据。孔繁华：《英美行政法上的案卷制度及其对我国的借鉴意义》，《法学评论》2005 年第 2 期。

四　国内做出裁定时利用的秘密信息的可采性

在做出反倾销、反补贴或实施保障措施的裁定前，WTO 成员需要做出事实调查，并且通知对这项措施有利害关系的各方关于其具体决定所依据的主要事实，还应该向这些利害关系方提供发表意见的机会，这是正当程序的要求。

在采取贸易救济措施的裁定时，WTO 成员有时需要依据一些秘密信息（秘密信息包括商业秘密信息和政府秘密信息，贸易救济措施裁定涉及的通常是商业秘密信息）。对于这些秘密信息的保护，WTO 协定也予以了认可。比如，《反倾销协定》第 6.5 条规定："任何性质上是秘密的信息，或者是在秘密的基础上提供给调查方的信息……应被调查机关作为秘密性信息来对待。如果没有提供方的特别允许，这样的信息不得被披露。"《补贴和反补贴协定》第 12.2 条、第 12.3 条、第 12.4 条以及第 12.8 条也规定了相似的内容。另外，《保障措施协定》中也有关于保护商业秘密信息的规定。

如果做出国内裁定的当事方将上述秘密信息作为证据，在 WTO 争端解决实践中专家组是否应该予以采纳呢？如果采纳，就会产生 WTO 争端解决的正当程序和秘密信息保护之间的冲突。

在"泰国 H 型钢材案"中，泰国提交的一些证据是其在国内反倾销调查过程中没有公布的秘密信息，专家组认为在反倾销案件中专家组的审查对象限于提供给所有利害关系方的最后文件，否定了泰国提交的上述证据的可采性。[1] 上诉机构推翻了专家组的裁定，认为《反倾销协定》第 3.5 条允许成员方当局使用秘密性信息作为有关措施的事实基础。[2]

在 WTO 争端解决中，在做出国内裁定时利用的秘密信息应当具有可采性。否则，这与 WTO 关于在反倾销、反补贴以及保障措施调查中应该保护商业秘密信息的精神相违背，成员方在国内调查程序中将处于为难的地位，最终也不利于秘密信息的保护。

五　证据特免权

特免权或证据特免权（evidentiary privilege）是指法律认可的拒绝向法

---

[1]　Panel Report, Thai Land – H. Beams, WT/DS122/R, para. 7.210.

[2]　AB Report, Thai Land – H. Beams, WT/DS122/AB/R, paras. 117 – 118.

庭提供证据的权利，包括阻止他人披露上述证据的权利。① 对于受特免权保护的信息，法庭应当不予采纳，也不应当命令证人或当事人披露。特免权制度的出发点在于保护特定的社会关系或利益，比较常见的特免权有职业特免权，即在特定职业关系中进行的信息交流免于作证的权利，其中最典型的是律师—当事人特免权，除此之外还有医患特免权，记者—信息提供者特免权等。其他比较常见的特免权还有商业秘密保护特免权、② 公共利益特免权③。特免权在各国诉讼程序中得到普遍认可，不过各国特免权制度内容差异明显，即使在同一法系内部也是如此。

关于特免权的国内法不能自动地成为成员方拒绝提供证据的理由。依据《维也纳公约》第 27 条规定，当事国不能援引其国内法规定作为未能履行条约义务的正当理由。如果各国被允许如此行事，那么国际条约将被严重破坏。但是，这并不意味着国际法程序不能存在特免权。国际司法程序，包括 WTO 争端解决程序必须发展自己的特免权规则。④

相比于国内民事司法程序，在 WTO 争端解决中对特免权信息的认可要求严格。这表现在，许多国家的程序法或证据法上规定了商业秘密保护的程序，甚至明确承认"商业秘密特免权"，即在某些情况下允许以商业秘密为由拒绝提供证据的权利。但是，商业秘密特免权在 WTO 争端解决程序中通常不被认可，当涉及商业秘密信息，当事方通常被要求披露，只不过采取保密措施而已。⑤ 当被要求披露的信息涉及政府秘密信息，也并非轻易允许免于举证。比如，在"澳大利亚鲑鱼（加拿大援引第 21. 5 条）案"中，澳大利亚提交的"政府秘密信息"被描述为"该文件是一个主要涉及政府与政府之间关系的文件"。专家组最终裁定，只需要对其工作程序做出两处增补即可保护有关信息。⑥ 其中的增补条款规定，有关

---

① Norah Gallagher, Legal Privilege in International Arbitration, International Arbitration Law Review, Issue 2, 2003, p. 45.

② 商业秘密保护特免权是指因有充分的保护商业秘密的理由而免于作证的权利。

③ 公共利益特免权是指因披露相关信息会导致国家利益或者公共利益的损害而免于作证的权利。

④ Michelle T. Grando, Evidence, Proof, and Fact – finding in WTO Dispute Settlement, Oxford University Press, 2009, pp. 282 – 283.

⑤ 对此第三章第三节将予以详细论述。

⑥ Panel Report, Australia – Salmon (21. 5 – Canada), WT/DS18/RW, para. 7. 7.

信息在专家组报告中不得披露，并且在专家组报告散发后，它应当重新交由其提供者控制。①

在"加拿大飞机案"中，专家组拒绝接受"内阁特免权"② 构成拒绝提供信息的正当理由。③ 专家组指出，在涉及国家安全的情形中，"一个成员可以认为自己有正当理由拒绝向专家组提供被请求提供的某些信息。不过，在此类情形中，我们希望该成员清楚地解释有必要保护该信息的原因。"④ 而在交由专家组裁决的本案中，有关成员根本没有对此做出任何解释。⑤

可见，当被要求披露的信息涉及国家安全信息，"巴西飞机案"的专家组原则上认可了"内阁特免权"（它实际上是一种公共利益特免权），但是必须符合一定的条件，至少相关当事方应该清楚解释存在着有必要使得该信息受特权保护的原因。不过，WTO 争端解决涉及特免权的案例较少，还没有发展出比较完善的特免权规则。可以预见的是，除了"内阁特免权"，一些已经被国际社会广泛认可、体现公认的核心价值的特免权可以作为一般法律原则对待，⑥ 如律师—当事人特免权，应当得到 WTO 争端解决程序的认可，当然保护条件应当相对国内法更为严格。

第三节　WTO 争端解决中法庭之友陈述作为证据的可采性

一　法庭之友陈述的证据属性界定

法庭之友（amicus curiae），是起源于英美法的一项制度。法庭之友是指"对于一个诉讼标的具有强烈兴趣，主动向法庭申请，或者根据法庭的

---

① Panel Report，Australia – Salmon（21.5 – Canada），WT/DS18/RW，para. 7.7.

② "内阁特免权"，又称"审议程序特免权"，是指一种允许政府拒绝提交与政策形成有关的文件以鼓励决策者们进行开放和独立的讨论的特免权。

③ Panel Report，Canada – Aircraft，WT/DS70/R，para. 9.347（n633）.

④ Ibid.

⑤ Ibid.

⑥ Richard M. Mosk and Tom Ginsburg，Evidentiary Privileges in International Arbitration，50 Int'l & Comp. L. Q. 345，379（2001）.

要求在诉讼中提交陈述书的非诉讼当事人"①。法庭之友在法庭允许下提交的陈述书即法庭之友陈述（amicus curiae brief）。② 法庭之友在法院审理案件的过程中，作为当事人以外的第三人向法院提供关于与案件有关的事实或法律适用方面的意见，以影响法院判决。其中关于事实方面的法庭之友陈述，是一种类似于专家证据的言词证据。

在 WTO 争端解决过程中，由于上诉机构只负责审查法律问题，所以法庭之友陈述作为证据的提交在理论上只能是出现在专家组程序中，上诉机构即使可以接受法庭之友陈述也仅限于法律问题。在"欧共体石棉案"中，上诉机构也特别强调了这一点，即在上诉程序中法庭之友提供的报告"仅限于法律观点"。③ 本文重点论述专家组程序中的法庭之友陈述作为证据的可采性，不过鉴于上诉机构和专家组处理法庭之友陈述问题具有共性，并未绝对将上诉机构的相关实践排除于讨论之外。

二　法庭之友陈述在其他国际司法机构的可采性

（一）国际法院

《国际法院规约》第 34.2 条及第 66.2 条涉及国际法院案件审理中法庭之友陈述的可采性。

《国际法院规约》第 34.2 条规定："法院得依其规则，请求国际政府组织（public international organization）提供关于正在审理案件之信息。该项组织主动提供之信息，法院应接受之。"从这个条文内容看，只有"国际政府组织"才可以向国际法院提供相关信息，即法庭之友陈述，而一般非政府组织则被排除出去。

《国际法院规约》第 66.2 条规定："书记官长并应以特别且直接之方法通知法院（或在法院不开庭时，院长）所认为对于咨询问题能供给情报之有权在法院出庭之任何国家，或能供给情报之国际团体，声明法院于院长所定之期限内准备接受关于该问题之书面陈述，或准备于本案公开审讯时听取口头陈述。"这项条款仅适用于国际法院的意见咨询程序，从条

---

① Brayan A. Garner, Black's Law Dictionary (8th edition), West Publishing Company, 2004, p. 93.

② Ibid., p. 204.

③ AB Report, EC – Asbestos, WT/DS135/AB/R, para. 52.7 (c).

文字面上看，并未排除国际非政府组织的意见。但是，从文献资料上看，国际法院在实践中多采取保守的态度，大多情况下它会驳回非政府组织提出的提供法庭之友陈述的请求，仅在某些案件中，法官们的个别意见或是不同意见，偶尔会引用若干非政府组织的意见。①

（二）国际刑事法院

《国际刑事法院证据与程序规则》第103条规定："于诉讼程序之任何阶段，倘若法官认为对于案件之适当裁判之做成有其需要者，得邀请或准予国家、组织或个人，针对法官所认定之任何适当议题，以书面或口头之形式，提出任何观察资料。"可见，在国际刑事法院，不论国家、组织或个人，均可以提出相关书面资料作为法庭之友陈述，供法官参考。

（三）欧洲法院

《欧洲法院规约》第40条规定："……任何人对于系属于本院之诉讼案件之判决结果具有利益者，得以参加诉讼之方式，以救济其于成员方之间、共同体组织间，或是成员方与共同体机构间诉讼案件中之权益。"

一般个人参加欧洲法院的诉讼程序主要是基于"申请参加"（leave to intervene）原则进行，并且争端当事双方对于该参加诉讼的申请，都有机会提出意见。试图参与诉讼程序的个人必须证明它对于该争端的结果具有直接和特定的经济利益。诉讼参加方可以取得争端当事方的陈述意见，并得向欧洲法院提出书面或口头陈述及相关证据，争端当事方有权予以回应。虽然此等诉讼参加方具有当事人资格，但是只能支持当事其中一方的立场与主张，即使诉讼参加方具有自己的意见也是如此。

可见，欧洲法院原则上可以接受法庭之友陈述。但是，如果非政府组织试图参与诉讼程序，理论上亦应符合一般个人参加诉讼的方式与相关要求。

（四）欧洲人权法院

《保障人权与基本自由公约》即《欧洲人权公约》被欧洲人权法院第11号议定书所修正，赋予个人与非政府组织参与欧洲人权法院的权利，修正后的公约第34条建立了欧洲人权法院准许非国家主体参与诉讼，包括任何个人、团体或非政府组织，可以主张因为一国违反公约行为而受侵

---

① G. Marceau and M. Stilwell, Practical Suggestions for Amicus Curiae Briefs before the WTO Adjudicating Bodies, 4 (1) Journal of International Economic Law155, 166 - 167 (2001).

害。根据《欧洲人权公约》第37条的规定，欧洲人权法院对于是否受理此类案件具有裁量权。

上述第11号议定书也允许法院正式接受法庭之友的书面意见，新修正的公约第36.2条规定，倘若任何法人或个人的利益受到本案诉讼结果的影响，首席法官得邀请其提出书面意见并且参与听证。非当事方参与审理程序，已经超出一般适用法庭之友的范畴，接近于国内的诉讼参加人。

（五）国际投资仲裁机构

《北美自由贸易协议》（NAFTA）投资争端解决中法庭之友陈述也引发了一些争议。在"Methanex Corp. v. US 案"中仲裁庭首次接受法庭之友陈述，"UPS v. Canada 案"则进一步确认仲裁庭可以采纳法庭之友陈述。①

不过，上述两案中仲裁庭适用《联合国贸易法委员会仲裁规则》，其第15.1条规定，仲裁庭在程序中拥有广泛自由裁量权决定仲裁的适当方式。同时，其第25.4条规定了仲裁程序进行不得公开，据此法庭之友不得进一步参与仲裁程序，如不得参与口头辩论，不得取得争端当事双方交换的文件资料等。

NAFTA 争端方可以选择在投资仲裁中适用《解决投资争端国际中心（ICSID）辅助规则》。虽然在该规则中并无明文规定仲裁庭是否有权接受法庭之友陈述，但是从相关条文授予仲裁庭的裁量权可以推断，仲裁庭可以根据该规则第35条的规定接受这些书面意见。② 此外，依据其第39.2条的规定："在争端当方同意下，仲裁庭应决定除当事人、代理人、顾问及律师、提供证明的证人及专家，以及仲裁庭之工作人员外其他人士是否得出席听审。"依据该规定，倘若争端当事双方同意，仲裁庭有可能准许非政府组织以"法庭之友"身份出席庭审。不过，缔约国对于 NAFTA 仲裁中"法庭之友"的实践仍然存在一些争议，这个问题仍然需要进一步观察。

---

① Decision on Petitions from Third Persons to Intervene as "Amici Curiae", 15 Jan. 2001, available at www. naftalaw. org/methanex/Methanex – Amicus. Decision. pdf. ; Decision of the Tribunal on Petitions for Intervention and Participation as "Amici Curiae", 17 Oct. 2001, available at www. dfait – maeci. gc. ca/tna – nac/IntVent_ oct. pdf.

② 《ICISD 辅助规则》第35条（规则欠缺之填补）规定："倘若发生以本规则以及任何当事方同意之规则皆无法妥善解决之程序问题者，仲裁庭应依职权裁定之。"

　　ICSID仲裁庭在"AAS诉阿根廷案"①中认为，它对案件程序问题具有自由裁量权，而接受法庭之友陈述属于程序问题。由于涉及社会公共利益，仲裁庭决定接受法庭之友陈述，他们认为这有助于仲裁庭综合考虑各方面的利益以做出正确的裁决，同时有助于增加仲裁程序的透明度。②在"APS诉阿根廷案"③中，仲裁庭也接受了法庭之友陈述。

　　2006年4月5日，ICSID秘书处公布了修改后的《ICSID仲裁规则和程序》。该规则第37.2条规定："仲裁庭在与争端当事方协商以后，可以接受非争端当事方的个人或实体向仲裁庭提交的就争议范围之内事项所做的陈述书。"并且还进一步规定了仲裁庭决定是否接受该陈述书应该依据的标准。④不过，如果任一当事方反对，仲裁庭仍然无权决定除当事双方、代理人、律师、作证之证人和专家以及仲裁庭工作人员以外的其他人员，包括法庭之友参加听证会。⑤

　　（六）评析

　　法庭之友陈述的地位在不同国际司法机构的相关立法与实践中存在相当大的差异。有些国际司法机构的相关规则明文规定了法庭之友陈述，而有些国际司法机构的相关规则没有涉及法庭之友陈述。在后一种情况下，有些国际司法机构通过司法实践认可法庭之友陈述的可采性，而另一些司法机构未予认可。有些国际司法机构虽然有认可法庭之友陈述的实践，但是仍然存在争议，规则的稳定性仍然有待观察，比如，NAFTA。区域性人权机构明显重视法庭之友的作用，其法律文件明确或隐含地认可法庭之友陈述，法庭之友在实践中发挥着重要作用。以国际刑事法院为代表的国际刑事法庭对法庭之友也给予了明确的认可。

---

①　Aguas Argentinas, S. A. , Suez, Sociedad General de Aguas de Barcelona, S. A. and Vivendi Universal, S. A. v. The Argentine Republic, ICSID Case No. ARB/03/19, Order in Response to a Petition for Transparency and Participation as Amicus Curiae, May 19, 2005.

②　Ibid. , para. 22.

③　Aguas Provinciales de Santa Fe S. A. , Suez, Sociedad General de Aguas de Barcelona S. A. and InterAguas Servicios Integrales del Agua S. A. V. The Argentina Republic. ICSID Case No. ARB/03/17. Order in response to a petition for participation as AMICUS CURIAE, March 17, 2006.

④　Amendments to the ICSID Rules and Regulations, at http：//www. worldbank. org/icsid/high-lights/03 - 04 - 06. htm

⑤　Amendments to the ICSID Rules and Regulations, article32 (2).

各个国际司法机构的立法与司法实践存在差别，这是因为受到诸多因素的影响，① 如不同的发展历史及习惯性做法、司法机构处理的事项性质的差异、案件审理中证据的可获取性等。②

许多区域人权机构支持非政府组织等法庭之友的参与，因为其受理的是人权案件，而存在众多的国际人权组织关注人权问题，可以为人权机构提供重要的具体信息。国际法院不会有详尽规定来处理非政府组织提出的法庭之友陈述，因为其主要审理的是处理国家间的传统国际法争端，自然难有接受法庭之友陈述的实践。而经济贸易领域的司法机构，由于经贸纠纷越来越多地涉及环境、人权、人类健康、知识产权等非政府组织关注的全球化问题，即使该机构的法律文件未涉及法庭之友陈述，实践中也会遇到法庭之友提出的参与要求。

虽然前述国际或区域司法机构与 WTO 争端解决机制有相似性，其经验值得在 WTO 争端解决中借鉴，但是不同争端及其解决机制之间的差异也不可忽视。

三　WTO 争端解决中法庭之友陈述可采性之实践

在"美国标准汽油案"和"欧共体荷尔蒙案"中，专家组拒绝接受法庭之友陈述，认为提交这些书面意见的非政府组织没有资格直接向专家组提出书面意见。在"美国虾案"中，上诉机构推翻该案中专家组的裁决，第一次明确允许专家组接受非政府组织直接递交的法庭之友陈述。

在"美国铅铋钢 II 案""欧共体石棉案""欧共体沙丁鱼案""巴西翻新轮胎案"等案件中，法庭之友陈述获得采纳甚至重视。比如，在"巴西翻新轮胎案"中，争端双方在很大程度上围绕着"人类社会"提供的意见和数据展开辩论。

总之，在 WTO 争端解决实践中，法庭之友陈述的可采性从不认可转

---

① 有学者归纳认为，在国际性法庭中，例如国际法院，若其不允许非政府组织或个人取得当事人资格，则其亦不会允许非政府组织或个人取得法庭之友的地位；反之，若非政府组织或个人可以取得当事人资格，通常也会承认法庭之友的存在，并且制订某些判断标准予以认定。See Gabrielle Marceau & Matthew Stilwell, Practical Suggestions for Amicus Curiae Briefs Before WTO Adjudicating Bodies, 4 Journal of International Economic Law 155, 175 (2001).

② 杨志凯：《"法庭之友"在 WTO 争端解决机制中之适用、实践与展望》，硕士学位论文，东吴大学，2004 年。

向认可，并且通过实践逐步确立了法庭之友参与 WTO 争端解决的程序与规则，使之开始走向完善。①

四　WTO 争端解决中采纳法庭之友陈述的合法性分析

DSU 第 13.1 条规定："每一专家组有权向其认为适当的任何个人或机构寻求信息和技术建议"。在"美国虾案"等案件中，上诉机构以该条款的规定作为法律依据，认可了专家组采纳法庭之友陈述的权力。以下从合法性角度对专家组采纳法庭之友陈述的实践进行审视。另外，上诉机构在"美国铅铋钢 II 案"也确立了上诉机构本身接受法庭之友陈述的权力。② 鉴于上诉程序中的法庭之友陈述属于法律意见而非证据，不在本论文的研究范围，在此不予充分展开。

（一）解释方法存在疑问

在"美国虾案"中，专家组认为 DSU 第 13 条"the right to seek information"（寻求信息的权利）不构成专家组接受未受请求的法庭之友陈述的法律基础。"seek"（寻求）一词在《牛津词典》中被解释为"try to find, or try to obtain"（试图发现或试图获取），具有主动性的内涵，对不请自来的法庭之友陈述的接受不属于这种主动的行为。可见，在这个案件中，专家组对 DSU 第 13 条的解释采用了文义解释，主张不予采纳法庭之友陈述。

但是，专家组的立场随后遭到了上诉机构的否定。上诉机构采用了目的解释的方法，认为 DSU 第 13 条应该与第 11 条、第 12.2 条结合进行考察，为了"对案件的客观评估"，"当不至于不当地延误专家组程序，专家组程序应当提供充分的灵活性，以保证高质量的专家组报告"，法庭之友陈述可以予以采纳。上诉机构认为无须过分拘泥于"seek"的字面含义，也没有必

---

① 关于 WTO 争端解决中法庭之友陈述的具体实践的详细叙述，参见曾炜：《WTO 争端解决中"法庭之友"之实证分析》，《世界贸易组织动态与研究》2006 年第 8 期；向凌：《非政府组织介入 WTO 争端解决机制的实证分析及其利弊考量》，《时代法学》2010 年第 4 期。

② 上诉机构在"美国铅铋钢 II 案"中认为，它接受法庭之友陈述的法律基础是 DSU 第 17.9 条和《上诉审查工作程序》第 16.1 条，因为它们没有明文"禁止"上诉机构接受并考虑该书面意见。而根据 DSU 第 17.9 条，上诉机构认为自身享有广泛的裁量权，只要不违反 DSU 或其他 WTO 协定的规定。事实上，这种扩大解释的结果实质上将违反 DSU，理由与后文关于专家组的相关论述相同。

要区分"受请求（request）"和"未受请求（non‑request）"的区别。

显然，上诉机构放弃了采用"seek"一词的一般意义作为 DSU 第 13 条的解释基础，这与上诉机构一向采用文义解释为主的实践相背离。而上诉机构前成员 Claus 教授依据其自身审理上诉案件的经验指出，上诉机构首重文义解释。[①]这也说明了为什么在许多上诉机构的报告中可以看到上诉机构经常会参考词典对法律条文进行解释。

（二）扩大解释的结果实质上违反 DSU

DSU 第 3.2 条规定："DSB 的建议和裁决不能增加或减少适用协定所规定的权利和义务。"所以问题的关键是，法庭之友陈述带来的程序上的负担是否为乌拉圭回合谈判中成员方所能够预见并且隐含于 DSU 条文之中？如果答案是肯定的，则应当认为当事方或第三方在 WTO 框架下本应该承受这种负担，不能认为对成员方既有权利义务的改变；否则，法庭之友陈述的采纳将造成 WTO 成员方之间权利义务平衡关系的改变，违反了 DSU。

当某一规则已经隐含于 WTO 协定之中而无须明文规定，依据常理，签署协定的成员方应该了解这个规则，并且已达成高度共识。但是，事实并非如此，这一判断的主要依据在于：

其一，法庭之友起源于罗马法，由英、美等国家的普通法继受，大多数的大陆法系国家的国内法并没有相同制度，在这种情况下，普通法国内特定的程序不能当然被借用于国际法之中。

其二，从 WTO 的谈判历史来看，包括 DSU 第 13.1 条在内的 WTO 法律文本并未将法庭之友问题考虑在内。乌拉圭、中国香港、印度、墨西哥、巴基斯坦、挪威等成员方在乌拉圭回合谈判中的第 60 次总理事会会议已经就"法庭之友"问题做过讨论，但是最后并未将其纳入 DSU 中，这足以看出 WTO 成员方并不赞同法庭之友陈述在争端解决程序中提出。由于那只是在一个"机构性问题非正式小组"（Informal Group on Institutional Issues）中的讨论，因此没有留下任何记录。[②]

---

① Claus‑Dieter Ehlermann, Experiences from the WTO Appellate Body, 38 Taxes International Law Journal 469, 480 (2003).

② 高树超：《世界贸易组织争端解决机制中"法庭之友"书状的使用：理论与实践》，《国际经济法学刊》2004 年第 4 期。

其三，在 2000 年 11 月 22 日总理事会会议讨论法庭之友相关问题时，多数成员方代表公开表明本国立场，关于法庭之友陈述问题成员方之间并没有达成任何合意。① 这也印证了这个问题本不在 DSU 调整范围之内，仍然是一个留待进一步谈判的未决事项。

这样，专家组采纳法庭之友陈述将会对 WTO 的既有框架形成冲击。因为法庭之友陈述不仅是一个普通程序问题，还涉及整个 WTO 基本框架，关系到非政府组织在 WTO 中的定位、WTO "司法" 与 "立法" 的冲突与调和，以及各成员方的主权等。② 涉及这些问题的法庭之友制度本应该由成员方通过协商在 WTO 法律文件中确立。从这个意义上讲，在法律没有明确规定的情况下，专家组和上诉机构无权采纳法庭之友陈述，这样的实践超越了其固有权力的范围。

在 WTO 争端解决过程中，依据 DSU 第 3.2 条和 DSU 第 17.6 条，上诉机构对 WTO 法律文本有权进行解释。不过，根据 DSU 第 3 条总则规定，争端解决机制提供多边贸易体制的安全性与可预见性，维护成员方在适用协定下的权利义务，依国际公法的解释惯例，澄清适用协定的规定，不得增减适用协定规定的权利义务，以及谋求争端的圆满解决。乌拉圭回合的谈判者将立法权交由成员方行使，司法目的只是适用法律。③ 上诉机构在 "美国羊毛衬衫案" 中也明确指出："在贯穿于 DSU 的明确的争端解决目标之下，我们不认为 DSU 第 3.2 条试图鼓励专家组或上诉机构通过澄清 WTO 协定的现有规定，在解决特定争端之外，创造法律……"④

WTO 专家组和上诉机构并没有普通法国家法院的造法功能。如果成员方之间对某事项存在明显争议，而专家组或上诉机构对争议事项进行缺乏成员方共识的扩张解释，是对 WTO 多边贸易体制的威胁。

五　WTO 争端解决中采纳法庭之友陈述的合理性分析

法庭之友陈述是否应该具有可采性，这个问题的实质不在于它是否具

---

① Minutes of Meeting of the General Council, WTO Doc. WT/GC/M/60, para. 114（Jan. 23, 2001）.

② 郑富霖：《"法庭之友" 参与 WTO 争端解决程序问题之解构》，硕士学位论文，台湾政治大学，2005 年，第 39 页。

③ 同上书，第 50 页。

④ AB Report, US – Wool Shirts and Blouses, WT/DS33/AB/R, p. 19.

有相关性，也不在于是否有助于事实的查明，这些需要在个案中根据情况确定。这个问题的实质在于政策层面，WTO 争端解决具有高度的国际政治敏感性，前上诉机构成员 Claus 教授称之为 "WTO 准司法之争端解决程序与政治决策程序间之紧张关系"，①这种紧张关系造成了 WTO 争端解决中法庭之友陈述可采性问题的复杂性。关于法庭之友陈述的可采性，从政策层面存在着两种不同的观点。

（一）反对采纳法庭之友陈述的理由

1. 法庭之友陈述的采纳，可能会使发展中国家处于不利的地位，发展中国家的利益容易受到损害。因为非政府组织大多来自发达国家，它们更可能为其本国利益服务，这样可能造成一些实力强大的游说团通过向 DSB 提交法庭之友陈述进而影响到国际正义，② 发展中国家在争端解决中将会承受更多压力和负担。在 2000 年 WTO 总理事会会议上，许多发展中国家的立场也印证了它们对此的担忧。

2. 有损于国家主权。非政府组织不是国际法主体，它们应该通过影响本国政府而间接地参与 WTO 争端解决，因为国家对国内民众和组织具有合法代表性，绕过本国政府直接参与 WTO 事务，有损于国家主权。

3. 法庭之友陈述的采纳会造成额外的程序上的成本负担，降低案件审理的效率。认可法庭之友陈述的可采性意味着可能促成大量材料的提交，并且带来巨大的司法成本，这包括专家组需要花费时间对法庭之友所提交的书面申请以及法庭之友陈述中所阐述的主张进行审查，而且当事方不得不花费额外的时间和成本回应法庭之友陈述，这些都可能会导致案件审理的成本增加以及审理期限的拖延。

（二）支持采纳法庭之友陈述的理由

1. 实际效果的考虑。随着科技与社会经济的高速发展，除了经济贸易本身，WTO 争端越来越多地涉及环境、健康等方面的专业性问题，而专家组在知识和能力方面具有局限性。法庭之友陈述有助于专家组准确认定案件事实，尤其是其中对某一专门领域长期关注的非政府组织，其观点

---

① Claus – Dieter Ehlermann, Experiences from the WTO Appellate Body, 38 Taxes International Law Journal 469, 483 and below (2003).

② Jona Razzaque, Changing Role of Friends of the Court in the International Courts and Tribunals, 1 (3) Non – State Actors and International Law169, 171 – 172 (2001).

常常具有代表性和权威性。

2. 现代社会更加重视民主代表性。传统国际法框架下，国家可以代表国内一切民众的说法已经不合时宜，尤其当少数利益团体的意见无法公平地被国家所代表时更是如此。①

3. 采纳法庭之友陈述可以促进国际社会对 WTO 的了解、参与和支持。非政府组织适度参与 WTO 争端解决，将增加 WTO 对外的透明度与决策的民主化。② 非政府组织通过提交法庭之友陈述得以在许多国际司法机构表达出对争端当事方所忽略的公共问题的关注，如环境。③ 通过法庭之友的媒介作用，WTO 更容易获得国际社会包括一般公众与企业的认同。

（三）评析

通过权衡利弊，法庭之友制度应当引入 WTO，在 WTO 争端解决中法庭之友陈述的可采性应当予以确认。

首先，非政府组织的立场并不必然倾向于发达国家。虽然大多数的非政府组织来自发达国家，但是在具体案件中的立场并不必然代表其所在国家，况且许多非政府组织积极追求的目标是保护环境、人类健康或其他公益事项，在实践中甚至与一些发达国家针锋相对。④

其次，全球治理的必要性。由于现代社会利益和价值取向的多元化，政府往往不能照顾到所有社会阶层的利益，甚至也可能未完全代表公共利益。WTO 的裁决不仅影响到国家的经济与贸易利益，而且影响到数以千万计的个人和众多企业的利益甚至国际社会的公共利益，代表这些利益的声音理应在争端解决中得以表达。⑤ 它们的诉求可能由于社会经济政策方面的原因，无法获得政府的认同或重视。这样，非政府组织通过以法庭之友身份向争端解决机构提出建议，应当说具有充分的合理性。另外，随着

---

① 郑富霖：《"法庭之友"参与 WTO 争端解决程序问题之解构》，硕士学位论文，台湾政治大学，2005 年，第 59—60 页。

② 同上书，第 60 页。

③ Ernesto Hernandez Lopez, Recent Trends and Perspectives for Non‐State Actor Participation in World Trade Organization Disputes, 35 (4) Journal of World Trade 469, 485 (2001).

④ 比如，日本的捕鲸活动在 2013 年遭遇澳大利亚环保组织"海洋守护者"保护协会以及其他环保组织的激烈反对和拦阻。

⑤ Ernesto Hernandez Lopez, Recent Trends and Perspectives for Non‐State Actor Participation in World Trade Organization Disputes, 35 (4) Journal of World Trade 469, 496 (2001).

环境、人权、公共卫生等全球性问题的凸显，国家以及国际政府组织在处理这些问题上常常力不从心。法庭之友，尤其是非政府组织在全球治理中应该越来越多地发挥必要的补充作用。

最后，法庭之友陈述对于专家组和上诉机构没有必然的约束力，即使法庭之友陈述被采纳，仍然可能因为证明力或其他方面的原因而不予采信；而且法庭之友陈述带来的某些弊端可以通过对法庭之友陈述的内容和程序进行要求予以解决或缓和①；更重要的是，如果专家组和上诉机构在不采信法庭之友陈述时，无须给出理由，那么其自由裁量权不会受到明显的限制。

综上，WTO 争端解决中法庭之友陈述的可采性得到了实践的认可，也具有合理性，但是缺乏法律依据。为了形成稳定而统一的 WTO 实践，减少使用法庭之友陈述的不确定性，确保法庭之友参与 WTO 争端解决的合法性，制订一套关于法庭之友参与 WTO 争端解决机制的规则是有必要的。

第四节   WTO 争端解决中证据的证明力

一   其他国际司法机构的相关实践

有学者指出，除了特别规定外，在证据采信及评价以便对整个案情达到内心确信方面，国际司法机构主张完全的自由，事实上它们也是这样做的。②

在"Nicaragua（Merits）案"中，国际法院指出，法院不是没有意识到，在"规约"与"规则"（Statute and Rules）限度内，它拥有评价各种证据要素的自由，尽管司法程序的一般原则必然适用于事实的认定。③

在"Island of Palmas 案"中，仲裁员指出："在没有明文规定的情况

---

① 参见上诉机构在"欧共体石棉案"中依据《上诉机构工作程序》第 16 条第 1 款拟定的附加程序（AB Report, EC – Asbestos, WT/ DS135 /AB / R, para. 52. ）。

② Cheng Bin, General Principles of Law as Applied by International Courts and Tribunals, Cambridge University Press, 2006, p. 307.

③ 1986 ICJ Reports, p. 40.

下，仲裁庭具有评价当事人所提出主张（assertions）的完全自由。"① 当然，前提是不得违反相关国际司法机构的宪章性文件和当事人协议。另外，国际司法机构不受国内法中证据评价规则的约束，② 它们可以依据案件的具体情况，决定特定证据的证明力。

由于证据评价是根据案情而定的思维过程，任何企图详细列明调整这些主观性心理活动的原则必然被证明是有些危险的。需要特别强调的是，从国际司法机构实践中推导而来的原则从任何意义上说都不是绝对的，决定性因素只能在对所有相关考虑进行权衡后才可以确定。③

二　WTO争端解决中专家组证据评价的一般原则

在"欧共体石棉案"中，上诉机构提到DSU第11条以及他们在"美国小麦面筋案"与"韩国税案"中所做的报告，指出："专家组在评价证据的价值并授予证据多大权重方面享有自由裁量权，专家组有权决定更看重证据的某些因素而不是其他因素——这是评价证据工作的实质（essence）。"④ 并且它进一步指出："正如我们已经说明的那样，我们不能再次评价专家组所享有的无论是评价证据价值，还是当证据存在所指控的瑕疵时，评价此种瑕疵所产生的后果的权力。"⑤ 在"欧共体亚麻床单案"中，WTO专家组也强调，他们"通常自主地决定和评价各类证据，并赋予他们认为适当的证明力"。⑥

虽然WTO专家组在证据的采纳与采信方面享有广泛的自由裁量权，但是它也并非没有限制，这些限制包括DSU第11条体现的专家组客观评估义务。在"欧共体荷尔蒙案"中，审查标准是"根本没有考虑（证据）或者扭曲了证据"，只要专家组没有如此恶意地对待专家意见和其依据的证据材料，那么这些事项就不会成为上诉机构审查的对象。在"美国抗腐蚀钢日落复审案"中，日本以专家组没有对日本提出的证据的相关性或证

①　Island of Palmas（1928），2UNRIAA，pp. 841 – 842.

②　（1926，USA v. Mexico），4 UNRIAA，pp. 39 – 40.

③　Cheng Bin，General Principles of Law as Applied by International Courts and Tribunals，Cambridge University Press，2006，pp. 308 – 309

④　AB Report，EC – Asbetos，WT/DS135/AB/R，para. 161.

⑤　Ibid.

⑥　Panel Report，EC – Bed Linen，WT/DS141/R，para. 6. 34.

明力进行评价为由提出上诉。① 除了客观评估义务，采纳证据也要遵守善意原则与正当程序原则。

在"阿根廷毛皮和皮革案"中，专家组指出，当使用间接证据（circumstantial evidence）时，"它必须清楚和令人信服地得出所寻求的裁定，同时必须排除存在得出其他合理裁定的一切可能性。"② 实际上，与其说专家组对证据证明力的认定是依据既定的规则，不如说是依靠常识和经验。

由于作为 WTO 争端解决中系争措施主要是各国国内法律法规，对于这些证据的证明力往往不会产生争议。③

综上，一般而言，WTO 专家组在评价证据时享有充分的自由裁量权，而上诉机构通常对于专家组的权力行使予以尊重。鉴于实践中存在的理解分歧，以下对 WTO 争端解决中几种具体证据的证明力予以特别澄清。

三　专家证据的证明力

专家意见或专家证据仅仅是证据的一种，对于专家组而言没有必然的约束力，专家组可以行使自由裁量权赋予其认为适当的证明力。不过，即便专家证据并非一定要采信，由于专家证据所具有的高度专业性，实践中专家组一般会对专家证据比较依赖。作为例外，按照 GATT 第 15.2 条从国际货币基金组织获得的意见，以及按照 SCM 第 4.5 条规定而设立的常设专家小组（Permanent Group of Experts）的意见是具有法律约束力的。

上诉机构在许多案件中确认了专家组对专家证据证明力的自由裁量权，如"美国虾案"④ 和"欧共体石棉案"⑤。另外，在"日本影响农产品措施案"中，日本在上诉阶段提出，专家组以武断的方式引用专家的观点而且其对证据的评价是矛盾的。上诉机构回应称，仅有令人震惊的错误才会构成未能够按照 DSU 第 11 条要求对事实进行客观的评估。⑥

---

① AB Report, US – Corrosion – resistant Steel Sunset Review, WT/DS244/AB/R, para. 97.

② Panel Report, Argentina – Hides and Leather, WT/DS155/R, para. 11. 50.

③ ［美］戴维·帕尔米特、［希腊］佩特罗斯·C·马弗鲁第斯：《WTO 中的争端解决：实践与程序》（第 2 版），罗培新、李春林译，北京大学出版社 2005 年版，第 133 页。

④ AB Report, US – Shrimp, WT/DS58/AB/R, para. 104.

⑤ AB Report, EC – Asbetos, WT/DS135/AB/R, para. 161.

⑥ AB Report, Japan – Agricultural Products II, WT/DS76/AB/R, paras. 140 – 141.

专家证人的指定方式对专家证据的证明力通常会产生影响。专家组指定的独立专家比那些当事方专家被赋予更多的信赖。① 其实，国际法院在司法实践中也相似地给予当事方专家的意见比较小的证明价值，原因在于他们接受当事方的委派并且从当事方获得报酬，其公正性难以确信。②

四　法庭之友陈述的证明力

尽管法庭之友陈述的可采性在WTO争端解决中逐步得到确认，但是从司法实践情况看，法庭之友陈述的采信并不普遍。根据WTO资料统计，法庭之友陈述大多被专家组以各种理由拒绝。③ 其中的原因，除了专家组通常已经获得了相当数量的证据，法庭之友陈述并非不可或缺，即缺乏必要性，专家组也应当考虑了许多国家对法庭之友陈述采纳所持的反对立场这一政策因素，不希望因采信法庭之友陈述影响裁决的权威性。

从应然的角度看，关于法庭之友陈述的证明力，应当综合考虑法庭之友提供意见的目的、在案件中所具有的利益的性质、与争端方是否有利害关系、这些意见作为证据的必要性，以及法庭之友陈述的论点与论据的说服力。

五　当事方承认与声明的证明力

在WTO争端解决的实践中，当事方对某一事实的承认可以作为不需要证明的事项，即使声明中包含的事实是否构成承认存在疑问，仍然会被赋予相当的证明力。"如果一方承认了某一特定事实，专家组有权把相关声明认定是准确时，也有权把有关事实认定是可靠的。"④ 比如，在"澳大利亚鲑鱼案"中，澳大利亚承认它没有进行关于涉诉的4个种类鲑鱼产品的风险评估，专家组认定加拿大成功卸除相应的证明澳大利亚的措施违反第5.1条的责任。⑤

---

① Joost Pauwelyn, The Use of Expert in WTO Dispute Settlement, 51 International and Comparative Law Quarterly325, 333－334（2002）.

② 张卫彬：《国际法院解决领土争端中的证据问题研究》，博士学位论文，华东政法大学，2011年。

③ 毛燕琼：《WTO争端解决机制问题与改革》，法律出版社2010年版，第134页。

④ AB Report, US－Shrimp, WT/DS58/AB/R, para. 7.15.

⑤ Panel Report, Australia－Salmon, WT/DS18/R, paras. 8.53, 8.59.

　　但是，如何确定当事方是否已经"承认"在各案中的表现是不同的。例如，在"美国《1916 年反倾销法》案"中，日本主张美国现任和前任政府官员有关 GATT1947 下争议措施的地位的声明，应该被认定为对事实的承认，而美国则质疑该声明的真实性和准确性。最后专家组认定美国未被证实的文件不构成对该事实的承认，因为"在没有事先查清做出有关声明的背景的情况下"，专家组"不愿把它们看作是美国的'承认'"。① 在"印度数量限制案"中，印度声称采取进口限制是为了执行收支平衡委员会的命令，专家组认为该声明不构成对事实的承认，它只是暗示该措施是"数量限制"。②

　　在很多争端中，当事方经常援引其他政府官员的声明以支持自己的主张。专家组在"美国贸易法 301 条款案"中指出："在当今发达的通讯网络和互相依赖的世界中，一个主权国家的任一代表在国际场合或热烈的法律辩论中的偶然声明，不应被认为具有法律效力。"③ 在"巴西飞机补贴（第二次援引第 21.5 条）案"中，专家组"并不排除由相关成员就其打算如何实施一规划所发表的官方声明，对于评估该项规划与 WTO 的相符性具有重要意义的可能性"，但是同时又拒绝认为引发争议的有关声明使巴西有义务以任何特定的方式实施争论中的措施。④

　　专家组在"智利酒精饮料案"中指出："不用说，有关成员方的政府所宣称的目标，对于评估一项措施的意图来说，可能具有重要的相关意义。"⑤ 而且，"政府所做的违背其 WTO 利益的声明（如对贸易保护的目的或意图的说明）具有很强的证明力。与之相应的是，政府所发表试图证明其措施正当性的声明，不大可能具有突出的证明力。"⑥

　　在"美国《伯德法修正案》案"中，美国声称其采取的措施所要达

　　① Panel Report, US – 1916 Act (Japan), WT/DS162/R, para. 6.64.

　　② Panel Report, India – Quantitative Restrictions, WT/DS90/R, para. 5.124.

　　③ Panel Report, US – Section 301 Trade Act, WT/DS152/R, DSR2000：II, 815, para. 7.118.

　　④ Panel Report, Brazil – Aircraft (Second Recourse to Article 21.5), WT/DS46/RW/2, para. 5.162.

　　⑤ Panel Report, Chile – Alcoholic Beverages, WT/DS110/R, para. 7.118.

　　⑥ Ibid., para. 7.119.

到的目的，使其不受 GATT1994 第 6 款、《反倾销措施协定》和 SCM 的约束。① 专家组否定了美国的主张，并且强调："如果接受美国有关措施不是一项'针对倾销采取的特别措施'的反驳意见，则将意味着的确没有产生美国国会显然希望它产生的效果。"②

在"美国版权法案"中，有关问题是在国内立法中所规定的一项例外是否满足 TRIPS 第 13 条的要求，专家组指出："国内立法者在制定一项限制或例外时所宣称的公共政策目的，从事实角度看，对于推定限制或例外的范围或其定义的明确性来说，可能是有意义的。"③ 不过，在一些 WTO 争端解决中，专家组并没有采信有关声明。比如，在"加拿大飞机信贷和担保案"中，巴西提到了加拿大在先前诉讼程序中所做的声明。但是，专家组认为，鉴于向专家组提交的事实性诉讼记录，加拿大的声明对于解决围绕这些声明所产生的分歧来说，并非是必要的。④可见，证据的采信不仅在于证据的相关性和证明力，必要性也是必要条件之一。

本章小结

在证据的可采性问题上，由于 WTO 没有普通法陪审团之类的设置，WTO 争端解决实践更接近大陆法，即专家组享有广泛的自由裁量权，不受繁琐的证据可采性规则的约束，这与其他国际司法机构的实践总体上相符。不过，在实践中，一些具体证据的可采性问题的处理上具有其自身特点。

与其他国际司法实践不同，在 WTO 争端解决中，证据的证明力大小对于其采纳通常没有影响，至少影响比较小。

在逾期证据问题上，WTO 争端解决中的举证时限以第一次实质性会议为准，允许存在例外，但是必须满足基本条件。这些条件包括：证据具有相关性，为反驳对方所提交的材料或回答专家组的问题所必需；符合正当程序要求，逾期证据的采纳必须能够保证对方正当程序权利的实现；逾

---

① Panel Report, US – Section 129 (c) (1) URAA, WT/DS221/R, para. 7. 41.

② Ibid.

③ Panel Report, US – Section 110 (5), WT/DS160/R, paras. 6. 112, 6. 157.

④ Panel Report, Canada – Aircraft Credits and Guarantees, WT/DS222/R, para. 7. 159.

期证据的采纳不会造成不适当的延期。在极端情况下，即使不符合上述条件，为查明事实之需，逾期证据也未必一定不被采纳，如在"美国版权法（援引第 25 条）案"中的情况。

关于磋商程序中所获得证据的可采性，在其他国际司法机构的实践中通常不予认可。这个做法的合理性在于鼓励争端方之间进行坦率的沟通。不同的是，WTO 争端解决机制磋商程序中所获得证据具有可采性，原因在于依据 DSU 的要求专家组程序启动以前，争端方必须诉诸磋商程序，磋商的重要功能在于收集正确的信息，以便有助于达成解决办法或有助于以后向专家组提交准确信息。

一些 WTO 争端解决中涉及争端方在本国（地区）采取的贸易救济措施，在成员方政府做出裁定时未使用的证据的可采性与使用的秘密信息的可采性，是 WTO 争端解决中特有的两个问题。国内裁定中未使用的证据不具有可采性，因为专家组没有权力对这些新证据重新审查，另外，这种新证据不应当具有为成员方之前缺乏充分事实基础时所采取的措施正当化的功能。在做出国内裁定时利用的秘密信息应当具有可采性，这是因为WTO 规则认可在反倾销、反补贴以及保障措施的调查中保护秘密信息，这也使成员方在采取贸易救济措施时可以获得相关企业配合的保障。

在 WTO 争端解决中对特免权信息的认可要求严格。不过，当被要求披露的信息涉及国家安全信息时，"巴西飞机案"的专家组认可了公共利益特免权应当受到保护，但是需要满足相应条件，至少当事方必须清楚解释其原因。

法庭之友陈述的地位在不同国际司法机构的立法与实践中存在相当大的差异，这是因为法庭之友的可采性受到诸多因素的影响，如不同的发展历史及习惯性做法、司法机构处理事项的性质差异、案件审理中证据的可获取性等。关于法庭之友陈述的可采性，WTO 争端解决实践逐渐予以认可，虽然这具有合理性，可以为认定事实提供有益的证据收集渠道，但是从现有的 WTO 法律框架看，采纳法庭之友陈述的合法性尚有疑问，应当通过 DSU 的修改，明文确定法庭之友陈述的可采性。

专家组被赋予广泛的裁量权，可以自由评价证据的证明力，总体上这与其他国际司法机构的实践并无二致，需要特别强调的是几种具体证据的证明力。首先，专家证据的证明力。WTO 争端解决中越来越多地涉及专门性问题，专家证人的重要性逐渐凸显，成为专家组认定事实的重要助手，但是专家证据对于专家组认定事实没有约束力。其次，关于法庭之友陈述，虽然在 WTO 争端解决实践认可了其可采性，但是很少被赋予很高的证明力并作为定案依据。表面上的原因是这些法庭之友陈述在定案时并非必要，实际上是专家组不希望因为采信法庭之友陈述而遭受异议从而影响到 WTO 裁决的权威性。最后，在 WTO 争端解决的实践中，当事方对某一事实的承认可以作为证据采纳，即使是声明中包含的事实是否构成"承认"仍然存在疑问，也会被赋予相当的证明力。

第三章

WTO 争端解决中证据的收集与提交

在 WTO 争端解决中，不适用严格的证据可采性规则，对证据形式和种类的要求非常宽松，书证、证人证言①、专家证据、实物证据等，都有不同程度的使用。

从实践来看，书证显然是争端当事方在 WTO 争端解决中提交的主要证据形式，包括政府部门和非政府组织或机构发布的文件。前者包括已经公布的法律法规、官方统计数据、官方研究报告、司法裁决等；后者包括新闻报道、报纸杂志上的评论、私人信件、商业计划、企业的备忘录等。

关于证人证言，各成员方可以以书面形式提供，将其作为正式提交的材料。正如 Sandife 所言，在国际司法机构，"书面形式的证据是规则，直接口头证据（direct oral evidence）是例外。"② 证人的询问尤其是交叉询问，在 WTO 争端解决中比较少见。

WTO 争端解决中越来越多地应用独立专家，这是因为 WTO 争端中越来越多地涉及专业性问题，如经济学、科学技术、社会学问题，使得专家证据的作用日益凸显。相比于事实证人，在 WTO 争端解决中独立专家不仅提供书面证言，即专家报告，而且参加庭审，接受询问和质证也是比较常见的事。提供案件事实意见的法庭之友类似于专家证人，法庭之友在 WTO 案件中有时也会提交书面意见，参与案件审理。

实物证据具有直观性、稳定性等优点，它在 WTO 争端解决过程中也有一些使用，如在"加拿大期刊案"中，当事方向专家组提供了杂志样

---

① 广义的证人包括事实证人和专家证人，狭义的证人是指事实证人，如果未特别强调，文中的"证人"仅指事实证人。

② Durward V. Sandifer, Evidence before International Tribunals, University Press of Virginia, University Press of Virginia, 1975, p. 197.

本作为证据。① 另外，专家组收到过的实物证据还有不同类型的未经加工过的皮革和加工过的皮革等。②

第一节　专家组的主动收集证据

一　专家组在证据收集中的角色定位

大陆法和普通法在诉讼模式上的区别在于：普通法诉讼采取当事人主义，在案件审理中法官通常消极中立；而大陆法诉讼采取的是职权主义，案件的审理由法官主导，法官扮演积极主动的角色。WTO 争端解决中，专家组的角色定位是怎么样的呢？

专家组在争端解决程序中，包括在证据的收集和专家证人的询问方面，常常扮演积极主动的角色，这有利于提升程序审理的效率，实现争端解决中实体和程序的公平，这是因为：

其一，专家组可以通过及早澄清主要争议事项，并且向当事方发出指示，促使证据的提交和询问具有针对性。在缺乏明确指示的情况下，当事方会提供较多不相关的证据，甚至会因为担心败诉而提交一些重复性的证据，导致专家组的工作量过于繁重，拖延了审理程序。③ 另外，由于 WTO 协定缺乏具体的证据规则，留下许多有待填补的空白，加之当事方具有不同的法律文化背景，对于如何收集和提交证据有不同的立场和理念，在这种情况下，专家组通过积极行使自由裁量权及时明确证据程序进行的方式和规则，可以有效地推进审理程序。总之，通过专家组积极管理程序，可以使审理程序更为顺畅，提升争端解决的速度和效率。

其二，裁判者积极参与审理程序，可以降低双方代理人在审理过程中运用技巧和策略的作用，使案件审理结果更多地取决于案件本身的是非曲直。而且，通过积极主动的方式，裁判者可以从更多的渠道获得必

---

① Panel Report, Canada – Periodicals, WT/DS31/R.

② Scott Andersen, Administration of Evidence in WTO Dispute Settlement Process, in Rufus Yerxa and Bruce Wilson（ed.）, Key Issues in WTO Dispute Settlement: The First Ten Years, Cambridge University Press, 2005, p. 187.

③ Michelle T. Grando, Evidence, Proof, and Fact – finding in WTO Dispute Settlement, Oxford University Press, 2009, pp. 306 – 307.

要的信息和证据，为证据的收集提供当事方之外的补充渠道，进而有助于全面查明事实。当事方对于在其控制之下、于己不利的证据往往不会积极提供，而专家组可以主动命令其提供，这样做的结果显然有利于事实的查明。

那么，国际司法机构主动收集证据是否会影响其中立性和公正性呢？依据普通法法律文化，裁判者应该保持中立和消极的角色，不应该主动介入证据收集和提交程序，否则容易丧失中立性。因为，在普通法法律文化中，裁判者主动获取的证据被认为相比于当事方提供的证据更容易得到裁判者的采纳和采信；同时，只有当事方积极对抗，而裁判者保持中立，才能够更准确地发现事实。不过，大多大陆法国家并不认同这一点，它们认可裁判者的积极主动的角色，认为赋予裁判者这样的职权与其丧失中立性并没有必然的关系。大陆法的这种观点被许多国际司法机构的实践所认可，如《国际法院规约》第 49 条和第 50 条、《华盛顿公约》第 43 条以及《ICSID 仲裁规则》第 34.2 条。国际司法机构主动收集和获取证据的权力，可以被认为是属于这些机构的固有权力，即使没有明确的法律依据，它们也可以行使这项权力。

二 专家组寻求信息权的法律依据

专家组行使寻求信息的自由裁量权的主要法律依据是 DSU 第 13 条①和第 11 条。依据 DSU 第 13.1 条，专家组有权向其认为适当的任何个人或机构寻求信息和技术建议。第 13.2 条进一步授权专家组可以向任何有关来源寻求信息，并且与专家进行磋商以获得他们对相关事项某些方面的意见。DSU 第 11 条规定，专家组应该对审议的事项做出客观的评估，包括对案件事实及有关适用协定的适用性和与有关适用协定的一致性的客观评估，并且提出建议或裁决。

在"美国虾案"中，上诉机构认为，"应该强调专家组所拥有的从其认为适当的'任何个人或机构'或'任何其他有关来源''寻求'信息和

---

① DSU 第 13 条规定："每个专家组有权向其认为适当的任何个人或机构获取资料和专门意见。……任何成员方应对专家组索取其认为必要和正当的资料的任何要求做出迅速充分的答复。各专家组还可以从任何有关来源索取资料并可以咨询专家以获得他们对该事项某些方面的意见。关于争端一方所提出的科学或其他技术性事项的事实问题，专家组可以请求专家审查组提供一份书面咨询报告。"

技术建议的权力的全面性。该权力不仅包括选择并评判可能寻求的信息或建议的'来源'，我们认为专家组的这种权力还包括决定根本不寻求此种信息或建议，或者对这些信息或建议做出其认为适当的处理。在具体案件中决定信息或建议多大权重或者根本就不授予这些信息或建议任何权重，尤其处于专家组权限范围之内。"①在"加拿大飞机案"中，上诉机构认为，为解决争端专家组有足够和广泛的自由裁量权决定什么时候需要信息以及需要什么信息。②

另外，在"美国虾案"中，上诉机构指出，结合第 12 条和第 13 条可知，DSU 授予专家组充分且广泛的权力，通过行使这一权力专家组查明事实并适用法律。此种权力及其广泛性对于专家组履行 DSU 第 11 条所赋予的职责不可或缺。③

此外，专家组在案件审理过程中，为查明事实可以对当事方进行询问。在"美国归零案"中，上诉机构运用了相似的说理，指出专家组也有权向当事方提出它认为与考虑争议问题之目的相关的问题。总的来说，提出问题是专家组调查事实的职能与义务的组成部分④，而且依据上诉机构的观点，专家组进行询问的权力不以申诉方已经确立的初步证据案件为前提条件。⑤

专家组寻求信息属于自由裁量权的范畴，而不是一种义务，更不能用来替代当事方的证明责任。专家组是否寻求信息的不确定性，使得当事方有动力去积极收集证据以卸除证明责任或者有效抵消对方证据给专家组成员带来的内心确信。

关于专家组行使寻求信息的自由裁量权与客观评估义务的关系，"美国持续归零（欧盟）案"似乎暗示，第 13 条下自由裁量权的行使有可能导致其对第 11 条的违反，因为第 11 条规制的就是自由裁量权的行使。⑥其中一种情况就是，在一当事方提出的证据出示请求符合相关性和重要性要求、而该证据由另一当事方独自控制的情况下，专家组无视该证据，导

---

① AB Report, US – Shrimp, WT/DS58/AB/R, para. 104.

② AB Report, Canada – Aircraft, WT/DS70/AB/R, para. 192.

③ AB Report, US – Shrimp, WT/DS58/AB/R, para. 106.

④ AB Report, US – Zeroing（EC），WT/DS294/AB/R, para 260.

⑤ AB Report, Thailand – H – Beams, WT/DS122/AB/R, para. 135.

⑥ AB Report, US – Continued Zeroing, WT/DS350/AB/R, para. 347.

致请求方因为缺乏证据而使审判结果对其不利，专家组可能被认为违反客观评估义务。

三　专家组获取信息或证据的来源

专家组为查明事实，常常不会局限于争端当事方主动提交的信息和证据，而是进行主动寻求信息。专家组寻求信息的来源主要包括以下几个方面。

1. 当事方是最主要的信息来源。DSU 第 13 条授予了专家组广泛的权力，包括强迫当事方提交仍未记录在案的信息。① 除此以外，DSU 附件 3《工作程序》第 8 段进一步强调，专家组可以在任何时候向当事方询问，并且要求他们在各方出席的会议中进行说明，或者做出书面说明。因此，专家组有权要求当事方进行证据出示并进行询问。

2. 国际组织。DSU 第 13 条"任何来源"包括"任何它认为适合的任何个人或机构"，其中的"机构"包括国际组织，如国际货币基金组织（IMF）②、国际食品法典委员会（CAC）③、国际癌症研究署（IARC）、联合国粮农组织（FAO）、世界卫生组织食品添加剂联合专家委员会（JECFA）④ 等。

3. 独立专家。在涉及科技、经济等专门性问题时，为查明事实专家组可以寻求相关专家的专业协助。除上述 DSU 第 13 条对使用专家做出了规定外，SPS 和 TBT 的规定也涉及专家的使用。⑤ 这些由专家组委托的专家可以被称作"独立专家"（independent expert）或"独立专家证人"，这

---

①　Joost Pauweyn, the Use of Experts in WTO Dispute Settlement, 51 INT'L &COMP. L. Q. 325, 329 (2002).

②　Panel Report, EC – Sardines, WT/DS231/R, paras. 6.17, 7.132.

③　国际食品法典委员会（CAC）是由联合国粮农组织和世界卫生组织共同建立，以保障消费者的健康和确保食品贸易公平为宗旨的一个制订国际食品标准的政府间组织。

④　Panel Report, Canada – Continued Suspension, WT/DS321/R, paras. 1.7, 7.76.

⑤　SPS 第 11.2 条规定："在本协议下涉及科学技术争议的争端，专家组应该与争端的当事方磋商后选定专家，从而向这些专家寻求意见。为达到这一目的，专家组可以在它认为适当的时候，在争端的任何一方请求时或者它自发地建立一个咨询性的技术专家组，或者向有关国际机构咨询。" TBT 第 14.2 条规定："在争端当事方的请求之下，或者在专家组自发的情况下，专家组可以建立一个技术专家组要求他们给出详细的考虑，并在技术性质的问题上给予专家组一些帮助。"关于技术专家组的规则包含在 TBT 的附件 2 中，内容与 DSU 附件 4 中关于专家审议小组的规定很相似。

与当事方委托或雇佣的专家不同，后者被称为"当事方专家"（party – designed expert）或"当事方专家证人"。

4. WTO 成员方。依据 DSU 第 13 条，成员方应当快速全面地对于专家组就证据材料提出的请求做出回应。这里的成员方不仅包括 WTO 争端的当事方，也包括非当事方和第三方。

5. 法庭之友。专家组在争端解决过程中，除了主动地向相关专家咨询意见或寻求信息以外，有时还会接到来自法庭之友就案件事实提出的书面意见，即法庭之友陈述，这些也是 WTO 争端解决中的证据来源。

另外，有学者主张在 WTO 争端解决机制中建立专门的证据调查部门，协助专家组解决证据收集问题。① 这个建议提出的背景是在 WTO 争端解决中，存在着当事方忽视专家组为查明事实所提要求的趋势，② 使一些案件中专家组认定事实所需的证据不足。当事方不愿意披露证据是为了保护国内企业的商业秘密或者基于诉讼策略的考虑。不过，发达国家因为掌握充裕的资源和财力，收集证据的能力更为强大，往往可以获取自己所需要的证据，包括更为权威的专家证据，而发展中国家则可能无法做到。建立专门的证据调查部门可以平衡发达国家和发展中国家举证能力的悬殊差距，帮助专家组更加全面准确地查明事实。这样的做法也符合 DSU 第 13 条关于专家组寻求信息的广泛权力的规定。

客观上，专门的证据调查部门的设立可以有力地缓解在一些案件中专家组为广泛收集证据而产生的时间紧张与资源不足的问题，减轻普通法背景的当事方对于专家组过于能动地调取证据而有失中立性的担忧，③因为证据调查部门并非隶属于专家组，而只负责证据的收集与提交。更为重要的是，这样的做法有利于事实查明，帮助专家组准确认定事实并且做出公正的裁判，从而维护争端解决的公平性及正当性。

---

① See e. g., Kristin Bohl. Problems of Developing Country Access to WTO Dispute Settlement, 9 Chi – Kent J. Int' l & Comp. L. 130, 166 (2009).

② John A. Ragosta, Unmasking the WTO – Access to the DSB System: Canthe WTO DSB Live Up to the Moniker "World Trade Court"?, 31 LAW & POL 'Y INT' L Bus. 739, 762 (2000).

③ David Collins, Institutionalized Fact Finding at the WTO, 27 University of Pennsylvania Journal of International Economic Law 367, 377 (2006).

第二节　WTO 争端解决中当事方的证据披露

依据 WTO 协定的相关规定，① 申诉方首先提交案件材料，并在案件材料中应当明确提出请求并且提供具体的主张和支持性的证据。然后被诉方提交书面材料，也包括主张和支持性的证据，以作为回应。在与专家组进行的第一次会议上，当事方提出各自观点，提交不能够附于书面材料的证据，提问并回答问题。

为了防止证据突袭或者拖延审理程序，当事方提交证据应该在专家组要求的期限内提出，否则将会面临不被采纳的风险。另外，当事方提交给专家组的所有文件都应当向其他当事方提交，否则就是对其他当事方正当程序权利，包括有合理机会陈述案情和获得公平对待的权利的损害。

如果当事方需要的支持其主张的证据在自己控制之下，这时当事方提交证据的态度通常是持积极的。但是，于己不利的证据的提交，由于涉及切身利益，当事方往往不愿意主动积极地进行。在这种情况下，当事方是否有义务披露证据？另一当事方或专家组在何种范围或条件下可以要求该当事方出示其未主动出示的证据？如果该当事方拒绝出示证据的请求，专家组应该如何处理？这些问题关系到 WTO 争端解决中事实能否准确查明，专家组的职能能否顺利发挥，因此是 WTO 争端解决中常常面临的重要问题。

在证据披露方面，两大法系的民事诉讼存在尖锐的法律文化冲突。比如，依据美国式的证据开示（discovery）制度，当事人在开庭审理前可以要求对方提供具有相关性的证据，包括对后者不利的证据，而且这里的"相关性"范围广泛②。在大陆法国家，一般的做法是当事人出示证明本方观点的证据，在特殊情况下，请求法院命令对方披露在对方控制之下、支持本方观点的特定证据。③ 那么在 WTO 争端解决程序中，当事方的证

---

① DSU 第 12.5 条、第 12.6 条和附件 3《工作程序》第 4 段。

② 依据《美国联邦证据规则》第 401 条的解释，具有相关性的证据是指足以影响诉讼决定的任何事实的存在与否的认定，如果某一证据存在，则该事实存在与否的可能性比无此证据存在为高时，任何具有这种可能存在或更没有可能存在的倾向的证据。

③ ［英］艾伦·雷德芬等：《国际商事仲裁法律与实践》（第 4 版），林一飞、宋连斌译，北京大学出版社 2005 年版，第 321 页。

据披露义务与两大法系尤其是普通法系的司法实践有何异同呢？以下通过
对专家组报告和上诉机构报告进行考察，以寻求问题的答案。

一　WTO 争端解决中当事方在证据披露中的合作义务

WTO 专家组和上诉机构多次提及当事方在向专家组证据披露方面的
合作义务，① "加拿大飞机案" 是其中的一起典型案例。②

关于当事方证据披露中的合作义务涉及诸多需要澄清的问题，如成员
方证据披露中的合作义务的内涵是什么？它与证明责任具有什么关系？合
作义务的履行是否以初步证据案件（prima facie case）的确立为条件？成
员方在证据披露中的合作义务与美国式的证据开示有何异同？

（一）当事方合作的强制性

在 "加拿大飞机案" 的专家组程序中，巴西认为，依据 DSU 第 3.10
条关于成员方善意义务的规定，③ 被诉方负有提供信息的强制性义务，第
13.1 条赋予专家组寻求信息的权力并且规定了 WTO 成员方与争端解决机
构合作的义务。④

针对加拿大拒绝向专家组提供相关信息的行为，上诉机构强调了当事
方的合作义务。上诉机构首先对 DSU 第 13.1 条的含义进行了澄清，指
出："尽管 'should' 一词在会话中经常被用来表示劝导，或表达倾向性，
但是它不总是这样使用。它也可以用于 '表达义务或责任' ——同样地，
我们认为第 13.1 条第 3 句中的 'should' 一词是在规范意义上，而非在
劝导意义上被使用。"⑤ 上诉机构进一步指出，即使当事方无法律上向专

---

① See e. g. , AB Report, Canada – Aircraft, WT/DS70/AB/R, paras. 187, 190; AB Report,
India – Additional Import Duties, WT/DS360/AB/R, para. 194; Panel Report, Turkey – Rice, WT/
DS334/R, paras. 5. 16, 7. 1, 7. 7, 7. 10; Panel Report, Japan – apples, WT/DS245/R, para. 8. 48.

② 1997 年 3 月巴西要求与加拿大政府就加拿大向民用飞机出口进行补贴一事进行磋商，同
年 7 月 10 日巴西向 WTO 争端解决机构提出了设立专家组的申请。专家组于次年 3 月 12 日提交了
最终报告，裁定加拿大的某些措施与 SCM 第 3.1 （a）条和第 3.2 条不符，但是否认了巴西提出
的加拿大出口发展公司（以下简称 "EDC"）向加拿大地区飞机产业提供援助构成出口补贴的主
张。此后，加拿大和巴西分别提出上诉，上诉机构维持了专家组的裁定。

③ DSU 第 3.10 条规定："……如争端发生，所有成员将以善意参与这些程序以努力解决争
端……"

④ AB Report, Canada – Aircraft, WT/DS70/AB/R, paras. 50, 191.

⑤ AB Report, Canada – Aircraft, WT/DS70/AB/R, para. 187.

家组提供信息的强制义务，那些阻碍专家组获取信息的行为也是违反了 DSU 第 3. 10 条规定的善意解决争端的成员方义务，或阻碍了包含 DSU 在内的规则所规定的解决他们之间争端的成员方基本权利。① 上诉机构通过结合第 13. 1 条与第 3. 10 条分析，指出："我们认为当事方依据第 13. 1 条应专家组要求提供信息的义务应当是成员方依据第 3. 10 条所承担的广泛义务的一种具体的表现。"②

DSU 第 13 条规定，成员应该迅速和全面地答复专家组提出的有关提供此类信息的任何请求。这表明，"与专家组从任何来源，包括从争端当事方那里寻求证据和信息的权力相对应的是，争端各方都有义务向专家组提供证据和信息。"③ 这就是当事方在证据披露方面的合作义务的法律依据。这种合作义务是 WTO 争端解决善意原则的具体体现，它要求当事方在证据提交中的合作。在争端解决各程序中，无论由哪一方负担证明责任，当事方都应该依据裁判者的要求将其所控制的证据及时提交，以便裁判者能够做出客观公正的裁判。对于 WTO 专家组程序的公平有效运作至关重要，如果成员方可以拒绝提供所要求的信息，那么专家组寻求信息的权力将无法充分实现，依据 DSU 第 11 条客观评价事实的能力也将受到严重损害。这是因为，WTO 争端解决机构没有像各国法院那样拥有强大的强制性权力，而且当事方是主权国家，不宜对其采取强制措施。合作义务平等适用于申诉方和被诉方，尽管实践中更多地涉及被诉方提供信息的义务。

在"阿根廷纺织品和服装案"中，专家组指出，国际司法机构中争端的和平解决，在很大程度上是以诉讼当事方的合作为前提的，在这种背景下，合作规则的最重要结果应该是对方有义务向法庭提交在其独占之下的相关文件。在请求方尽最大努力获取证据并且实际提交了初步证据以后，对方的合作义务便产生了。④

其他国际司法机构的实践与规则也体现了相同的原则。比如，《ICSID 仲裁规则》第 34. 3 条规定，当事方在证据提交以及其他措施方面应当与

---

① AB Report, Canada – Aircraft, WT/DS70/AB/R, para. 189.

② Ibid. , para. 190.

③ ［美］戴维·帕尔米特、［希腊］佩特罗斯·C·马弗鲁第斯：《WTO 中的争端解决：实践与程序》（第 2 版），罗培新、李春林译，北京大学出版社 2005 年版，第 102 页。

④ Panel Report, Argentina – Textiles and Apparel, WT/DS56/R, para. 6. 40.

仲裁庭合作。1958 年《国际法委员会（国家间）仲裁程序示范规则》第 18 条第 1 款规定，各当事方应当在证据问题上与仲裁庭合作。在"Parker 案"中，美国—墨西哥总求偿委员会（US – Mexico General Claims Commission）指出当事方在收集并向仲裁庭提交所有能够说明争议诉请的事实方面有合作义务，并且否认被诉方仅仅保持沉默的权利。①

（二）合作义务与证明责任之间关系

关于合作义务与证明责任之间关系，在"欧共体荷尔蒙（援引第 22.6 条）案"中，仲裁员指出，争端各方都有义务提供证据并且在向仲裁员出示证据方面进行合作，这是一个与谁负担证明责任完全不同的问题。② 在"阿根廷纺织品和服装案"中，专家组将证明责任中的合作义务称为证明责任的附属规则（incidental rule）。③ 对于当事方而言，有义务履行各自证明责任。但是，在国际争端解决中当证据在对方控制之下时，为查明事实，应当附加该方披露证据的合作义务，否则无法查明事实并实现公平。合作义务并非免除当事方的证明责任，只不过是在符合特定的条件时，允许当事方通过指出并且证明它所需证据在对方控制之下、自己无法获来履行证明责任。

在证据披露方面的合作义务是证明责任的必要补充，它已经在世界大多国家的国内程序中得以确立。不同的是，WTO 争端解决中的合作义务缺乏像各国国内诉讼程序那样的强制性措施作为保障。

（三）合作义务开始的时间

在"加拿大飞机案"中，加拿大认可成员方之间的合作是 WTO 争端解决机制运作的基础，但是认为不能因此免除申诉方的证明责任，在申诉方提供初步证据之前，被诉方没有义务提供证据，因此本案中被诉方的合作义务并没有开始，④ 并且为此引用了 Kazazi 的以下观点："被诉方至少在申诉方提供了支持其主张的初步证据之前，不应被要求提供任何证据。"⑤

专家组认为，依据 DSU 第 13.1 条，专家组有权力从它认为适当的个人

---

① William A Parker (USA) v. United Mexican States, p. 39.

② Decision by the Arbitrator, EC – Hormones (Article 22.6), WT/DS26/ARB, para. 11.

③ Panel Report, Argentina – Textiles and Apparel, WT/DS56/R, para. 6.40.

④ AB Report, Canada – Aircraft, WT/DS70/AB/R, paras. 78 – 79.

⑤ Mojtaba Kazazi, Burden of Proof and Related Issues: A Study of Evidence before International Tribunals, Kluwer Law International, 1996, p. 138.

或机构那里寻求信息，包括在具体案件中以它认为适当的方式寻求信息。专家组承认，在接收到双方首次提供的文件材料之前寻求信息是不适当的，至少基于首次提交的书面文件材料，专家组方可适当地决定需要寻求什么样的额外信息。事实上，专家组认为，它是在收到当事方第二次提交的材料（submissions）后，依据这些材料将一些相关事项记录在案，才行使自由裁量权，要求加拿大提供与其中的一些事项有关的详细信息。因此，专家组认为它适当行使了第 13.1 条下的自由裁量权。①

关于合作义务开始的时间，上诉机构认为，DSU 和 SCM 未提供能支持加拿大关于初步证据案件的确立是合作义务开始的条件这一假定的依据。相反，专家组拥有广泛的自由裁量权，以确定何时寻求用于解决争议的信息（可以是初步案件确立之前或之后）以及寻求什么样的信息。事实上，专家组须要寻求信息对证据进行评价。基于没有确立初步证据案件而拒绝提供所要求的信息，意味着有关成员相信自己能够判断另一方是否确立了初步案件，但是任何成员方都不能自由地确定对方是否初步确立了申诉或抗辩。②

曾经作为伊朗—美国求偿庭（Iran – US Claims Tribunal）和联合国赔偿委员会（UN Compensation Commision）仲裁员的 Kakazi 博士认为，国际裁判中一般以申诉方确立了初步证据案件作为合作义务开始的前提，③ 该观点也在"加拿大飞机案"中被加拿大所引用。不过，上诉机构的立场清楚地表明，被诉方提供信息的合作义务并不以申诉方确立了初步证据案件为条件。将初步证据案件的确立作为被告披露证据义务开始的前提的做法来自普通法文化。在普通法国家的诉讼程序中，原告必须尽到"通过法官责任（duty of going forward）"或者"提供证据责任"，即原告必须提交一个初步证据案件，以说服法官的确存在一个值得审理的案件并继续推进诉讼程序。如果法院发现原告未能提交一个初步证据案件，则被告无须做出反驳或答辩。不过，在大陆法文化中并不存在"通过法官责任"这样的概念。而且在普通法国家，开庭审理之前当事人有充分机会就其主张广泛地收集证据，并且可以获得法院的强制力作为保障。与普通法程序相

---

① Panel Report, Canada – Aircraft, WT/DS70/R, paras. 9.50 – 9.53.

② AB Report, Canada – Aircraft, WT/DS70/AB/R, para. 192.

③ Mojtaba Kazazi, Burden of Proof and Related Issues: A Study of Evidence before International Tribunals, Kluwer Law International, 1996, pp. 137, 138, 140, 149.

比，在 WTO 专家组程序中不存在类似的审前证据开示制度。因此，如果专家组在初步阶段即驳回其请求，就可能会剥夺一些具有正当理由但是未能在第一次材料提交时附上足够证据的当事方陈述案情的合理机会。

二　WTO 争端解决中当事方证据披露的范围与条件

（一）WTO 争端解决实践中的立场

在"加拿大飞机案"中，加拿大认为，专家组过去已经充分地确立了这样的实践，即接受当事方的首次提交的文件材料和证据，进行首次实质性口头辩论，然后再向当事方要求补充的证据。没有任何法律与实践的依据可用以支持专家组成为调查委员会（commission of inquiry）之类的机构。DSU 的规定以及 GATT 或 WTO 的先例都未认可被诉方的证据开示义务。①

专家组认为它并没有要求加拿大提供过分宽泛的信息，并没有组织美国式的证据开示程序，而且就本案涉及的所谓被禁止的出口补贴而言，考虑到申诉方在获取必要信息上存在困难，才向被诉方寻求信息。②

事实上，美国式的证据开示不适合 WTO 争端解决程序，WTO 争端解决中专家组主动或依申请而要求当事方出示于己不利证据的范围与条件具有如下特征。

首先，被要求出示的证据必须具有相关性和重要性，这一点被 WTO 协定和争端解决实践所验证。DSU 第 13.1 条使用了"必要和适当"（necessary and appropriate）之措辞，即是对专家组向当事方寻求证据范围之限定。在 WTO 争端解决实践中，专家组多次适用该证据出示标准。在"美国铅铋钢 II 案"中专家组判定，没有必要命令美国提交欧盟要求的信息，因为争端无须涉及欧盟提出的精确事实即可以得到解决。③ 在"欧共体特定海关事项案"中，专家组指出，请求方未能考虑信息对解决争议问题的必要性，看不出具有说服力的理由行使 DSU 第 13 条中的自由裁量权去要求证据出示。④ 而在"美国陆地棉案"中，申诉方阐明了证明案件核心事项遇到的问题，专家组认为，为获取美国控制之下、申诉方无法获取的数

① Panel Report, Canada – Aircraft, WT/DS70/R, para. 9. 48.

② Ibid. , paras. 9. 50 – 9. 53.

③ Panel Report, US – lead and Bismuth II, WT/DS138/R, para. 6. 7.

④ Panel Report, EC – Selected Customs Matters, WT/DS315/R, para. 7. 83.

据，使用 DSU 第 13 条中的权力是必要的和适当的。①

其次，请求方关于文件特定性的说明。出于争端解决的效率价值考虑，请求方应该对特定文件或特定种类文件进行适当说明。在一些 WTO 案件中，专家组提及"特定性"要求。比如，在"加拿大飞机案"中，专家组认为，它行使 DSU 第 13.1 条的权力时广泛地要求证据的出示是不适当的。② 在"加拿大飞机信贷和担保案"中，专家组拒绝了巴西广泛的证据出示要求。③

最后，被请求提供的证据在对方控制之下的说明，这也是一个必要的前提条件。要求另一当事方出示证据的当事方必须证明自己不占有该证据，尽合理努力仍然不能通过其他途径获得该证据，而该证据在另一当事方控制之下。

一个重要的问题是：当证据实际上只是处于争端方境内的企业或个人实际控制时，是否应该认定为该当事方控制并且有义务出示该证据？比如，在关于补贴的争端中，某企业或个人接受了这种补贴并且实际掌握了一些信息，虽然该企业或个人和当事方具有特殊关系，但是仍然独立于后者。从 WTO 争端解决实践看，在这种情况下，被请求出示证据的当事方应该负责提交该证据。④

在"智利酒精饮料案"中，欧共体提交了一份智利新闻报道中的声明，指出有一份关于交叉价格弹性的研究报告显示威士忌（Whisky）和皮斯科（Pisco）之间存在高度的可替代性，这份报告掌握在智利皮斯科企

---

① Panel Report, US – Upland Cotton, WT/DS267/R, para. 7. 633.

② Panel Report, Canada – Aircraft, WT/DS70/R, para. 9. 53.

③ Panel Report, Canada – Aircraft Credits and Guarantees, WT/DS222/R, paras. 7. 134, 7. 136.

④ 不过，专家组仍然将当事方和处于当事方境内的企业提供的证据区别对待，包括在证据的可靠性和证明力方面。在"巴西民用航空器（巴西援引第 22.6 条）案"中，仲裁员指出："既然本案涉及提供给购买巴西航空器制造商 Embraer 公司生产的航空器的补贴，很多为解决争端必要的数据只有从该公司处才可获得。我们认为该公司独立于巴西政府，因此，我们不能像对待国际法主体的陈述一样对待公司做出的陈述。如果巴西只提供那些仅从 Embraer 公司获得的相关信息的陈述，我们要求巴西使用那些通常可以当作证据的材料来支持它的陈述，例如专业出版社的文章或报告、公司的年度报告或者其他任何源于 Embraer 公司或其他可靠来源的经认证的信息。如果巴西未能提供书面证据，我们要求它详细地解释此种证据无法获得的理由，并且我们认为可以考虑经综合法认证的 Embraer 公司授权的高级管理人员的书面声明，然后，我们将这个证据与加拿大所提供的证据进行权衡。"Arbitrators Decision, Brazil – Aircraft（Article 22. 6 – brazil）, WT/DS46/ARB, para. 2. 11.

业主手中。智利被要求提交这份报告，但是智利政府认为，这份报告属于智利皮斯科企业主的财产，由于报告存在瑕疵并且包含商业秘密，皮斯科企业主拒绝提交这份报告。专家组认为这两个理由都不成立，因为商业秘密可以采取措施进行保护，报告存在瑕疵也可以补充提交相关评论予以澄清。专家组进一步指出，当事方及其企业主不应当拒绝提供证据，由于智利和智利皮斯科企业主未能利用机会反驳，专家组将接受欧共体提交的关于报告结论的未被反驳的证据。①

（二）与普通法证据开示的比较

WTO 争端解决中当事双方披露证据的合作义务不同于美国等普通法国家中的证据开示，专家组特别强调，普通法意义上的证据开示在国际诉讼中并不适用。② WTO 当事方关于证据披露的合作义务与普通法的证据开示存在的最主要的区别有如下几个方面。

首先，证据披露的范围不同。在普通法国家，每方当事人都可以在自己披露了支持自己主张的证据后，要求对方出示其控制之下所有具有相关性的范围宽泛的文件。而 WTO 争端解决机构的实践对宽泛的证据开示不予认可，要求被请求出示的证据具有相关性和重要性，而且符合特定性的要求。在"加拿大飞机案"中专家组也强调它要求加拿大提供的证据是与记录中的事项具有相关性的详细信息，范围非常有限，并未采纳普通法国家的证据开示方法。

其次，证据披露的主动性不同。在普通法国家，如美国的证据开示程序分为两个阶段，前一阶段由当事人主导，在双方当事人就证据开示的分歧无法自行解决时，才会涉及第二阶段的程序，即法院介入，由法院命令当事人提供证据。而在 WTO 争端中，当事方无须自动提交对自己不利的证据，而只是在专家组自行或应申请寻求信息时，才涉及当事方的证据披露。

最后，在 DSU 的框架下，也不存在强制性的证据开示，③ 如果当事方拒绝提交被请求出示的证据，专家组没有权力像普通法法院那样强制要求

---

① Panel Report, Chile - Alcoholic Beverages, WT/DS87/R, 15 June 1999, paras. 6. 25 - 6. 27 and footnote 390.

② Panel Report, Argentina - Textiles and Apparel, WT/DS56/R.

③ Panel Report, Chile - Alcoholic Beverages, WT/DS87/R, WT/DS110/R, para. 6. 26.

当事方出示证据，而只能采取不利推定等措施。

事实上，WTO 当事方在证据披露方面的合作义务更接近于大陆法国家现代的诉讼制度。在大陆法国家，尽管传统的诉讼理念是"任何人不必开示对自己不利的证据"。不过，受普通法文化的影响，许多大陆法国家都确立了"文书提出命令制度"，如德国"新民事诉讼法"第142条的规定。依据这个制度，当事人可以请求法院命令当事人或第三人提交在其占有之下的书证，不过受其法律文化传统的影响，大陆法国家的书证披露范围一般比普通法国家要窄许多。这种做法的好处在于兼顾了效率与公平价值：一方面，专家组可以命令当事方提交其控制下的书证，有利于查明事实；另一方面，出示的范围不像美国式的证据开示那么宽泛，从而避免了后者饱受诟病的高昂成本。

三 WTO 争端解决中合作义务的履行保障：不利推定

在当事方不履行合作义务的情况下，专家组缺乏像国内法院那样的强制性权力，不能强制当事方提供证据，甚至不能进行惩罚。在这种情况下，不利推定成为专家组在争端解决实践中认定事实的重要程序工具，这一点在一些 WTO 案件中得到体现。在欧共体荷尔蒙（援引第22.6条）案中，仲裁员强调如果争端方不履行合作义务，将有可能承担不利的后果。[①] 不过，关于专家组进行不利推定，仍然有以下问题需要进一步探讨：专家组做出不利推定的权力来源是什么？不利推定的性质是什么？做出不利推定的条件为何，是否需要以确立初步证据案件为条件？以下以"加拿大飞机案"为例对这个问题进行分析。

（一）专家组进行不利推定的权利来源

在"加拿大飞机案"中加拿大指出，专家组缺乏做出不利推定的法律依据，因为无论 DSU 还是 SCM 都未提供这种明确的授权。[②] 上诉机构注意到 SCM 第4条适用于禁止性出口补贴程序，没有具体规定从成员方拒绝提供信息中得出不利推定的问题。同时，SCM 附件5规定了可诉性补贴案中涉及寻求严重损害信息的程序，详细规定了从某些情况下得出不利推定。上诉机构认为，在可诉补贴案件中授予专家组不利推定的权限，而

---

① Decision by the Arbitrator, EC – Hormones（Article 22.6），WT/DS26/ARB，para. 11.

② AB Report, Canada – Aircraft, WT/DS70/AB/R, para. 80.

在禁止性补贴案件中却未授予这种权限，在逻辑上说不通。这一权限是专家组认定相关事实职能中的一个很普通的方面，这一观点为国际司法机构的一般实践所支持。因此，上诉机构指出专家组有法律上的自由裁量权从当前的事实做出推定。①

WTO 协定的一些规定提供了专家组做出不利推定的权力来源，如 SCM 附件 5 的规定。不过，如果在 WTO 成文法缺乏如此规定的情况下，那么专家组是否有权做出不利推定呢？如果有，权利来源是什么？在缺乏成文法规定的情况下，做出不利推定是国际司法机构为实现其客观评价事实的职能所需的固有权力，在实践中获得广泛的认可。《国际法院规约》没有明确涉及不利推定，国际法院的法官 Jessup 在审判实践中认为，如果当事方拒绝遵守提供证据的命令，则可以做出不利推定。另外，伊朗—美国求偿法庭也认为其权力包括做出不利推定，尽管程序规则中没有明确涉及这一权力。② 同样地，专家组的固有权力即是其做出不利推定的权力来源。

（二）不利推定的性质：惩罚性措施？

在"加拿大飞机案"中，巴西认为专家组本应进行的不利推定不应当视为针对加拿大拒绝提供信息的惩罚，它仅仅是在某些情况下可以合乎逻辑或情理地从事实中得出的推定。③

上诉机构认为，DSU 并不试图规定在何种具体情况下，专家组可以从各种系列事实中进行推定，无论不利推定还是其他推定。专家组在履行对事实进行客观评价的职责中通常从被记录的事实得出推定。事实必须能够合理地支持所做的推定，不管记录中的事实是否确立了初步证据案件，都可以做出推定。④

上诉机构在报告中赞同巴西的观点，即不利推定不应该被不适当地认为是惩罚性的推定。它仅仅是一种推定，在某种环境之下由专家组根据它所掌握的事实做出的符合逻辑的或合理的推定。⑤

---

① AB Report, Canada – Aircraft, WT/DS70/AB/R, paras. 201 – 203.

② Michelle T. Grando, Evidence, Proof, and Fact – finding in WTO Dispute Settlement, Oxford University Press, 2009, p. 267.

③ AB Report, Canada – Aircraft, WT/DS70/AB/R, para. 200.

④ Ibid. , para. 198.

⑤ Ibid. , para. 200.

在当事方不履行合作义务时，WTO 的争端解决机构缺乏如各国法院那样的强制性权力，而不利推定可以作为一种有用的工具。有学者主张，在本案中运用善意原则的价值之一是它引入了一种惩罚措施，即不利推定。① 事实上，也有其他学者将不利推定直接表述为国际争端解决机制中的惩罚方式（sanctions）之一。②

而在 WTO 争端解决中，上诉机构特别强调，"不利推定"的真正价值在于它引导合作的功能而不是推定本身，至少其主要功能不是惩罚或惩戒。③ 可见，由于当事方都是主权国家，实践中专家组在行使做出不利推定的自由裁量权时十分谨慎，进行不利推定只为某种经验法则的体现，是逻辑的过程，而并非去进行惩罚。

（三）不利推定：义务还是权力？

在"加拿大飞机案"中，巴西尽力论证以下两点：首先，EDC（加拿大出口发展公司）享有以构成授予"利益"的条件提供融资的自由裁量权；其次，EDC 为 ASA 公司提供的债务融资低于市场条件。没有加拿大的合作，巴西已经无法进一步提供证据。④ 专家组未因加拿大拒绝提供 EDC 融资资料做出不利推定，因而存在法律错误。⑤

上诉机构指出，本案中专家组也确认了这种权限，但是拒绝做出 EDC 通过债权融资授予利益的推定。上诉机构认为，如果它本身面临同样的情况有可能做出不利推定，但是现有记录没有足够的基础使上诉机构得出专家组存在法律错误或滥用自由裁量权的结论。⑥

可见，在上诉机构看来，做出不利推定属于专家组自由裁量权的范畴。对于当事方拒绝披露证据的行为，专家组没有义务一定做出不利推定。这样的做法反映了在国际争端解决中，进行不利推定并非在每一种情

---

① Marion Panizzon, Good Faith in the jurisprudence of the WTO, Hart Publishing Ltd, 2006, p. 291.

② Chittharanjan F. Amerasinghe, Evidence in International litigation, Martinus Nijhoff Publisher, 2005, p. 136.

③ Ibid. , p. 137.

④ AB Report, Canada – Aircraft, WT/DS70/AB/R, para. 49.

⑤ Ibid. , para. 46.

⑥ Ibid. , paras. 203 – 205.

况下都是适当的方法。①

（四）进行不利推定的条件

在"加拿大飞机案"中，加拿大持以下观点：其他国际司法机构做出不利推定是以初步证据案件的确立为条件的，并且再次引用 Kazazi 博士的观点进行论证。② 而本案中初步证据案件并未得以确立。即使初步案件得以确立，专家组也仍然需要考虑被诉方的解释。在无合理解释的情况下拒绝提供被要求的证据，才能进行不利推定。③

在这个案件中，专家组指出，在无法获取直接证据而又具备充分理由的某些情况下，尤其是当直接证据被某一当事方控制之下时，专家组可能需要进行不利推定。但是在本案中，关于 EDC 债务融资授予利益构成补贴，申诉方并没有确立初步证据案件（尽管申诉方巴西也提供了一定证据），缺乏进行不利推定的基础，因此专家组拒绝了申诉方关于进行不利推定的请求。④

关于在什么情况下进行不利推定，专家组应当享有广泛的自由裁量权。但是这项权力的行使通常要受到一些条件的限制：专家组要求当事方提供的文件对于案件审理而言具有相关性与重要性；能够证明所提供的文件在被请求人控制之下；当事方获得了足够的时间和机会提供证据，在没有正当理由的情况下未能提供被要求提供的证据，⑤ 这些基本条件为其他国际司法机构所遵循。但是，存在争议的问题是，初步证据案件的确立是否是进行不利推定的前提条件？在理论和实践上，很多人持肯定的观点。⑥ 而在本案中，上诉机构特别澄清了在 WTO 专家组程序中进行不利推定不以初步证据案件的确立为条件。这样的立场受到一些非议，比如，

---

① Chittharanjan F. Amerasinghe, Evidence in International litigation, Martinus Nijhoff Publisher, 2005, p. 135.

② Mojtaba Kazazi, Burden of Proof and Related Issues: A Study of Evidence before International Tribunals, Kluwer Law International, 1996, pp. 320 – 322.

③ AB Report, Canada – Aircraft, WT/DS70/AB/R, paras. 80 – 83.

④ Panel Report, Canada – Aircraft, WT/DS70/R, paras. 9. 181 – 182.

⑤ Chittharanjan F. Amerasinghe, Evidence in International litigation, Martinus Nijhoff Publisher, 2005, pp. 136 – 137.

⑥ See e. g., Chittharanjan F. Amerasinghe, Evidence in International litigation, Martinus Nijhoff Publisher, 2005, p. 136; Mojtaba Kazazi, Burden of Proof and Related Issues: A Study of Evidence before International Tribunals, Kluwer Law International, 1996, pp. 320 – 322.

有学者认为，在国际程序法上，进行不利推定需要具备的条件至少包括申诉方必须提供初步证据案件和被请求提供证据的当事方没有正当理由拒绝提供证据，其他国际司法机构的实践也印证了这样的原则。① 不过，客观上 WTO 判例法确定的专家组进行不利推定的做法，更有利于促进争议双方在证据披露过程中的合作，而不是一方观望另一方是否能够确立初步证据案件，然后再决定本方是否合作。

第三节　WTO 争端解决中商业秘密信息的披露与保护

在 WTO 争端解决中，当事方在披露证据方面负有合作义务。这种合作义务的履行体现了善意原则，而且常常是专家组查明事实的关键。不过，当事方被要求披露的证据本身可能包含商业秘密信息②，对它的保护不仅关系到国内企业的正当利益，而且影响到 WTO 争端解决机制的可信赖性。商业秘密信息的保护涉及一系列具有理论和实践意义的问题：何为商业秘密信息（Business Confidential Information，BCI）？保护商业秘密信息是否具有正当性和必要性？它与查明事实之目标以及与程序正当性的关系如何，如何平衡？WTO 协定的相关规则与争端解决的实践存在哪些问题以及如何进行完善？

一　商业秘密信息的一般理论问题

（一）WTO 争端解决中"商业秘密信息"的界定

依据 WTO 专家组报告，"商业秘密信息"是指"被提供信息的当事方指定具有商业秘密性、无法在公共领域获取的任何信息"。"被指定具有商业秘密性"是指对于打印的信息而言，明确标明"商业秘密信息"字样以及提交信息的当事方名称；对于二进位编码信息而言，是指在存储介质的标签上标明"商业秘密信息"字样，并且在二进位编码文件中清

---

① Rambod Behboodi, 'Should' means 'shall': a critical analysis of the obligation to submit information under article 13. 1 of the DSU in the Canada – Aircraft, 3 Journal of International Economic Law 563, 587 –588（2000）.

② WTO 争端解决机制中的秘密信息根据来源不同可以分为商业秘密信息和政府秘密信息，本节的研究仅限于对商业秘密信息的保护，但政府秘密信息的保护可参照适用商业秘密信息的保护程序。

晰注明"商业秘密信息"字样；对于口述信息而言，是指在披露前由口述者宣称为"商业秘密信息"。[1] 这里的商业秘密信息定义，并没有揭示其本质特征，只是强调了"被指定具有商业秘密性"这一构成商业秘密信息的形式要件。事实上，如果仅仅因为信息提供方声称具有商业秘密性就作为商业秘密信息对待是不合适的，这会极大便利非善意的当事方以此为由阻碍或拒绝信息的提供。显然，是否作为商业秘密信息进行保护需要满足某些实质要件。

相比而言，加拿大在其对 DSU 的改革建议中给出的定义比较合理和周延。它规定，商业秘密信息是指提交信息的当事方指定具有商业秘密性，无法在公共领域获取的任何专有性（proprietary）的或商业敏感性的信息。[2]这个定义包含了商业秘密信息的实质特征，即它应当具有专有性或商业敏感性，它的披露会给信息的持有人造成不利影响，或使与其具有竞争关系的企业获利。这样，当事方指定商业秘密信息是否属实，专家组可以依据这样的标准通过一定程序进行认定。

商业秘密信息与商业秘密（trade secret）是相似的概念，在许多情况下可以互换或并列使用。中国反倾销和反补贴立法中使用的是"保密资料"而非"商业秘密"或"商业秘密信息"，[3] 而在美国《联邦规章典集》（CFR）关于反倾销与反补贴税的规定中使用的是"商业专有信息"（business proprietary information）一词。[4]

顺便提及的是，WTO 争端解决中所涉及的商业秘密信息通常发生在反补贴案、反倾销案以及保障措施案中，而且通常是经营信息，而不是技术信息。

（二）WTO 争端解决中商业秘密信息保护的正当性和必要性

商业秘密信息的保护实际上是对商业秘密信息的源头上的提供者（通常是国内企业）的正当利益的保护，可以防止竞争对手不正当地利用该秘密信息获利，包括获得竞争优势或损害信息提供者的利益，以规范市场竞

---

[1]　Procedures for The Protection of Business Confidential Information, attachment 2, WT/DS273/R, p. 167.

[2]　Contribution of Canada to the Improvement of Dispute Settlement Understanding, Annex 1, WTO Doc. TN/DS/W/41, 24 Jan. 2003.

[3]　中国《反倾销条例》第 22 条和第 23 条，《反补贴条例》第 22 条和第 23 条。

[4]　19 CFR 351. 304 - 351. 306.

争、培育公平市场环境。

一些 WTO 协定也明确认可国内程序中保护商业秘密信息的必要，如 SCM 第 12.4 条、《反倾销协定》第 6.5 条、《保障措施协定》第 3.2 条等，都要求国内调查机构未经同意不得披露秘密信息。大多数国家的国内法也都明确规定了商业秘密信息的保护，如中国《反倾销条例》和《反补贴条例》关于"保密资料"的规定，美国《联邦规章典集》关于"商业专有信息"的规定。企业的商业秘密的法律保护也是各国国内法，如知识产权法、反不正当竞争法以及民法（通过规定民事责任）明确认可的。

商业秘密信息的泄露常常会给持有该信息的企业带来难以估量的经济损失，只有当商业秘密信息得到适当保护的情况下，企业才可能积极并且全面地提交这些信息。如果商业秘密信息得不到适当保护，则信息持有人会以消极甚至抵制的态度对待提供信息的要求。WTO 争端方也可能拒绝信息提供的要求，而其中有些拒绝可能确实基于保密性的考虑，同时也难免有争端方仅仅是以此作为借口以实现非善意的目的。因此建立完善的商业秘密信息保护制度对于 WTO 争端解决机制具有必要性。在"美国博彩案"中，专家组强调，无视包含在 DSU 之中的保密性要求将影响 WTO 争端解决程序的可信赖性和完整性，因此是不能被接受的。①

（三）程序正当性与秘密信息保护的冲突

程序正当性要求至少包括两个方面：争端解决程序具有透明度；当事方可以平等地获取证据或信息。

WTO 争端解决机制的保密性使其饱受诟病，而透明度因为关系到 WTO 争端解决机制的正当性，成为各方目前关注的焦点问题。其原因在于，WTO 争端解决机制是各国经贸的法律与政策博弈场所，其最终裁判结果不仅影响到个人或企业，也可能影响到国内某一产业；不仅会影响到争端方，也对其他成员方的法律政策以及利益造成直接或潜在的影响。WTO 争端解决机制的透明度要求争端解决程序，包括争端方提供的文件材料公开透明，能够为其他成员方甚至公众知晓，这势必与商业秘密信息的保护存在冲突。

商业秘密信息的保护应当被看作是"透明度原则"的例外。不过，即使专家组决定对商业秘密信息进行保护，也应当考虑尽量维护争端解决

---

① Panel Report, US – Gambling, WT/DS285/R, para. 5. 13.

机制的透明度。比如，依据 DSU 第 18.2 条，对于涉及秘密信息的情况，争端方应当依据某一成员的要求，提供一份包含在可向公众披露的书面材料中的、非保密的信息摘要。

另外，当事方平等获取信息的权利对应的是其他当事方在提供证据方面的合作义务，即当事方有义务提供其持有的信息，包括对己方不利的证据，这也是 WTO 争端解决机制的善意原则的体现。显然，当事方的公平获取信息的权利与商业秘密保护之间需要适当平衡。

（四）商业秘密保护与发现事实目标之间的潜在冲突

商业秘密信息的保护与发现事实的目标存在着张力关系。商业秘密信息的保护可能在一定程度上影响其他争端方和专家组全面地、方便地了解证据，而且鉴于商业秘密信息保护的不充分，在一些案件中当事方选择不提供秘密信息，甚至宁愿直面不利后果包括专家组所做的不利推定。比如，在"印度尼西亚汽车案"中，美国指出它有证据支持美国汽车生产商由于印度尼西亚对本国汽车业的补贴而受到严重损害。这个证据是美国汽车行业拟订的行动计划书（a plan of action），但是考虑到信息的敏感性以及可能难以获得充分保护，美国选择不予披露相关信息。在"加拿大飞机案"中，由于加拿大不满意专家组对其商业秘密信息的保护程序，因此拒绝提供相关信息。

在许多国家，实体法上规定了商业秘密信息的保护，程序法或证据法上规定了商业秘密信息保护的程序，甚至明确承认"商业秘密特免权"，即在某些情况下允许以商业秘密为由拒绝提供证据。这样的法律文化也使得信息持有人可能基于国内法上这样的权利规则，不积极甚至明确拒绝提供相应信息，[①] 这也在一定程度上加剧了商业秘密信息的保护与 WTO 争端解决中发现事实之间的冲突。

二　关于秘密信息保护的 WTO 规则与实践

（一）关于商业秘密信息的一般规则与实践

DSU 第 18.2 条规定，成员方应当将其他成员已经指定为秘密的、提交给专家组或上诉机构的信息作为秘密信息对待。争端方也应当依据某一

---

① 比如《德国民事诉讼法》第 384 条第 3 款规定，证人可以拒绝关于他必须披露商业秘密才得以回答的问题。

成员的要求，提供一份包含在可以向公众披露的书面材料中的、非保密的信息摘要。

依据 DSU 第 12.1 条，专家组应当遵循附件 3 中的《工作程序》，除非专家组与争端方协商后确定另外的程序，《工作程序》第 3 段与上述 DSU 中的第 18.2 条的规定大致相同。另外，DSU 第 13.1 条也规定，被提供的秘密信息未经提供信息的个人、团体或成员方的正式同意不得披露。

另外，《DSU 行为规则》（Rules of Conduct for the Understanding on Rules and Procedures Governing the Settlement of Disputes）第 7.1 条规定，每个所涉人员应当始终维护争端解决审议及程序包括被当事方确定的保密信息的保密性。在相关审议及程序中，所涉人员任何时候不应当使用这些信息为自己或他人谋取利益。依据这项规则第 2 条和第 4 条，所涉人员包括上诉机构成员及工作人员、专家组成员、专家证人、仲裁员以及协助专家组的 WTO 工作人员。

显然，保密义务的主体不应当局限于上述人员，WTO 争端解决实践对相关规则进行了完善。在许多争端的处理中，专家组报告都涉及保密义务的主体，其中概括比较全面的是 "韩国商用船舶案"。在这个案件中，专家组对商业秘密信息的保密义务主体进行了界定，规定被允许获取、使用以及披露商业秘密信息的人员负有保密义务，他们包括成员方的代表或外聘顾问、秘书处的雇员、调解人、专家组成员以及为专家组就商业秘密信息提供建议而被委任的专家或常设专家组机构（Permanent Group of Experts）成员。[1]

WTO 协定关于秘密信息的保护主要规定在 DSU 之中，不过 WTO 实体法对此也有涉及，如《反倾销协定》第 17.7 条和《海关估价协定》第 19.9 条，其规定与上述 DSU 第 13.1 条的内容相似。

WTO 协定未能确立完善的秘密信息保护制度，在某种意义上讲，相关规定大多只是原则性的宣示，过去曾经多次发生秘密信息泄露事件。比如，在 "美国博彩案" 中，专家组指出关于专家组临时报告的保密义务被违反了，尽管该报告被明确指明为 "严格保密"，而且保密性已经被当

---

① Procedures for The Protection of Business Confidential Information, attachment 2, WT/DS273/R, p. 167.

事方接受并且体现在专家组工作程序和与当事方所有的往来通信之中；①
"欧共体糖类出口补贴案"中也发生过秘密信息泄露的情况。②

不过，上述 DSU 第 12.1 条允许专家组采取保护商业秘密信息的
补充保护程序。如果专家组能够针对具体案件确定适当的保护程序，
就可以在一定程度上缓解 WTO 协定关于秘密信息保护的制度缺陷。

（二）补充保护程序的实践

DSU 第 12.1 条规定，专家组可以在与争端方协商后确定 DSU 附件 3
《工作程序》以外的补充保护程序，这条规定是采用补充保护程序的法律
依据。尽管专家组这一权利的行使必须经过与各争端方的协商，但是仍然
属于专家组自由裁量的范围，是否采用以及采用怎样的补充程序由专家组
以个案为基础决定。

当事方可以向专家组建议补充保护程序，但是专家组并不受其约
束。在"加拿大小麦出口和粮食进口案"中，专家组拒绝了加拿大建议
的补充程序，理由是这个程序过于烦琐。③ 当事方有时试图从专家组获
得高水平的保护，专家组也会考虑具体情况，并且征求其他当事方的意
见后做出决定。在"加拿大飞机案"中，专家组依据加拿大的建议并且
征求其他当事方意见后确定了商业秘密信息的保护程序，但是加拿大提
出这个程序并不足以保护其商业秘密信息。尽管遭到加拿大的反对，但
是专家组依然维持了这个保护程序。④

关于适用补充保护程序的条件，也在争端解决实践中得以确立。在
"加拿大奶制品案"中，专家组指出，一方要求适用秘密信息补充保护程
序，必须充分指明被要求得到更多保护信息的性质，并且解释除非适用补
充程序，商业秘密信息无法得到充分保护的理由。⑤ 这可以解释为，申请
采用补充程序的当事方负有关于采用补充保护程序必要性的证明责任。

（三）评析

不论 WTO 协定的商业秘密信息保护的一般规定，还是依据 DSU 第

---

① Panel Report, US – Gambling, WT/DS285/R, paras. 5.2 – 5.6.

② Panel Report, EC – Export Subsidies on Sugar, Complaint by Brazil, WT/DS266/R, para. 7.86.

③ AB Report, Canada – Wheat Export and Grains Imports, WT/DS276/AB/R, para. 11.

④ Panel Report, Canada – Aircraft, WT/DS70/AB/R, para. 9.62.

⑤ Panel Report, Canada – Dairy, WT/DS103/R, para. 2.19.

12.1 条施行的临时特别保护程序都常常不能令各方满意，当事方或其国内企业会担心商业秘密信息被专家组成员、当事方代表包括法律顾问或第三方，在接触和知悉后将其泄露。另外，其他争端方则可能不赞成过于严格、烦琐的保护程序。临时的补充保护程序不尽人意体现在以下几个方面。

第一，临时保护程序过于依赖专家组的自由裁量权，具有比较强的不确定性和不可预见性，这与 WTO 争端解决机制所追求的稳定性和可预见性的目标背道而驰。

第二，在实践中，专家组在行使自由裁量权时，为使当事方能够接受其确定的保护程序，提高裁决的正当性，通常会花费相当长的时间与各方进行协商，征求各方意见，而争端方往往基于不同的利益考虑，针对采取怎样的补充保护程序难以达成一致意见。这样一个博弈过程，为当事方恶意拖延程序提供了机会和可能，常常会耗费大量的时间成本，结果也难以形成统一的方案。

第三，事先规定的标准程序可以确定相关保密义务主体违反保密义务的惩罚，但是很难通过临时保护程序确立这样的惩罚制度。

总之，相比于临时确定的补充保护程序，事先规定的标准保护程序更有利于节省司法资源，鼓励并且促进当事方的善意合作，保护秘密信息，最大程度实现 WTO 争端解决的目标。

三　商业秘密信息保护的标准程序的建立

（一）加拿大关于标准保护程序的建议

由于对商业秘密信息的保护缺乏具有可预见性的规则，当事方常常对于商业秘密信息采取补充程序与否以及采取怎样的补充程序存在分歧。因此，上诉机构多次主张就商业秘密信息的保护采用标准程序，而商业秘密信息的保护也成为近些年 DSU 改革所涉及的主要问题之一。

加拿大在 2003 年就商业秘密信息的保护提出供成员方讨论的建议，这个建议（以下简称为"加拿大建议"）主要包括以下几点：（1）将商业秘密信息存放于安全位置，比如 WTO 秘书处；（2）接触商业秘密信息的人被限制在以下范围：签订不披露协议的被授权人，或者专家组成员，专家组指定的专家，秘书处工作人员，争端方的代表；（3）提供商业秘密信息的当事方可以对被授权人的指定提出反对意见，反对是否有效由专家组做出决定；（4）被授权接触商业秘密信息的人可以仅为专家组程序的目的对该信息做书面摘要，但是禁止文件的复制、分发及转移；（5）WTO秘书处或者当事方应该在程序结束后一定时间内将该信息销毁或归还；（6）要求获得商业秘密信息的当事方或其他成员方确保其代表遵守保密程序；（7）专家组应当被允许从所提交的商业秘密信息中得出结论，但是该信息不得在专家组报告中披露；（8）专家组有权增加保护商业秘密信息的补充程序，或者在当事方要求或同意的情况下，变更或放弃其中的任何程序；（9）当事方必须指明所有涉及商业秘密信息的文件以避免程序拖延，并且需要提交包含商业秘密信息文件的经修改的非保密版本。①

除了强调对商业秘密信息的保护，"加拿大建议"还规定了当事方在指定商业秘密信息时应当秉承善意原则，即当事方应当在指定商业秘密信息时基于善意行事并且保持最大的自我约束。专家组可以要求提供信息的当事方就商业秘密信息的指定说明理由，如果未提供专家组满意的理由，专家组可以拒绝考虑该信息。

（二）"加拿大建议"的优点

加拿大关于商业秘密信息的标准保护程序的建议是在借鉴了 WTO 判例的基础上做出的，涉及多方面的细节问题，对以下几组矛盾进行了适当地平衡。

首先，商业秘密信息保护与查明事实之间的平衡。"加拿大建议"强调商业秘密信息保护的同时，试图平衡它与查明事实之间的关系。比如，要求当事方在指定商业秘密时秉承善意原则，这实际上是要求当事方积极履行提供证据的合作义务，而不是以商业秘密信息为借口，阻碍事实的查明。再比如，它要求当事方必须指明所有涉及商业秘密信息的文件以避免不适当的程序拖延，其意图在于高效地查明事实，防止当事方"见机行事"，恶意阻碍程序进行。

其次，秘密信息保护与争端方平等获取信息权之间的平衡。争端各方平等的获取证据或信息是正当程序的要求，尤其当这个信息作为提供方的证据时更是如此。"加拿大建议"对两者的平衡体现在，它要求当事方提

①　Contribution of Canada to the Improvement of Dispute Settlement Understanding, WTO Doc. TN/DS/W/41, 24 Jan. 2003.

交经过修改的包含商业秘密信息文件的非保密版本；被授权接触秘密信息的人可以仅为专家组程序的目的对该信息做书面摘要，但是禁止复印；保密信息的存放考虑保护信息的同时，也能够满足当事方接触秘密信息的需要。

最后，保护程序的确定性与灵活性的平衡，在标准保护程序之下，专家组仍然对程序保有自由裁量的空间，即专家组有权增加保护商业秘密信息的补充程序，或者在当事方要求或同意的情况下，变更或放弃其中的任何程序。这样的程序灵活性有利于专家组根据具体案情确定富有效率和实效的保护程序，有利于争端解决目标的实现，同时适当保护了商业秘密信息。

（三）"加拿大建议"的完善建议

"加拿大建议"尽管具有重要的参考价值，但是未涉及以下几个重要问题。

首先，缺乏惩罚机制是商业秘密信息保护制度的软肋，没有惩罚机制难以保障富于成效的商业秘密信息保护制度的实施。尽管有些成员方国内已经规定了其雇员或代表违反保密义务的惩罚措施，但是并非所有的WTO 成员方都是如此。各成员方可以协商确定对违反保密协定行为的国内惩罚措施。NAFTA 第 19 章在这方面提供了一个样板：第 1904.14 条规定，两国专家审议程序规则应当包含"对于参加专家组程序不当披露商业秘密信息、政府秘密信息或其他受特免权保护的信息的人施加惩罚"，《第 1904 条两国专家组审议程序规则》第 54 条进一步规定了惩罚，而NAFTA 各国国内也相应规定了这样的惩罚措施。DSU 或其附件可以要求成员方通过国内程序法建立相应的惩罚制度，赋予因为商业秘密信息的泄露而遭受不利影响的企业在国内法院起诉泄露秘密信息的义务主体。

其次，就决定商业秘密信息保护程序而言，应当强调专家组有权权衡商业秘密信息的证明价值与披露商业秘密信息可能造成的损害，包括信息泄露的可能性。比如，如果具有其他可替代性的证据或信息，商业秘密信息的证明价值相对较小而其泄露对信息持有人的损害非常之大，专家组都可以经过权衡后决定不必披露该信息。

最后，商业秘密信息的认定是 WTO 争端解决程序中的一个基本问题，DSU 应予以补充规定。DSU 第 18.1 条禁止与专家组或上诉机构的单方交流（ex parte communications），因此对商业秘密信息的审查不能通过"秘室审查"（in camera review）的方式进行，即 DSU 禁止争端方将证据仅提供给专家组审查而不提供给其他争端方，这是与某些国际司法机构的实践有所不同的一点①。关于商业秘密信息的认定问题，DSU 未予涉及，可以规定通过专家组委任独立专家对文件进行审查，并且将结论告知专家组和当事方。在委任专家的同时还可以要求该独立专家签订保密协议。这样，在不违反单方交流禁止规则的情况下，将商业秘密信息的披露限制在尽量小的范围内，有利于商业秘密信息的保护。

综上所述，商业秘密信息的保护关系到国内企业正当利益的维护，WTO 争端解决机制的可信赖性、WTO 成员方善意义务是否能够充分履行，也关系到 WTO 争端解决机制的效率与公平目标的实现，因此建立完善的商业秘密信息保护制度具有重要意义。在这个方面，WTO 的现有规则与实践存在诸多不足，应当通过确立商业秘密信息保护的标准程序，适当平衡商业秘密信息保护与查明事实、商业秘密信息保护与争端方平等获取信息权，以及保护程序的确定性与灵活性之间的关系。

第四节　WTO 争端解决中专家证人的使用

在各种国际争端解决中常常运用专家证据，相关国际公约也涉及专家证人或专家证据，如《联合国海洋法公约》。② WTO 争端常常涉及诸如人类健康、环境保护等科技问题，也需要相关方面的专家提供协助，而且 WTO 争端解决中所需要的专家不限于科技方面的专家，有时也会涉及经济学家，如在"欧共体石棉案"中，经济学家就 GATT1994 第 3 条"相似性"和第 20 条中"必要性"的分析提供了帮助。个别案件中还涉及翻译专家的参与，如在"日本胶卷案"中，专家组面临翻译困难，任命了两位专家进行翻译。专家证人在有些情况下与法庭之友出现交叉或重叠，即

---

① 比如"国际行政法庭"（International Administrative Tribunal, IAT）在有些案件中，命令将秘密文件仅提交给法庭而无须向申诉人提供，而在另外一些案件中，命令将秘密文件提交给法庭进行审查，审查之后由法庭做删除处理后，提供给申诉人。Chittharanjan F. Amerasinghe, Evidence in International Litigation, Martinus Nijhoff Publishers, 2005, pp. 296 – 299.

② 《联合国海洋法公约》第 289 条规定："对于涉及科学和技术问题的任何争端，根据本节行使管辖权的法院或法庭，可在争端一方请求下或自己主动，并同争端各方协定，最好从按照附件 8 第 2 条编制的有关名单中，推选至少两名科学或技术专家列席法院或法庭，但无表决权。"

法庭之友有时在某个领域具有专家地位，有时法庭之友陈述也引用专家的观点。

WTO 争端解决中专家证据的重要性不断提升，至少有两方面的原因：其一，越来越多的 WTO 争端解决涉及科学、技术、经济等专门性问题，专家组成员的专业领域无法涵盖，需要专家在认定事实上提供协助。其二，WTO 争端解决的结果涉及成千上万的企业和公众，尤其在健康、环境等争议事项上，引起众多非政府组织以及公众的关注，专家证据的应用可以提高 WTO 专家组裁决的信任度，并且减轻公众包括非政府组织的质疑。

专家组寻求专家证人协助的法律依据包括 DSU 第 13 条①（DSU 附件 4 进一步专门规定了专家审议小组程序），以及 SPS 第 11.2 条②和 TBT 第 14.2 条（TBT 第 14.2 条规定了技术专家组，该协定附件 2 进一步规定了技术专家组的相关程序，实际上它与 DSU 附件 4 确立的专家审议小组的程序基本类似）。③

一　WTO 争端解决中专家证人的指定

（一）指定方式：专家组指定还是当事方指定

在普通法文化中，专家常常由当事人指定，而在大陆法文化中，专家（鉴定人）更多地由法院指定。后者可以被称为"独立专家"，前者可以被称为"当事方专家"。这两种专家证人的使用代表了不同的法律文化，并且分别与各自的审判模式即职权主义模式和当事人主义相适应。由于两

---

① DSU 第 13 条规定："1. 每一专家组有权向其认为适当的任何个人或机构寻求信息和技术建议。但是，在专家组向一成员管辖范围内的任何个人或机构寻求此类信息或建议之前，应通知该成员主管机关。成员应迅速和全面地答复专家组提出的关于提供其认为必要和适当信息的任何请求。未经提供信息的个人、机构或成员主管机关正式授权，所提供的秘密信息不得披露。2. 专家组可向任何有关来源寻求信息，并与专家进行磋商并获得他们该事项某些方面的意见。对于一争端方所提科学或其他技术事项的事实问题，专家组可请求专家审议小组提供书面咨询报告。设立此类小组的规则及其程序列在附录 4 中。"

② SPS 第 11.2 条规定："在本协定涉及科学或技术问题的争端中，专家组应征询由专家组与争端各方磋商后选出的专家的意见。为此，专家组可根据争端双方中任何一方的要求或自己主动在它认为适当时候，成立技术专家咨询组，或与有关国际组织协商。"

③ TBT 第 14.2 条规定："当发生争端的一方提出要求，或经争端解决机构提议，小组委员会可以建立一个技术专家组，协助解决需由专家详细研究的技术性问题。"

种指定方式各有利弊，两大法系的诉讼也开始在一定程度上借鉴对方的制度。在 WTO 争端解决中，专家由谁指定呢？

WTO 专家组在遇到专门性问题，常常寻求独立专家协助。不过，当事方也可以指定自己的专家。作为主权国家的 WTO 成员方有权决定它认为适合的代表团成员，其代表成员不仅可以是政府官员、法律顾问、企业或行业代表，也可以是独立的科技专家或者经济专家。当事方委派的专家可以是在幕后向当事方提供意见、准备独立的经济或技术方面的研究，然后由当事方在专家组程序中使用，也可以出庭提供口头证言。当事方专家由于受当事方委派，其公正性和中立性的"先天不足"需要通过交叉询问和专家相关信息的自身披露来缓和。

WTO 争端解决的结果由于涉及重大利益，指定专家带来的成本通常容易被接受，因此，两种专家常常会被同时使用。即使专家由专家组指定，专家程序的费用与成本不是由当事方来承担，而是由 WTO 预算承担，而且费用与成本甚至包括了专家的差旅与食宿费用。

（二）如何指定

除了 DSU 附件 4 涉及专家审议小组的指定外，DSU 对专家如何指定并未进行规定。在实践中，当事方通常会积极参与专家的指定，尽管专家组拥有最终决定权。

为了获得合适的专家人选，专家组经常去寻求其他国际组织或机构的推荐。在"欧共体石棉案"中，专家组与当事方商议由某组织就适当专家进行推荐，之后向许多国际组织提出协助请求，如 WHO、ILO、IARC 以及国际标准组织。

专家组一旦确立专家名单，WTO 秘书处相关工作人员即与专家人选进行联系，并且要求愿意参与争端解决的专家提供个人简历。所有专家的个人简历将会被交给当事方，后者有机会进行评论，并且可以提出反对意见以及反对理由。

（三）专家证人的资格

专家证人包括个人专家（individual expert）和专家审议小组（expert review groups），两者的区别在于以个人还是以集体（即小组）的名义提出专家意见。

专家审议小组的资格规定在 DSU 附件 4，TBT 附件 2 中也有相同的规定，它们主要要求小组成员在相关领域应该具有专业名望、经验以及能力履行职责，同时强调了中立性和公正性的保障。

WTO 协定并没有涉及个人专家的资格，由专家组行使自由裁量权来认定其专业性资格。尽管如此，鉴于当事方对专家报告常常进行质证以评价其证明力，WTO 专家组也会考虑指定有名望的专家，以使最终的专家组报告具有权威性。而对于当事方而言，由于利益的驱动，也往往想提供有说服力的专家证据或者能够对专家组指定的专家进行强有力的质询，所以其指定的专家也往往是比较权威的人士。

（四）专家组指定专家的自由裁量权

1. 决定是否指定独立专家

DSU 没有表明何种情况下专家组应当寻求专家意见。SPS 第 11.2 条规定，在涉及科学或技术问题的争端中，专家组应该与争端各方磋商后选定专家从而获取专家意见。可见，在 SPS 之下，专家组任命专家的自由裁量权受到了争端方的限制，TBT 则没有类似的规定。

不过，就 WTO 争端总体而言，关于是否指定专家以及如何指定专家，专家组享有自由裁量权。即便争端当事方没有要求任命专家，只要专家组认为需要就可以这样做，如在"美国虾案"和"澳大利亚鲑鱼案"中就是如此。争端方可以要求任命专家，但是专家组不一定接受要求，如在"欧共体沙丁鱼案"中，欧盟提出上诉，理由是专家组拒绝从国际食品法典委员会寻求信息。但是，上诉机构肯定了专家组在是否寻求外部信息时的自由裁量权，并且指出："关于是否寻求外部来源的信息专家组享有自由裁量权。在这个案件中，专家组明确地得出结论，它不需要从国际食品法典委员会寻求信息，并且相应地自行采取了措施。我们相信，通过这样做，专家组是在 DSU 第 13.2 条的范围内行事。谨慎地行使 DSU 其他规定——在本案中是第 13.2 条——允许的自由裁量权不会导致 DSU 第 11 条下义务的违反。"① 尽管专家组可以通过行使广泛的自由裁量权来确定其获取专家证据的程序，但是，它通常与当事方进行协商并且给当事方提供机会表述其观点。

专家组指定独立专家仍然存在权力界限。在"日本影响农产品措施案"中，上诉机构阐述了这一界限，即"该权力不能被专家组用于支持还没有确立不相符案件的申诉方。专家组被授权从专家或其他来源获取意

---

① AB Report, EC – Sardines, WT/DS231/AB/R, para. 302.

见和信息，但是不能帮助申诉方确立案件（make the case）。"①

实践中，专家组告知当事方其寻求专家意见的意图，通常最晚在第一次实质性会议上。在告知当事方其指定专家的意图时，通常会指出咨询专家主要涉及的科技领域，当事方可以进行评论。专家的数量与专家组试图寻求提供意见的争议点数量和类型有关。在实践中，专家组咨询的专家通常在 3 人到 6 人之间。

2. 决定专家形式：个人专家还是专家审议小组

在 WTO 争端解决实践中，专家组倾向于指定个人专家，几乎没有指定过专家审议小组，这种做法在一些案件中遭到质疑。比如，在"欧共体荷尔蒙案"中，欧共体提出上诉，认为专家组在寻求专家意见时"犯了法律程序的错误"，因为"专家组决定从个人专家那里接受一系列意见，剥夺了欧共体依据 DSU 规定的专家审议小组的程序保障。通过这样的程序，专家组应将其置身于从不同的科学意见进行自由选择的境地。"② 不过，上诉机构认为，专家组可以在个人专家或专家审议小组之间进行选择，其法律依据是 SPS 第 11.2 条和 DSU 第 13 条赋予专家组在特定案件中在认为适合时寻求信息和意见的权力。③

专家组倾向于指定个人专家的原因在于：其一，时间上的压力。依据 DSU 的规定，专家组审理案件的时间，即从专家组成立到最终报告的发布，只有 6 个月，最多 9 个月，案件审理的时间紧任务重，个人专家的意见获取尚需要大量时间，以"欧共体石棉案"为例，从专家组通知当事方其寻求专家意见到专家组与当事方、专家会面获得最后结论花了 6 个月。如果寻求专家审议小组的意见，时间只会进一步拖延。其二，程序灵活性的考虑。从客观上来说，向个人专家寻求意见可以使专家组最后采信证据，认定事实时保有更大的灵活性。如果指定了专家审议小组，后者由多名专家组成，如果他们一致得出了报告结论，对于专家组有更多的必须采信的压力。当然，从提出异议的当事方的角度看，其希望进行约束的正是这种灵活性。其三，避免"法庭的助手"转变为"法庭的主人"的风险，这与上一点有关。尽管专家审议小组由专家组管辖，其职权范围和详

① AB Report, Japan – Agricultural Products II, WT/DS76/AB/R, para. 129.

② AB Report, EC – Hormones, WT/DS26/AB/R, WT/DS48/AB/R, para. 37.

③ Ibid., paras. 147 – 148.

细工作程序也由专家组决定，但是按照上述规定，如果向专家审议小组寻求意见，专家审议小组的意见就具有很强的权威性，而且可能从"法庭的助手"转变为"法庭的主人"。

专家组可以向个人也可以向机构寻求意见。如前文所述，专家组在实践中已经向 IMF、WIPO 以及 WHO 等机构寻求相关意见，这些专门性的国际机构可以被视为特殊领域的专家。WTO 专家组向其他国际组织或国际司法机构征求意见，可以在一定程度上避免国际法的碎片化。

二   专家证据的准备与提交

（一）专家证据所涉及问题的范围

专家将接收所有包含在案卷中的相关材料和信息，包括当事方或第三方提交的材料以及所有附件，同时必须保密。专家组在秘书处的帮助下拟订关于专家证据所涉及问题的草案，当事方在这些问题被提交给专家之前，将有机会评价这些问题草案，或建议另外的问题。专家组经过参考这些建议或评价，确定最后的问题单，然后将这些问题单同时发放给当事方和专家。

专家接收所有问题，但是仅要求回答在他专业范围内的问题，也不能涉及 WTO 协定的法律解释问题。专家的书面报告将递交专家组和当事方，当事方应当有机会进行评论。每位专家将会接到其他专家提供的报告以及当事方的书面评论。

（二）口头作证

在涉及专家证据的所有争议中，专家将被要求到日内瓦参加与专家组和当事方的会议。这种会议是专家组在争端解决实践中的创新，因为 DSU 附件 4 没有涉及，而这些已经成为一般做法。这个会议通常在第二次实质性会议之前举行，这在客观上有利于专家组能够准确理解争议所涉及的科技问题，而当事方也可以对专家证据进行质询。

专家咨询程序，包括专家程序的决定、当事方的评论、专家组的询问、专家提交的书面评论、当事方针对专家回应的评论以及专家组、当事方与专家举行会议的详细记录，这些与咨询专家有关的完整文件都体现在最终的专家组报告中。这样就确保了对专家的咨询具有高度的透明度，并且可以提升专家报告的可信度。

第五节　WTO 争端解决中法庭之友陈述的提交

自从 1998 年"美国虾案"以后，WTO 争端解决中法庭之友陈述逐渐得到认可。关于法庭之友陈述，已经产生了大量的 WTO 争端解决实践。在"欧共体石棉案"中，上诉机构与争端当事方和第三方共同商议后，依据《上诉机构工作程序》第 16.1 条拟定了关于法庭之友陈述的附加程序。[①] 2000 年 11 月 8 日，上诉机构主席以书面形式将这个程序通知争端解决机构主席，并且通知还作为争端解决文件分发给 WTO 各成员方。尽管该程序是仅针对"欧共体石棉案"的上诉程序，但事实上也成为专家组程序中法庭之友陈述提交的重要参照。

一　法庭之友陈述提交的许可申请

上诉机构依据《上诉机构工作程序》第 16.1 条而拟定的附加程序规定了法庭之友提交书面意见必须先提交许可申请，并且规定了申请的具体要求。

许可申请必须采取书面形式，内容包括有关申请人的情况介绍，申请人在本案中所具有利益的性质，关于披露申请人与本争端的任何一方或第三方是否具有任何直接或间接的关系的声明等。

法庭之友有权获得答复。专家组或者上诉机构应该审查和考虑所收到的每一份申请，并且毫不迟延地决定批准还是拒绝该申请。另外，专家组或者上诉机构准许递交申请并不表示它们将在其报告中讨论法庭之友所表达的意见，这在某种程度上有利于防止专家组和上诉机构的自由裁量权受到限制。

这些要求体现了上诉机构对涉及案件审理效率与公平的细节问题持审慎的考虑，具有合理性，值得专家组在处理法庭之友陈述问题时予以借鉴。

二　法庭之友陈述的提交时间

依据在"欧共体石棉案"中上诉机构确定的程序，法庭之友提出的

---

① AB Report, EC – Asbestos, WT/ DS135 /AB / R, para. 52.

资料既可以在专家组审议阶段提交，也可以在上诉阶段提交，但是提交的时间要求必须是在专家组第二次实质性会议之前或者是上诉机构在个案中公布的提交时间之前。该案中上诉机构确定的程序只针对个案，但是对其他案件的相关程序无疑具有一定的指导作用。

在"美国铅铋钢 II 案"和"欧共体石棉案"中，专家组确定了法庭之友提交书面意见必须至少在第二次实质性会议之前提交，以保证当事方有适当的机会与时间就书面意见做出回应。但是，在"美国软木材案"中，专家组却一改先前的做法，认为书面意见必须在第一次实质性会议之前提出，否则当事方与第三方没有充分时间对书面意见予以回应。[①] WTO 争端解决实践表明，法庭之友陈述提交的时间并未形成一致做法，专家组在具体案件中可以根据情况进行确定。

三　法庭之友的保密义务与正当程序权利

（一）法庭之友的保密义务

法庭之友应该尊重 WTO 争端解决机制的保密性。在"欧共体糖出口补贴案"中，作为申诉方的巴西政府对于专家组接受来自于德国糖厂商联盟的书面意见表示抗议，理由是德国糖厂商联盟使用了巴西政府所提交的商业秘密信息。专家组最终拒绝考虑该书面意见，并且指出德国糖厂商联盟如果希望被视为法庭之友，应该尽可能地尊重 WTO 争端解决规则。这个案件表达了专家组一个重要的立场，即非政府组织作为法庭之友对于 WTO 争端解决享有一定参与权的同时，必须承担保密义务。

（二）法庭之友的正当程序权利

当法庭之友提交书面意见时，当事方应当获得正当程序的保障。除了向专家组和上诉机构秘书处递交书面简要意见之外，申请人还需要在上诉机构规定的明确日期前把简要意见的副本送达争议的所有当事方和第三方。专家组和上诉机构应当给予本案当事方和第三方以充分的机会，对依据本程序提交上诉机构的书面简要意见发表意见和采取措施。

四　关于法庭之友陈述提交的改革建议

WTO 成立以后，尤其是在多哈回合中，成员方积极提出改革 DSU 的

---

① US – Softwood Lumber III, DS236. 曾炜：《WTO 争端解决中"法庭之友"之实证分析》，《世界贸易组织动态与研究》2006 年第 8 期。

建议，其中也包括关于法庭之友陈述的改革主张。

美国则提出，考虑到争端解决机制中法庭之友陈述的实践，成员们可能会希望考虑是否应该为法庭之友陈述设计一个程序性指南，因为在现在的情况下仅仅对 DSU 的条文进行局部修改已经是没有必要了。① 有些成员方在法庭之友程序中，要求对发展中国家以及最不发达国家给予特别的考虑。

以欧共体为代表的国家在参考了上诉机构拟定的附加程序的基础上，提议增加规定，以完善法庭之友的程序。② 其主要内容包括：其一，只要专家组或上诉机构认为法庭之友向其主动提交的书面陈述与其考虑中的事实或法律问题存在直接联系，专家组或上诉机构就可以接受这些主动提交的法庭之友书面陈述。在这种情况下，专家组或上诉机构应该考虑这些法庭之友书面陈述，但是没有义务必须在其报告中说明这种法庭之友陈述中的具体意见。其二，任何当事方或第三方之外的自然人或法人，如果希望提出法庭之友陈述，则必须提出许可申请。其三，在当事方以及第三方接到法庭之友陈述后，专家组或上诉机构应该给予 10 天时间，让当事方以及第三方对该法庭之友陈述予以评论或做出回应。

综上，为了解决法庭之友陈述的合法性以及法庭之友陈述提交程序的稳定性，成员方通过协商确立各方都可以接受的法庭之友制度成为 DSU 以及 WTO 制度改革的必要内容。

本章小结

在证据的收集与提供方面，大陆法和普通法存在明显的法律文化差异。在普通法诉讼中，法官通常消极中立；而大陆法的法官则扮演积极主动的角色，主导案件审理。在 WTO 争端解决中，专家组的角色定位更接近于大陆法法官，这样有利于提升程序的效率，实现争端解决中实体和程序的公平。专家组发挥积极主动的角色的法律依据主要是 DSU 第 13 条和第 11 条。专家组获取信息的来源主要包括：当事方、国际组织、独立专家、WTO 成员方以及法庭之友等。除此之外，在 WTO 争端解决机制中建

---

① WTO Doc. TN/DS/W/86，TN/DS/W/13.

② WTO Doc. TN/DS/W/1.

立专门证据调查部门的建议具有建设性，这样可以缓解在一些案件中专家组为主动收集证据而产生的时间紧张与资源不足的问题，减轻普通法背景的当事方对于专家组调取证据有失中立性的担忧，更为重要的是，这样有利于维护争端解决的公平性及正当性。

专家组可以依职权或依申请要求当事方提供于己不利的证据，当事方负有证据披露的合作义务，这种义务是善意原则的体现，它与证明责任发挥着不同的功能，是证明责任制度的必要补充。关于合作义务开始的时间，专家组拥有广泛的自由裁量权，可以根据需要确定何时寻求用于解决争端的信息以及寻求什么样的信息，并且不以初步证据案件的确立为条件。

WTO 争端当事方的证据披露的范围与条件是：被要求出示的证据必须具有相关性和重要性，被请求出示的证据具有特定性，以及被请求提供的证据在对方控制之下。WTO 争端解决通常不适用美国式的证据开示，两者主要区别在于 WTO 争端解决中证据披露的范围要窄许多，而且证据出示的主动性上与美国证据开示不同。如果当事方拒绝专家组的证据披露要求，专家组可以进行不利推定。这属于专家组固有权力的范畴，不以 WTO 协定的明文规定为必要。上诉机构强调，进行不利推定不属于惩罚性措施，它只是经验法则的体现，是逻辑的过程和结果。

WTO 当事方证据披露过程中涉及的一个敏感问题是商业秘密信息的保护。首先，商业秘密的保护与程序正当性、与发现事实目标之间存在冲突。商业秘密信息的临时特别保护程序常常不能够令各方满意，体现在临时保护程序过于依赖专家组的自由裁量权，具有比较强的不可预见性。其次，在实践中专家组在行使自由裁量权时，为使当事方能够接受其确定的保护程序，通常花费相当长的时间协商，耗费大量的时间成本。最后，通过临时保护程序难以确立惩罚制度。相比于临时确定的补充保护程序，事先规定的标准保护程序更有利于节省司法资源，鼓励并且促进当事方的善意合作，保护秘密信息，最大程度地实现 WTO 争端解决的目标。加拿大关于商业秘密信息的标准保护程序的建议是在借鉴了 WTO 争端解决实践的基础上做出的，适当地平衡了商业秘密信息保护与查明事实之间、秘密信息保护与争端方平等获取信息权之间、程序的确定性与灵活性之间的矛盾。

在 WTO 争端解决中，越来越多地涉及科技、经济等专门性问题，专家证人和专家证据的重要性逐渐凸显。专家证人可以由专家组指定，也可以由当事方指定。在独立专家的指定方面，专家组虽然在实践中通常会与当事方协商，但是实际上享有充分权力来决定是否指定专家、指定谁作为专家以及专家的形式。专家将会接收所有包含在案卷中的相关材料和信息，同时必须保密。专家组确定最后的问题单，然后将这些问题单同时发放给当事方和专家。专家接收所有问题，但是仅要求回答在其专业范围内的问题。专家的书面报告将递交给专家组和当事方，当事方应该有机会进行评论。每位专家将会接到其他专家提供的报告以及当事方的书面评论。另外，专家除提供专家报告以外，通常还会参加庭审，接受询问。

　　关于法庭之友陈述，上诉机构拟定的附加程序同样值得专家组程序借鉴。这个附加程序规定了法庭之友提交书面意见前必须先提交许可申请，许可申请应该满足相应的具体要求。法庭之友有权获得申请是否获得批准的答复。法庭之友提交的资料既可以在专家组审议阶段提交也可以在上诉阶段提交。法庭之友在 WTO 争端解决中被赋予一定参与权的同时，必须承担保密义务。另外，当法庭之友提交书面意见时，当事方应当获得正当程序的保障。

第四章

WTO 争端解决中的证明责任(一)

证明责任是证据问题的核心,它的功能至少存在于两个方面:第一,承担证明责任的当事方为避免败诉后果而积极提供证据,这为裁判者认定事实并做出裁决奠定基础。第二,当双方证据处于均势,证明责任为裁判者提供了一个裁判法则,那就是由负担证明责任的当事方承担败诉的结果。

在 WTO 争端解决程序中,专家组同样面临认定事实问题。当所有证据都已经提交并审查,但是案件事实仍然处于真伪不明时,由于专家组不得拒绝司法,必须对事实进行认定并且做出裁决,这就需要借助证明责任分配规则来完成这一任务。

在 WTO 争端解决过程中,证明责任往往影响到裁判结果,因此具有重要的作用。在 WTO 争端解决过程中,几乎每个专家组报告或上诉机构报告都会提到证明责任问题。其中的主要原因除了证明责任关系到裁判的结果,更为重要的是,WTO 争端解决程序中证明责任问题比较复杂,充满争议,常常是争端双方争辩的焦点。尤其是 WTO 争端涉及健康措施时,证明责任的重要性获得了专家组和上诉机构的特别重视。比如,在"欧共体荷尔蒙案"中,专家组指出,鉴于 SPS 所施加的实体和程序要求引发了诸多的、在该案中也是复杂的事实问题,证明责任的分配问题具有极端的重要性,它涉及对 SPS 的用语、一般原则、目标以及宗旨的整体考虑,因此在详细处理每一争议条款的具体证明责任问题之前,专家组先整体考虑证明责任的分配问题。[①] 上诉机构对此予以充分的认可并且指出,考虑到

---

① Panel Report, EC - Hormones (US), WT/DS26/R, para. 8. 48; Panel Report, EC - Hormones (Canada), WT/DS48/R, para. 8. 51.

SPS 下争端的特性，此类争端可能引发多重、复杂的事实问题，因此专家组将证明责任分配描述为一项具有"极端重要性"的问题是适当的。[①]

证明责任同时具有实体和程序两种属性。[②] 因此，关于 WTO 证明责任的法律渊源既包括了以 DSU 为代表的程序法，也包括 GATT 等 WTO 实体法。

本章从 WTO 争端解决中的证明责任概念入手，分析 WTO 争端解决中证明责任的一般原理，包括证明责任分配的一般原则。

第一节 WTO 争端解决中"证明责任"的概念辨析

证明责任这一概念在不同法系具有不同的含义，具有不同法律文化背景的人对于证明责任的理解和运用会或多或少受到其法律教育或职业经历的影响。WTO 争端解决的参与者来自不同的国家，在 WTO 规则对证明责任没有明确界定的情况下，WTO 争端解决中证明责任的含义到底是什么？与各国国内证明责任的概念有何异同？这需要从不同法系中的证明责任概念入手展开分析。

一 不同法系中的证明责任概念

（一）普通法

在普通法诉讼下，证明责任包括提供证据责任（burden of production）和说服责任（burden of persuasion）。在程序之初，两种责任都由提出特定主张的当事人承担，在程序进行中，提供证据责任可以发生转移，说服责任通常不会发生转移。

1. 提供证据责任

简单地讲，提供证据责任是指当事人为避免案件直接被法官驳回而承担的必须提供证据的负担。普通法中的提供证据责任与普通法司法审判中法官负责适用法律和陪审团负责认定事实的角色分工有关。由于陪审团是由非法律专业人士组成，提供证据责任具有初步的过滤功能，可以节省陪

---

① AB Report, EC – Hormones, WT/DS26/AB/R, WT/DS48/AB/R, para. 97.

② Mojtaba Kazazi, Burden of Proof and Related Issues: A Study of Evidence before International Tribunals, Kluwer Law International, 1996, p. 30.

审团成员参与案件审理的时间成本，并且防止陪审团依据不充分的证据做出不当的判断。

在普通法法庭上，双方当事人依顺序提交证据，首先原告提交证据，在原告提交证据后，法官决定有无必要继续进行程序让被告提交证据。[①] 如果原告满足了提供证据责任，确立了初步证据案件（理论上讲，它使理性的陪审员之间就如何决定产生分歧[②]），法官就会将案件提交给陪审团。如果原告没有尽到提供证据责任，依据被告的动议法官应当将案件作为法律问题直接进行裁定，即驳回原告诉请。如果原告提供的证据满足了这个作为"门槛"要求的证明标准（大致相当于超过 25% 的盖然性），并不代表其已然胜诉，而只不过是进入了下一阶段的审理。在许多普通法国家，如今陪审团参与民事案件的数量已经大大减少。不过，提供证据责任仍然发挥着类似的过滤作用，[③] 原告是否履行了提供证据责任决定了法官是否允许诉讼程序继续进行。

许多学者认为，在普通法的司法程序中，提供证据责任可以从某一当事方转移到另一当事方。[④] 提供证据的责任可能发生转移的情况是，承担提供证据责任的当事方提供的证据具有如此压倒性的地位以至于如果另一当事方不提交反驳性证据，法官将依据动议不会将案件交给陪审团而直接做出对承担提供证据责任的当事方有利的裁定。此时，另一当事方将被迫提供证据，这意味着提供证据责任发生转移。[⑤] 但是，提供证据的责任不可能反复多次发生转移，如果可能出现这种证据冲突的情况，这个案件应当及早交由陪审团认定事实。[⑥]

---

① Benjamin Kaplan, Richard H. Field, and Kevin M. Clermont, Civil Procedure: Materials for a Basic Course (9th ed.), Foundation Press, 2007, pp. 154 – 155.

② Ibid., p. 1310.

③ Ibid., p. 153.

④ See e. g., James Headen Pfitzer and Sheila Sabune, Burden of Proof in WTO Dispute Settlement: Contemplating Preponderance of the Evidence, International Centre for Tradeand Sustainable Development, Issue Paper No. 9, 2009, p. 9; Robert, B. von Mehren, Burden of Proof in International Arbitration, in Planning Efficient Arbitration Proceedings (Albert Jan Van Den Berg ed., 1996), p. 124.

⑤ Benjamin Kaplan, Richard H. Field, and Kevin M. Clermont, Civil Procedure: Materials for a Basic Course (9th ed.), Foundation Press, 2007, p. 1310.

⑥ Michelle T. Grando, Evidence, Proof, and Fact – finding in WTO Dispute Settlement, Oxford University Press, 2009, p. 84.

2. 说服责任

说服责任是案件交由事实审理者在事实认定程序的最后阶段对所有证据进行综合评价后，仍然无法认定事实的情况下做出裁判的一种方法和规则。

当原告满足了提供证据责任，案件进入由陪审团或事实审理者认定事实的阶段。在这个阶段，双方会提出各自证据。如果双方的证据最终处于平衡状态，那么负担说服责任的当事人将败诉。如果负有说服责任的当事人所提供的证据足以满足案件所需要的证明标准，事实能够被认定的情况下，则无须依据说服责任而直接认定事实。

（二）大陆法

在大多数大陆法国家，不存在法官与陪审团的角色分工，因此不存在普通法国家的提供证据责任，其证明责任可以分为客观证明责任和主观证明责任。

1. 客观证明责任

客观证明责任是指经法院审理后，法律的要件事实仍然处于真伪不明的状态下，由负客观证明责任的当事方承担败诉的不利后果。大陆法的客观证明责任和普通法的说服责任内涵相近，都是分配未能说服事实裁判者的风险，与当事人之具体举证活动无直接的关系。

2. 主观证明责任

负担客观证明责任的当事人为了避免因事实真伪不明可能带来的不利裁判结果，该当事人将尽力证明自己主张的事实，这种有必要举证的负担就是主观证明责任。

主观证明责任在庭审过程中可以发生转移。是否发生转移取决于法院的临时心证状态。临时心证，是指在诉讼过程中法院根据当事人提供的证据对案件待证事实暂时获得的某种内心确信状态，是一种暂时性的认知。在诉讼过程中，双方当事人因为受到法院临时心证的影响不得不相继面临举证必要的负担，由此主观证明责任不断发生转移。因为，作为提起诉讼是的一方，原告通常首先履行主观证明责任，当法官产生了临时心证，主观证明责任转移到了被告，被告再通过提供证据使法官产生对被告有利的临时心证，如此反复转移。

依据传统学说，主观证明责任是客观证明责任下的投影，在程序之初其分配通常与客观证明责任一致。也就是说在民事案件中，一般情况下由原告负担客观证明责任，例外情况下，有些案件也可能基于社会政策等因素的考虑，客观证明责任被分配给被告。而负担客观证明责任的当事人通常有义务首先提供证据。尽管有学者近些年强调主观证明责任影响主张与证明程序之具体活动，具有一定的重要性，不过它归根结底是围绕客观证明责任发挥作用，因此相比之下意义有限。①

关于临时心证所要求的证明标准，台湾地区学者许士宦认为，在发生证明责任转移问题时，可以采取达到 25% 以上低度的盖然性作为证明标准。② 但是，也有学者认为，实际上应该达到超过 50% 的优势盖然性，否则意味着某一待证事实发生的可能性小于不发生的可能性。③ 当达到超过 50% 的优势盖然性时，法院对于待证事实获得了积极确信，这就迫使另一方当事人也不得不通过提供证据来改变法院这种对其不利的心证状态，从而使得主观证明责任在双方当事人之间发生转移。相比之下，后一观点更为合理。

综上所述，普通法和大陆法的证明责任概念存在相似点。普通法的说服责任和大陆法的客观证明责任都会使责任承担者在事实真伪不明情况下面临败诉风险。同时，说服责任和客观证明责任在审理程序中始终不发生转移。④ 普通法的提供证据责任和大陆法的主观证明责任的相同之处在于，它们都属于"行为意义上"的证明责任，属于程序法范畴，在程序进行中都可能发生转移。

两者也存在不同点。普通法的提供证据责任是与陪审团的设置相关，当提供证据责任不能够满足要求，案件将会被法院直接驳回；反之，程序将会继续。提供证据责任会在双方当事人之间发生转移，但是不会多次发生。如果提供证据责任得以卸除，法院将会把案件交由陪审团审理。而主观证明责任则不同，与法院是否驳回案件无关，它是当事

---

① John J. Barcelo, Burden of Proof, Prima Facie Case and Presumption in WTO Dispute Settlement, 42 Cornell Int'l L. J. 23, 33 (2009).

② 雷万来：《再论票据诉讼之证明责任》，台湾民事诉讼法研究基金会《民事诉讼法之研讨》（七），1998 年，第 30—31 页。

③ 毕玉谦：《民事证明责任研究》，法律出版社 2007 年版，第 169—170 页。

④ Joost Pauwelyn, Evidence, proof and persuasion in WTO dispute settlement. Who bears the burden? 1 (2) J Int Economic Law 227, 230 (1998).

人为避免不利后果而提供证据的负担，可以在当事方之间多次不断地转移。

二　WTO 争端解决中的证明责任概念

WTO 争端解决机制中的概念通常并非独创而来，而是借用于国内司法或者其他国际争端解决机制，当然其他国际争端解决机制中的概念同样通常也来自国内司法。由于不同争端解决机制具有不同的构架和特点，加之不同国家具有不同的法律文化，在国际司法机构使用的与国内司法中相同的术语本身含义可能并不相同。也就是说，WTO 争端解决机制使用了国内司法中的概念，含义有可能相同，也有可能不尽相同，甚至有相当大的差异，证明责任这一术语的使用就是如此。因为，证明责任这一术语本身在不同国家，甚至在同一国家法律体系内的不同语境下也可能具有不同的含义，而且不同的法律文化都在不同程度上影响国际争端解决程序。① 因此有学者指出，国际法上所谓"证明责任"，是源自于国内法上的相关概念，但是有其独自意义，② WTO 争端解决程序中证明责任概念也是如此。

有学者分析和总结多个国际司法机构的实践之后，这样归纳国际争端解决程序中的证明责任概念，即在国际法庭争端各当事方依据该法庭所认同的规则证明其主张达到该法庭满意程度的义务。③ 也有学者主张，国际司法机构所使用的证明责任概念大体上与普通法上的说服责任以及大陆法上的客观证明责任相当。普通法上证明责任的"提供证据责任"并不适用于国际司法机构，原因是国际司法机构没有普通法体系的陪审团，也没有事实审和法律审的分工以及在程序中相应的两个阶段，不需要法官在第一阶段裁决程序能否继续进行，因此也无须采用该种程序上

---

① 有学者指出，在普通法上，提出证据责任与证明责任具有不同的内涵，而在国际司法机构，具有普通法背景的法官有时会以证明责任（burden of proof）用于表达不同的概念，导致概念上的混淆。See Mojtaba Kazazi, Burden of Proof and Related Issues: a Study of Evidence before International Tribunals, Kluwer Law International, 1996, pp. 33, 37. 相似地，在国际司法机构，具有大陆法背景的法官也会带来类似的问题。

② Mojtaba Kazazi, Burden of Proof and Related Issues: a Study of Evidence before International Tribunals, Kluwer Law International, 1996, pp. 22 – 23.

③ Ibid. , p. 30.

的证明责任概念。因此，国际司法程序大致具有遵循大陆法体系司法程序的特征。①

WTO 争端解决机制属于国际争端解决机制的一种，总体而言，国际法一般适用于 WTO 争端解决程序。不过，这一点也并非当然。在 WTO 争端解决中，专家组和上诉机构在其裁决中也提及证明责任的概念，有必要进一步进行审视和考证。

上诉机构曾经指出，证明责任是指当事方为了向专家组证明其所主张的事实，负责向专家组"提供证明"的责任。②在"美国贸易法 301 条款案"中，专家组指出，如果专家组认为双方互相对立的证据及论点在程序最终仍然处于平衡状态，则该不确定之利益应该归属于不负担证明责任的当事方。③ 在 1998 年"日本胶卷案"中，专家组指出，"正如在所有 WTO 或 GATT 争端解决机制下的案件中一样，也的确如上诉机构在'美国羊毛衬衫案'中所阐明的，在绝大多数的司法体制下应由主张一项事实、诉请或抗辩的一方承担为此提供证明的责任。一旦该成员方提供的充分证据得出一项关于其诉请真实的推定，提供证据的责任（the burden of producing evidence）就转移到相对方身上，由其反驳该推定。"④

从上诉机构和专家组的措辞看，可以初步判断 WTO 争端解决中的证明责任包含了双重含义：其一，结果意义上的证明责任。相当于大陆法的客观证明责任或普通法系的说服责任。其二，行为意义上的证明责任。专家组报告和上诉机构报告中多次提及的在当事方之间转移的证明责任就是"行为意义上的证明责任"，因为在证明责任理论中普通法的说服责任和大陆法的客观证明责任都不发生转移，WTO 争端解决程序中也是如此（后文将有详细论述）。不过，其含义是否与普通法的提供证据责任相同，或是相当于大陆法系的主观证明责任，有待在第六章深入进行考察和论证。

中国一些学者也支持 WTO 证明责任的"双重含义说"，如韩立余教

---

① Joost Pauwelyn, Evidence, proof and persuasion in WTO dispute settlement. Who bears the burden? 1（2）J Int Economic Law 227, 231 – 232（1998）.

② AB Report, US – Wool Shirts and Blouses, WT/DS33/AB/R, 1997, p. 14.

③ Panel Report, US – Section 301 Trade Act, WT/DS152/R, para. 7. 14.

④ Panel Report, Japan – Film, WT/DS44/R, p. 38.

授就指出："在实践中，履行证明责任会是一个动态的过程，像网球运动一样，在整个专家组程序中，每一方都多次地提出证据、反驳证据。当证据尘埃落定时，只有专家组对提交证据的量与质满意时，才视为满足了证明责任的要求。"①

"法官知法"作为各国的一般法律原则，表明举证仅限于事实问题，法律上的模糊不清和不确定性必须由裁判者通过解释来加以解决，法官应该熟谙所要适用的法律规则，这意味着证明责任适用范围仅限于事实问题。②"法官知法"原则，不仅在各国国内司法程序中得到普遍认同，在国际司法程序中也得到普遍认同。

曾经有国际法院裁决表示，国际司法机构有"法官知法"的适用，决定当事国主张是否在法律上成立，法官知法原则表示法庭在适用法律时，并不完全依赖当事国所提出的论点。③ 关于该原则的适用，国际法院表示，在特定案件中法院有责任确认与适用相关法律，建立与证明国际法规范的责任不能附加于任何当事国，因为法律规范的内容应该属于法院的应知范围。若当事方并未就特定事实存否产生争议，仅就该特定事实的法律效果有所争议，则原则上该事实并不发生证明责任的问题，性质上属于法律问题，非属证明责任的范围。④

WTO 争端解决中的证明对象也仅仅是事实。在"欧共体关税优惠案"中，就授权条款下的证明责任，上诉机构指出，欧共体必须证明其作为系争措施的反毒品安排满足授权条款中列出的条件，但是欧共体的证明责任仅限于提出足够的证据支持其反毒品安排与授权条款相符的主张，因为根据法官知法原则，欧共体并不承担向上诉机构提供授权条款特定规定的法律解释的义务（responsibility）。⑤

有学者认为，当事方提出的请求（pleadings）也有助于裁决者认定其主张之事实成立，因此国际法上不必严格主张当事方之证明责任只能以提

① 韩立余：《WTO 争端解决程序中的证明责任》，《现代法学》2007 年第 3 期。

② Joost Pauwelyn, Evidence, proof and persuasion in WTO dispute settlement. Who bears the burden? 1 (2) J Int Economic Law 227, 230 – 233 (1998).

③ ICJ Reports, Nicaragua case (1986), Merits, p. 24, para. 29.

④ ICJ Reports, Border and Transborder Armed Actions case (Nicaragua v Hondras) (1988), Jurisdiction and Admissibility, p. 76, para. 16.

⑤ AB Report, EC – Tariff Preferences, WT/DS246/AB/R, para. 105.

出证据来达成。① 不过，事实认定需要证据证明，上诉机构指出在任何司法机制包括 WTO 争端解决机制中，当事方单纯的主张（mere assertion of a claim）都不足以构成证明（proof）。② 这表明在 WTO 争端解决中，已经有判例否定了上述观点。另外，上诉机构曾经指出，负证明责任的申诉方，必须就其所提证据与其主张的相关性提出说明，而不是单纯提出被诉方的法律法规，而期待专家组自行找出其相关性。③

司法认知属于国内司法和国际争端解决中的免证事项。在国际层面，司法认知被描述为在未决的案件中，国际司法机构能够依赖某些事实作为判案依据的一种方法，并且这些事实无须当事方提供证据予以证明。④ 这些事实通常属于司法机构专业知识范围或管辖权之内的事实，或者是众所周知的事项。在"喀麦隆诉尼日利亚海洋与领土案"中，尼日利亚指出法院对于先前的判决具有司法认知，不需要当事方提醒法院，除非在当事方的主张中有一些特别要点需要强调。⑤

司法认知在 WTO 争端解决中也构成免证事项。比如，在"巴西飞机案"中，专家组认为，"通货会因通胀压力随着时间趋于贬值，这些压力在发展中国家是最大的"这一事实即属于司法认知范畴，不需要证明。⑥

三　WTO 争端解决中"证明责任"是否转移

证明责任（客观证明责任或者说服责任）是否发生转移，对于裁决结果以及当事方利益的影响重大。若这个证明责任已经移转，则对方此时负担的责任为本证，即应该由对方提出证据，让专家组认定相反事实存在。若证明责任尚未移转，则对方仅须让待证事实重新回到真伪不明状态，原本负担证明责任的当事方即须接受不利裁决。

---

①　Mojtaba Kazazi, Burden of Proof and Related Issues: a Study on Evidence before International Tribunals, Kluwer Law International, 1996, p. 42.

②　AB Report, US – Wool Shirts and Blouses, WT/DS33/AB/R and Corr. 1, 23 May, 1997, p. 14.

③　AB Report, Canada – Wheat Exports and Grain Imports, WT/DS276/AB/R, para. 191.

④　Chittharanjan F. Amerasinghe, Evidence in International Litigation, Martinus Nijhoff Publishers, 2005, pp. 160 – 161.

⑤　Cameroon v. Nigeria case, Rejoinder of The Federal Republic of Nigeria, para. 14. 2.

⑥　AB Report, Brazil – Aircraft, WT/DS46/AB/R, DSR 1999: III, para. 70.

那么，WTO 争端解决中的证明责任是否发生转移？有学者指出，国际司法中的证明责任分配，与一般国内法庭相似，在整个程序中并不会发生转移，始终由特定当事方承担某一特定事项的证明责任。[①] 在 WTO 争端解决中，尽管专家组和上诉机构在其报告中多次使用"证明责任转移"之措辞，但是这里的证明责任并非说服责任。WTO 上诉机构的两位成员明确指出，就申诉方的主张而言说服责任归申诉方，在程序进行中不发生转移。[②] 在程序中转移的证明责任是行为意义上的证明责任，对此第六章将进一步展开分析。

第二节　WTO 争端解决中证明责任分配的一般原理

一　主要证明责任分配理论

（一）古罗马法

古罗马法关于证明责任的分配有两项重要规则。第一个规则是"原告负证明责任"。原告未履行证明责任时，应该做出被告胜诉的判决；如果原告已经履行证明责任，被告就有必要提出反证推翻原告的证明。第二个规则是"主张者负证明责任，否定者不负证明责任"。它包含两方面含义：第一，原告在提出主张时，应该负担提供证据的责任；被告如果否定，则不负担提供证据的责任。第二，如果被告在诉讼中提出主张，则要负担提供证据的责任；原告如果否定被告的主张，则不负担提供证据的责任。这个原则后来不仅成为大陆法中"主张消极事实的人不负证明责任"学说的来源，而且也对普通法国家的证明责任分配理论产生了深远的影响。[③]

---

① Mojtaba Kazazi, Burden of Proof and Related Issues: a Study of Evidence before International Tribunals, Kluwer Law International, 1996, p. 62.

② Yasuhei Taniguchi, Understanding the Concept of Prima Facie Proof in WTO Dispute Settlement, in The WTO: Governance, Dispute Settlement & Developing Countries (Merit E. Janow et al. eds., 2008), pp. 553, 558; David Unterhalter, The Burden of Proof in WTO Dispute Settlement, in The WTO: Governance, Dispute Settlement & Developing Countries (Merit E. Janow et al. eds., 2008), pp. 543 – 544.

③ 李浩:《民事证明责任研究》，法律出版社 2003 年版，第 113 页。

古罗马法的上述规则体现了"谁主张，谁举证"的证明责任分配原则。但是，它作为一项原则，对具体实践问题的解决常常无能为力，两大法系的学者以此为基础对证明责任的理论进行了发展和完善。

（二）大陆法

大陆法形成了诸多关于证明分配的理论，其中最具有代表性的应该是20世纪初德国学者罗森贝克所创立的法律要件分类说。

法律要件分类说包含以下内容：第一，要件事实处于真伪不明状态时，法官将不适用当事人请求的对其有利的法律规范。第二，当事人对有利于他的法律规范所规定的要件事实负证明责任。第三，通过对法律规范进行分类来区分有利或是不利。他将事实分为"权利发生事实""权利妨害事实""权利修正事实"以及"权利消灭事实"4 种，原告对第一种事实负担证明责任，其他由被告负担证明责任。第四，通过实体法形式上的结构、条文上的关系认定不同实体法规范。他指出，权力形成规范与权利妨碍规范的关系通常可以用原则与例外的关系来说明。法律条文在结构上常采用"本文"与"但书"的形式，其中"本文"部分是权力发生规范，"但书"部分则为权利妨碍规范。第五，证明责任的分配应该由立法者做出规定。证明责任分配不能交给法官，否则会出现因人而异的局面。①

由于这个学说过分偏重法律规定的外在形式，不能完全顾及双方当事人之间的实质公平，不能应付现代社会的一些特殊法律问题，许多学者放弃了罗森贝克从法律规定的外在形式寻求标准，转向探求证明责任分配的实质标准。

尽管受到后世的批评，但是罗森贝克提出的法律要件分类说一直是大陆法系国家的通说，而那些批评者们提出的观点只是成为这个学说的补充和修正，并没有撼动法律要件分类说的"统治地位"。

（三）普通法

在证明责任分配问题上，古罗马法对英美法同样有着深远的影响。与大陆法不同，英美法中并不存在占绝对支配地位的学说。

在英国司法实践中，一直把"为肯定性主张者有证明责任，为否定性主张者无证明责任"作为证明责任分配的一般标准。美国关于证明责任分配有3 种代表性学说：第一，肯定事实说。认为在诉讼中主张肯定事实或

---

① 李浩：《民事证明责任研究》，法律出版社2003 年版，第 116—118 页。

对争点持肯定性主张的，应当负担证明责任。第二，诉答责任说。认为在诉答中对某一事实承担主张责任的当事人应当对该事实负担证明责任。第三，必要事实说。主张某一事实对自己的主张是必要的（essential）当事人，应当对该事实负担证明责任。[1]

其中，必要事实说最具有代表性，近些年来为许多普通法学者所认可。比如，Tapper 认为："作为一项常识性的问题，证明对他们的诉请所有的必要事实的说服责任归于民事诉讼中的原告或者刑事诉讼中的公诉人。"[2] Keane 认为："在民事诉讼中，一般规则是谁主张谁举证。对于民事诉讼当事人的案件，某些问题是'必要的'，如果他打算赢得诉讼，他必须证明这些问题。"[3] 不过，关于如何界定某一事实对哪一方当事人的案件是必要的，实践中没有形成确定标准。

除了这些学说，在司法实践中和理论上，利益衡量也成为证明责任分配的重要标准，即证明责任分配应当综合政策、公平以及盖然性等要素进行衡量。[4]

二　WTO 争端解决实践中证明责任分配的一般原则

（一）"美国羊毛衬衫案"

"美国羊毛衬衫案"全面阐述了证明责任分配的一般原则，被此后的专家组和上诉机构报告多次援引。

在这个案件中，上诉机构围绕着《纺织品与服装协定》（ATC）第6条从以下几个方面阐述证明责任的分配：第一，许多国际司法机构，包括国际法院通常一致适用的规则是，主张一项事实的当事方，无论它是申诉方或被诉方，应当负责提供相应证据。第二，在大陆法系、英美法系，以及事实上在大多数法域，这也是一条被普遍接受的基本证据规则，证明责任归于主张一项肯定性的特定诉请或抗辩的一方。如果这一方提出了充分的证据得出一项关于其诉请真实的推定，证明责任就转移到另一方身上，

---

[1] 陈刚：《证明责任法研究》，中国人民大学出版社 2000 年版，第 213—215 页。

[2] Colin Tapper, Cross and Tapper on Evidence, Oxford University Press, 2007, p. 142.

[3] Adrian Keane, The Modern Law of Evidence (7th ed.), Oxford University Press, 2008, p. 98. 另外参见姜作利、武轶尘《WTO 专家组和上诉机构举证责任分配标准的经济分析》，《东岳论丛》2009 年第 10 期。

[4] 陈刚：《证明责任法研究》，中国人民大学出版社 2000 年版，第 218 页。

除非后者能够提出充分的证据来反驳这一推定，否则它将败诉。第三，GATT 时期专家组的裁决也支持了这一观点。①

通过"美国羊毛衬衫案"，上诉机构不仅确立了申诉方应当负责证明其主张的条款中的要件事实，同时也肯定了援引例外条款的当事方应当证明符合该例外条款的要件事实。上诉机构指出，GATT 和 WTO 的一些专家组曾经要求援用一项抗辩的当事方进行这种证明，如在援引 GATT 第 20 条或第 11.2 (c) (i) 条作为抗辩时，因为它们是 GATT 中的例外，它们在本质上是肯定性抗辩（affirmative defences），证明责任归主张该抗辩的一方。②

（二）其他 WTO 争端案例

上述规则仅涉及条款的要件事实的证明责任。不过，非要件事实在争端解决中也可能由任一争端方提出，以证明自身主张或反驳对方主张。"美国羊毛衬衫案"中的标准并不能够完全满足争端解决实践的需要，"土耳其纺织品案"使证明责任分配原则得到进一步完善。

在"土耳其纺织品案"中，专家组将证明规则归纳为 3 项：申诉方证明其声称的协定遭到违反；被诉方证明肯定性抗辩所包含的条件得到满足；主张一项事实的一方应当证明该事实。③ 即在该案中专家组补充了最后一项。在"欧共体沙丁鱼案"中，专家组再次重申上述 3 项内容是广为接受的证明责任分配一般原则。④

在"日本苹果案"中，上诉机构指出："有必要区分两个方面。一方面是，申诉方必须确立适用协定遭受违反的初步证据案件的原则；另一方面，主张某一事实的当事方应负责关于该事实的证据的原则。"⑤

三　"一般规则—例外模式"的理论分析

在国内法上关于证明责任分配的具体规则难以适用于 WTO 争端解决，这是因为国内法律制度主要涉及财产和合同纠纷，而 WTO 协定主要是规制各国的贸易措施。国内民商事法律规范以权利为侧重点，而 WTO 规则

---

① AB Report, US – Wool Shirts and Blouses, WT/DS33/AB/R, p. 14.

② Ibid. , pp. 15 – 16.

③ Panel Report, Turkey – Textiles, WT/DS34/R, DSR 1999：VI, para. 9. 57.

④ Panel Report, EC – Sardines, WT/DS231/R, para. 7. 50.

⑤ AB Report, Japan – Apples, WT/DS245/AB/R, para. 157.

是以"义务"与"例外"为基点，WTO 规则中的要件事实难以清楚地进行"权利发生事实"、"权利妨害事实"、"权利修正事实"及"权利消灭事实"之类的划分。各当事方承担的条约义务包括遵守关税减让的承诺、最惠国待遇、国民待遇、数量限制等，WTO 协定的目的在于避免或控制各国的贸易措施造成对他国的损害。[1]同时，鉴于保护人类生命、动植物健康以及国家安全等方面重要政策的考量，这些 WTO 义务的履行并不能绝对化，在一定情况下偏离 WTO 规则所规定的义务具有必要性和正当性。对于可以偏离 WTO 规则中的义务条款的情形，WTO 规则通常规定了严格的条件和限制，以防止对多边贸易体制产生不适当的破坏力，这样的特点也决定了 WTO 争端解决中证明责任分配具有很大的特殊性。

整体而言，在国际法证明责任分配方面，除了基本遵循"谁主张，谁举证"的一般原则，尚未形成明确统一的规则，在 WTO 争端解决中证明责任的分配也是如此。

WTO 争端解决中证明责任分配的一般原则，在"谁主张，谁举证"原则的基础上，从大陆法的构成要件分类说和普通法的必要事实说提炼而来。即申诉方主张适用某项 WTO 规则，则必须就其所主张适用的条款的要件事实负担证明责任。如果被诉方援引例外进行肯定性抗辩，[2] 援引例外的当事方承担例外事实要件的证明责任（quicunque exception invocate eiusdem probare debet）。需要强调的是，决定证明责任分配的"主张"或"抗辩"是指肯定性、积极性的事实主张。否则，在争端解决过程中，一方提出某一事实的存在，另一方否定这一事实的存在，证明责任不停地转移显然是不适当的。也就是说，如果被诉方通过否定申诉方所主张的事实进行抗辩，属于否定性抗辩，[3] 该事实的证明责任仍归申诉方，不发生转移。

申诉方承担"一般规则"中要件事实的证明责任分配具有法经济学和国际法学上的理论基础。

首先，国际司法机构往往对国际法主体行为具有合法性进行可反驳的

---

[1]　Gene M. Grossman and Alan O. Sykes, a Preference for Development: the Law and Economics of GSP, 4（1）World Trade Review 41, 63（2005）.

[2]　肯定性抗辩是指被告对原告所主张的事实未予否认，而是提出其他理由说明自己不应承担责任的抗辩。

[3]　否定性抗辩是指被告对原告所主张的事实予以否认的抗辩。

推定，并且认为这是一项一般法律原则。也就是说，推定国际法主体的行为具有合法性，主张存在违反国际法的行为并且由此产生国际责任的当事方应当证明其主张的责任。因为，一般来说被推定的东西是正常的、习惯的或更具有可能性的，与之相反的东西则须由提出主张的人予以证明。①从法经济学的角度看，通常推定正常状态是国际法主体依法行事，申诉方的主张比起被诉方的主张通常具有较低的盖然性。这样，为了一般性地减少错判风险，应当将证明责任分配给申诉方。

其次，打破现状并且可能造成错判成本的当事方应当承担对方违反WTO 协定的证明责任。从法经济学的角度看，原告胜诉的判决可能产生判后的补救措施成本、执行成本等，而这些成本在被告胜诉的情况下就不会产生。原告负证明责任的一般原则仅鼓励那些原告胜诉可能性大于50% 的诉讼，减少双方责任不能确定的诉讼，降低社会成本。②

最后，更重要的是，从错判成本理论看，将证明责任分配给申诉方有利于减少对申诉方有利的错判，而对申诉方有利的错判要比对被诉方有利的错判后果严重得多，这与国际法上的主权原则的重要性有关。对申诉方有利的错判意味着被诉方主权与自治受到影响，它必须改变原来的立法、司法或其他措施。而对被诉方有利的错判意味着它影响到申诉方依据国际法享有的权利，而不会影响国家主权。

被诉方承担例外条款要件事实的证明责任的理论依据在于：一般规则具有宽泛的适用范围，而例外条款涉及有限的范围。这样，一个案件属于例外情况的可能性是低的。如果被诉方主张其案件属于例外，其诉请的情况比相反的情况盖然性要低。

主张作为该一般规则之例外的人负有证明其主张的责任也为国际司法实践所验证。戈尔（Gore）委员在 Neptune（1979 年）案中指出："任何想要从一般规则的例外中收益，或通过妨碍他人享有的获得普遍承认的权利而受益的人，有义务证明他的行为完全是在该例外的涵摄范围之内。"③

---

① Cheng Bin, General Principles of Law as Applied by International Courts and Tribunals, Cambridge University Press, 2006, pp. 304 – 306.

② 姜作利、武轶尘：《WTO 专家组和上诉机构举证责任分配标准的经济分析》，《东岳论丛》2009 年第 10 期。

③ Cheng Bin, General Principles of Law as Applied by International Courts and Tribunals, Cambridge University Press, 2006, pp. 304 – 306.

在 WTO 争端解决过程中也会涉及 WTO 协定条款下的非要件事实，对此由提出主张的当事方进行证明。这与国内民事诉讼或者其他的国际司法机构实践相似，主张或事实的提出者均需要负证明责任。①比如，国际法院曾经于"ELSI 案"中裁决，援引救济方法尚未用尽例外的被诉方，应当负证明之责。②国际法院也曾经表示，主张特定词汇应该有特别意义的当事国，应当负证明责任。③

WTO 法涉及的协定与条款数量众多，相互关系复杂。不同的 WTO 协定往往由不同的谈判者、起草者确定，加之谈判是一场政治性的博弈过程，WTO 协定本身就常常有含义不清的规则，对于条文的措辞以及条文之间的关系，谈判者在协定起草时恐怕也难以非常好的协调和考虑，这就造成"司法"过程中常常难以判断所谓的"一般规则—例外"关系。关于 WTO 规则中哪些应当被认定为"例外"，实践中存在着很大的争议，对此将在第五章进行详细的阐述和反思。

四　WTO 争端解决中的证明责任倒置

根据《农业协定》第 10.3 条规定，声称未对超过减让承诺水平的任何出口数量提供补贴的任何成员，必须证实未对争议的有关出口数量提供任何出口补贴，无论此类出口补贴是否在第 9 条中被列明。《农业协定》第 10.3 条是 WTO 协定中直接涉及证明责任分配的极个别的条款。它规定了证明责任的倒置，这是 WTO 争端解决中证明责任分配一般原则的例外，即申诉方提出特定主张，由被诉方而不是由申诉方举证。这一点也在WTO 争端解决实践中得到充分确认。

（一）"加拿大奶制品案"

在"加拿大奶制品案"中，美国指控加拿大对出口奶制品的补贴和牛奶关税配额违反了《农业协定》第 19 条、SCM 第 30 条和《进口许可证协定》第 6 条等 WTO 规则。

---

① Joost Pauwelyn, Evidence, proof and persuasion in WTO dispute settlement. Who bears the burden? 1 (2) J Int Economic Law 227, 232 (1998).

② ICJ Reports, case concerning Elettronica Sicula S. p. A. (ELSI), USA v Italy (1989), p. 46 – 47, paras. 62 – 63.

③ ICJ Reports, Land, Island and Maritime Frontier Dispute (El Salvador v Honduras) (1992), p. 585, para. 377.

专家组指出:"这一规定(《农业协定》第10.3条)将证明责任从申诉方转移到了被诉方。声称超过其减让承诺水平的出口未受到补贴的被诉方(出口方),必须证明这些超出数量未被授予出口补贴。该争端的所有当事方均同意第10.3条的措辞具有倒置通常证明责任的效果。"① 在这个案件中,专家组认为当事方均同意加拿大的奶制品出口超出了加拿大做出的减让承诺水平,最终将未对超过承诺数量的出口提供补贴的证明责任分配给被诉方。当出口超出承诺的数量时,申诉方被免除就出口补贴确立初步证据案件的责任。②

(二)"加拿大奶制品(第二次援引第21.5条)案"

在"加拿大奶制品(第二次援引第21.5条)案"中,上诉机构对《农业协定》第10.3条涉及的证明责任倒置规则给予了进一步的澄清。

上诉机构认为,在该案中专家组将第10.3条理解为3步走的程序:首先,申诉方必须证明被诉方以超出其在GATT1994减让表中所指明的数量承诺水平的数量出口一种农产品;其次,申诉方必须"确立(make out)"一件初步证据案件,即"诉称的出口补贴的因素"存在;最后,被诉方必须证实没有对超出数量承诺水平的产品出口提供出口补贴。③

上诉机构随后提到了在原专家组程序中的专家组裁决,指出专家组并没有要求申诉方确立一件初步证据案件,也就是说,在原专家组的论证中并不包括"第二步"。相反,原专家组将第10.3条解读为直接将证明责任分配给被诉方,由被诉方去证明没有为超出承诺水平的出口提供补贴,即"第三步"程序。在"加拿大奶制品(第一次援引第21.5条)案"中专家组表达了非常相似的观点。④

上诉机构指出,《农业协定》第10.3条要求一特定成员方在规定的情形下"确立没有出口补贴……曾经被授予"。这一规定涉及提出一项关于特定出口"并未受到补贴"的"诉请"的成员方。第10.3条提到的"诉请",是由被诉方做出的一项防御性争辩(defensive argument)。第10.3条为在《农业协定》第3条、第8条、第9条和第10条下的特定争端中

---

① Panel Report, Canada – Dairy, WT/DS103/R, WT/DS113/R, para. 7.33.

② Ibid. , para. 7.34.

③ AB Report, Canada – Dairy (21.5 – New Zealand and US) Ⅱ, WT/DS103/AB/RW2, WT/DS113/AB/RW2, paras. 55 – 56.

④ Ibid. , , paras. 59 – 61.

证明出口补贴提供了一种特殊规则。①

　　根据《农业协定》第 3 条，一成员方有权在其减让表中明确规定的减让承诺的限制内授予出口补贴。一旦一成员方诉称另一成员方因为超出一种数量承诺水平授予出口补贴而违反了第 3.3 条，该诉请包括两个独立的部分。第一部分是，被诉方必须以超出其承诺水平的数量出口一种农产品；第二部分是，被诉方必须对超出数量承诺水平的数量授予出口补贴。根据通常的证明责任规则，提出申诉的成员方将承担同时证明诉请的两个方面的责任。但是，《农业协定》第 10.3 条部分地改变了这一通常规则，该规定将申诉方的诉请一分为二，并且将诉请的这两部分的证明责任分配给不同的当事方。与证明责任的通常规则一致，应该由申诉方来证明诉请的第一部分，即被诉方以超出被诉方承诺水平的数量出口了一种农产品。如果申诉方成功地证明了诉请的数量部分，并且被诉方对诉请的出口补贴方面提出质疑，那么根据第 10.3 条，针对出口的超出数量，被诉方"必须确立没有授予出口补贴"。第 10.3 条的用语显然打算改变被普遍接受的证明责任规则。动词"确立"（establish）与动词"表明"（demonstrate）和"证明"（prove）同义。此外，助动词"必须"（must）传达出被诉方有一种义务（obligation）——或法律责任（legal burden）——"确立"或"证明""没有出口补贴……曾被授予"。②

第三节　WTO 执行程序中的证明责任分配

一　DSU 第 21.3 条下的证明责任

　　WTO 争端解决机构（DSB）已经发生法律效力的建议和裁决应该立即执行，如果不能立即执行，则应该确定执行的合理期限。合理期限的确定方式包括 3 种：有关成员方提议并且经过争端解决机构批准、争端各方协商确定和仲裁方式确定。其中，第一种情况罕有发生。③

---

① AB Report, Canada – Dairy (21.5 – New Zealand and US) II, WT/DS103/AB/RW2, WT/DS113/AB/RW2, paras. 68 – 69.

② Ibid. , paras. 70 – 73.

③ 郑小敏：《论执行 DSB 建议和裁决的合理期限》，《河南省政法管理干部学院学报》2005年第 1 期。

DSU 第 21.3（c）条规定："在该仲裁中仲裁员的指导方针（guide-line）应为执行专家组或上诉机构建议的合理期限不超过自专家组或上诉机构报告通过之日起 15 个月。但是，此时间可视具体情况（the particular circumstances）缩短或延长。"

由于 DSU 对"合理期限"规定得相当简单，对于举证问题并未涉及。在 WTO 合理期限仲裁实践中，仲裁员对合理期限的证明责任分配伴随着对"合理期限"的理解不断变化而逐步合理。以下对 DSU 运行以来涉及合理期限证明责任分配的几个典型仲裁案例进行梳理和述评。

（一）双方分别承担相应的证明责任

在"日本饮料案"中，仲裁员强调了 WTO 所有成员方对于 DSB 的建议和裁决迅速遵守完全履行所具有的重大利益，认为这体现在 DSU 第 21.3 条之中。同时，仲裁员指出，"日本和美国所提出的'具体情况'都没有说服我偏离作为指导方针的 15 个月"，所以合理期限应当是 15 个月。① 需要注意的是，在该案中仲裁员没有明确证明责任的分配规则，不过其用语暗示，主张长于和短于 15 个月的当事方都有说服仲裁员的责任，当事双方分别承担各自主张下的证明责任。

在"欧共体荷尔蒙案"中，仲裁员指出，如果当事方主张长于或短于 15 个月的时间具有合理理由，那么该当事方应当承担 DSU 第 21.3（c）条下的证明责任。因此，欧盟有责任证明存在需 39 个月执行期限的具体情况。同样地，美国和加拿大有责任证明存在使得 10 个月的执行期限合理的具体情况。②

可见，在该案中仲裁员认为执行方与申请执行方都有同等的证明责任。同时，仲裁员在案件中提出了合理期限的认定标准，指出 DSU 第 21.3（c）条应当结合上下文，并且依据 DSU 的目的和宗旨进行解释；结合 DSU 第 21.1 条③、第 3.3 条④和第 21.3（c）条所决定的合理期限，应

---

① Award of the Arbitrator, Japan – Alcoholic Beverages II, WT/DS8/15, WT/DS10/15, WT/DS11/13, p. 27.

② Award of the Arbitrator, EC – Hormones, WT/DS26/15, WT/DS48/13, para. 27.

③ DSU 第 21.1 条规定："为所有成员的利益而有效解决争端，迅速符合 DSB 的建议或裁决是必要的。"

④ DSU 第 3.3 条规定："在一成员认为其根据适用协定直接或间接获得的利益正在因另一成员采取的措施而减损的情况下，迅速解决此类情况对 WTO 的有效运转及保持各成员权利和义务的适当平衡是必要的。"

当是成员方在自身法律框架内执行 DSB 的建议与裁决尽可能短的期限（the shortest period possible）。①

在上述两个稍早的 WTO 仲裁案中，执行方似乎可以自动获得 15 个月的执行期限，除非存在某些"具体情况"。仲裁员对第 21.3 条的理解是：执行期限为 15 个月是一项"一般规则"，15 个月是作为"合理期限"的基点而存在的；在这种情况下，无论执行方还是申请执行方，如果主张对本方有利的执行期限，那么就需要对其所依据的"具体情况"进行举证。

从表面上看，这样的证明责任分配是平等对待争端双方。但是，在"日本饮料案"中，仲裁员的理解是基于对第 21.3（c）条进行孤立分析，而在该条的用语并未涉及证明责任分配的情况下，应当结合 DSU 的宗旨及其他条款进行。事实上，这样的理解与 DSU 所确立的"为所有成员的利益而有效解决争端，迅速符合争端解决机构的建议或裁决是必要的"这一基本精神并不相符，常常会不适当地延长争端解决程序。在"欧共体荷尔蒙案"中，仲裁员对 DSU 第 21.3（c）条的解释更符合 DSU 的目的与宗旨，可惜的是他对"合理期限"的解释并没有和证明责任分配相联系。因此，在该案中证明责任分配与"日本饮料案"并无二致。不过，"欧共体荷尔蒙案"中仲裁员关于"合理期限"认定标准的论述，在后来关于合理期限的案件中被频繁引用。② 不同的是，这些案件采用了另外的证明责任分配方式。

比如，在"澳大利亚鲑鱼案"中，澳大利亚认为，加拿大提出长于 15 个月的执行期限，因此澳大利亚应当负担证明责任，而澳大利亚没有提出短于 15 个月的执行期限，所以不用负担证明责任。在这个案件中，仲裁员对于证明责任的分配没有明确表明立场，但是强调仲裁员没有义务在所有案件中授予 15 个月的合理执行期限，而是要视具体情况，这样的立场至少淡化了 15 个月作为合理期限自动适用的地位。通过对这个案件具体情况的分析，援引了"欧共体荷尔蒙案"中合理期限应当是成员方在其法律框架内执行 DSB 的建议与裁决尽可能短的期限，仲裁

① Award of the Arbitrator, EC – Hormones, WT/DS26/15, WT/DS48/13, para. 26.

② See e. g. , Award of the Arbitrator, Australia – Salmon, WT/DS18/9, para. 38；Award of the Arbitrator, Canada – Pharmaceutical Patents, WT/DS114/13, para. 47；Award of the Arbitrator, US – 1916 Act（Japan）, WT/DS136/11WT/DS162/14, para. 32；Award of the Arbitrator, US – Offset Act（Byrd Amendment）, WT/ DS217 /14, WT/DS234 /22, para. 42.

员最终通过自由裁量认定了 8 个月是澳大利亚执行 DSB 建议与裁决的合理时间。

（二）执行方承担首要证明责任

在"加拿大药品专利案"中，仲裁员指出："很明显，依据 DSU 第 21.3 条，立即执行是优先选择。所以，在我看来执行方应当负担证明责任证明，立即执行不可行以及任何它提议的执行期间包括各个组成步骤的时间跨度构成了合理期间。而且，提议的执行期限越长，承担的证明责任就越大。"该案正式明确了执行方应当负担证明责任，并且在以后的仲裁中得到遵循。①

在"'美国抵消法案'案"中，仲裁员除了认同"由执行方证明它建议的执行期间的长度在其法律框架内执行 DSB 建议与裁决构成了尽可能短的期间"，并且进一步指出，当执行方未能证明这一点，"仲裁员必须决定用于执行的尽可能短的期间。这个期间要比执行方建议的要短，决定须基于所有当事方提交的证据，并考虑第 21.3（c）条的指导方针。"②

与"日本饮料案"和"欧共体荷尔蒙案"不同，"加拿大药品专利案"以及以后的案件，确立了执行方应当负担证明责任的规则。这样的证明责任分配源于对 DSU 第 21.3（c）条不同的理解，即立即执行是执行方的义务，"立即"是一个计算合理期间的基点和原则，在这个基础上，执行方主张的"合理期间"一定是更长的时间，并且相应地负担证明责任。至于 15 个月的指导方针，它被视作原则上最长的期间，而不代表着平均的或者通常的期间。③ 在这样的解释中，作为指导方针的 15 个月在确定执行建议与裁决的合理期限中地位明显下降了。不过，需要强调的是，不同的方法中，证明责任分配都遵循了"谁主张，谁举证"的一般原则，区别在于对条文的理解存在差异。在"日本饮料案"和"欧共体荷尔蒙案"

---

① See e. g. , Award of the Arbitrator, US – Offset Act (Byrd Amendment), WT/ DS217 /14, WT/DS234 /22, para. 44; Award of the Arbitrator, EC – Tariff Preferences, WT/DS246/14, para. 27; Award of the Arbitrator, EC – Export Subsidies on Sugar, WT/DS265/33, WT/DS266/33, WT/DS283/14, para. 59.

② Award of the Arbitrator, US – Offset Act (Byrd Amendment), WT/ DS217 /14, WT/DS234 /22, para. 44.

③ Ibid. , para. 41.

中，合理期限认定为 15 个月被理解为一般规则，所以执行方主张较长的时间，或申请执行方主张较短的期间，都相应地须要负担证明责任。在"加拿大药品专利案"以及后来的案件中，由于执行方立即执行是基本义务，除非存在某些"具体情况"，所以执行方在主张所谓"具体情况"时，必须要承担相应的证明责任。不过，如果对于申请方关于合理期间的主张申请执行方提出异议，并且提出一个具体的期间，可以想象的是，申请执行方仍然要承担相应的证明责任。即使双方都承担证明责任，两者也是不同的，其中执行方承担的是首要证明责任。需要强调的是，在这种情况下不发生同一证明责任的转移，而是当事方分别对自己的主张承担相应的证明责任。

执行方卸除证明责任主要是通过在国内法律框架下证明合理期限。建议与裁决的执行方在主张合理期限时，国内相关法律程序繁琐与否，程序是否具有强制性，都会影响它所主张的合理期限的确定。在"加拿大药品专利案"中，仲裁员指出："执行方为执行而采取的步骤受到法律的约束应当被考虑。如果成员方的法律表明需要修改的程序的法定部分有一个强制性期间，被提议的那部分时间是合理的。如果没有这样的强制要求，主张需要一段时间必须承担重得多的证明责任。法律要求的事情必须做；法律没有要求的事情不一定要做，取决于具体案件中的事实情况。"① 该案仲裁员认为，加拿大所提出的为执行建议与裁决而采取的一些步骤所需要的期限在法律法规中没有规定，而是由加拿大为执行程序目的而估计出来。由于这种估计不是以法律法规为依据而仅仅是估计，所以加拿大应当承担更大的证明责任证明其准确性和正当性。② 最终，该案中认定的合理期限是 6 个月。

另外，建议与裁决的执行是采取立法方式还是行政方式，也属于确定合理期限重要的"具体情况"。立法方式往往比行政方式花费更长的时间，当通过行政方式执行，合理期限应当大大短于 15 个月。③

需要强调的是，执行方如何执行 DSB 的建议与裁决不属于仲裁员被

---

① Award of the Arbitrator, Canada – Pharmaceutical Patents, WT/ DS114 /13, para. 51.

② Ibid. , para. 55.

③ Award of the Arbitrator, EC – Hormones, WT/DS26/15, WT/DS48/13, para. 25. See also Award of the Arbitrator, Australia – Salmon, WT/DS18/9, para. 38.

授权裁决的范围，仲裁员无权决定甚至建议执行方式。① 所有执行方可以自行选择执行方式，只要所选择的执行方式与 DSB 的建议与裁决以及与适用协定相符即可。② 这就意味着，仲裁员不能通过决定或建议"合理"执行方式来缩短合理执行期限。

二　DSU 第 21.5 条下的证明责任

DSU 第 21.5 条规定："如在是否存在为遵守建议和裁决所采取的措施或此类措施是否与适用协定相一致的问题上存在分歧，则此争端也应通过援用这些争端解决程序加以决定，包括只要可能即求助于原专家组。"关于 DSU 第 21.5 条下仲裁程序中的证明责任分配，WTO 争端解决实践确认了专家组程序中的证明责任分配规则同样适用。

（一）"巴西飞机（援引第 21.5 条）案"

在"巴西飞机（援引第 21.5 条）案"中，巴西认为，尽管其调整过的措施与 SCM 第 3.1 条不符，但是依据出口补贴指示性名单的 K 项第一段，这项措施可以被正当化。专家组将这个问题的证明责任分配给了巴西。在上诉程序中，巴西提出证明责任分配存在错误，即不应该将证明其履行 DSU 的建议与裁决的责任分配给它。上诉机构回顾了在原专家组审理时巴西确认了它就 K 项下的抗辩负有证明责任，并且提出与 DSB 建议和裁决是否相符的执行措施不改变 K 项下巴西抗辩的证明责任分配。③

（二）"加拿大奶制品（援引第 21.5 条）案"

在"加拿大奶制品（援引第 21.5 条）案"中，新西兰认为，加拿大有责任证明其牛奶管理措施包括那些被推定为执行 DSB 建议所采取的

---

① Award of the Arbitrator, Korea – Alcoholic Beverages, WT/DS75/16, WT/DS84/14, para. 45; Award of the Arbitrator, Chile – Price Band System, WT/DS207/13, para. 32; Award of the Arbitrator, US – Offset Act (Byrd Amendment), WT/ DS217 /14, WT/DS234 /22, para. 48.

② Award of the Arbitrator, EC – Hormones, WT/DS26/15, WT/DS48/13, para. 38; Award of the Arbitrator, Australia – Salmon, WT/DS18/9, para. 35; Award of the Arbitrator, Korea – Alcoholic Beverages, WT/DS75/16, WT/DS84/14, para. 45; Award of the Arbitrator, Canada – Pharmaceutical Patents, WT/DS114/13, para. 40; Award of the Arbitrator, US – Offset Act (Byrd Amendment) WT/DS217 /14, WT/DS234 /22, para. 48.

③ AB Report, Brazil – Aircraft (21.5 – Canada), WT/DS46/AB/RW, para. 66.

措施并没有为超过其减让承诺水平的奶制品出口提供补贴。加拿大则回应称，尽管加拿大承认第 10.3 条的存在，但是也注意到在 DSU 第 21.5 条下的专家组和上诉机构所发布的报告一致确认，一成员方的措施被推定为符合 WTO 义务，因此任何对这一措施提出质疑的成员方负担证明责任。

专家组指出，当出口超出减让承诺，第 10.3 条具有对依《农业协定》第 3.3 条、第 9 条和第 10 条提起的主张倒置正常的证明责任的效果。在本案中，如果牛奶出口超出加拿大的减让承诺，并且加拿大声称任何超出其承诺水平数量的出口均未受到补贴，那么就应该由加拿大提供对第 10.3 条来说足够的证据以确立如下推定：未针对超出减让承诺水平数量的出口授予出口补贴。

专家组不认为证明责任的分配规则会仅仅因为一项诉请是在 DSU 第 21.5 条程序的背景下被提出而改变。为了支持这一主张，专家组援引了"巴西飞机（加拿大援引第 21.5 条）案"中上诉机构报告中的陈述。在这份报告中，上诉机构指出："在我们看来，争议措施的'采取是为了符合 DSB 的建议和裁决'的事实，并不改变证明责任的分配……"。专家组认为这一论证同样适用于依据《农业协定》第 10.3 条的证明责任的分配。

因此，专家组得出结论：针对在《农业协定》第 3.3 条、第 9 条和第 10 条下的主张，加拿大负有证明责任。[①]

实际上，第 21.5 条程序下专家组的职责是审查被诉方的新措施是否与原专家组的建议和裁决是否相符。相比于原专家组程序，它是一个更快捷的程序，没有本质区别，因此两种程序的证明责任分配也不应该有所不同。

三　DSU 第 22.6 条下的证明责任

在执行阶段，如果成员方未能在合理期限内执行 DSB 做出的建议或裁决，应当与相应的成员方协商寻求双方接受的补偿方案。如果在合理期限届满后 20 天内仍然未达成令人满意的补偿方案，则胜诉方可以请求

[①]　Panel Report, Canada – Dairy (21.5 – New Zealand and US), WT/DS103/RW, WT/DS113/RW, paras. 6.1 – 6.6.

DSB 授权针对该成员方中止减让或其他义务。依据 DSU 第 22.6 条，在这种情况下，DSB 依据请求应当于合理期限届满的 30 天内授权同意中止减让或其他义务，除非 DSB 一致决定拒绝这一请求。但是，如果被中止减让或其他义务的成员方反对建议的中止水平，或主张申诉方在请求授权中止减让或其他义务时没有能够遵守相关程序，则该事项应该提交仲裁解决。

在"欧共体荷尔蒙（欧共体援引第 22.6 条）案"中，引发争议的行为是美国中止减让的建议，涉及 DSU 第 22.4 条，这条规定中止的程度应该与丧失和减损的程度相当。仲裁员指出，WTO 成员方作为主权实体可以被推定为遵照 WTO 义务行事，诉称另一成员方违反了 WTO 规则的成员方对这种违反负担证明责任。欧共体质疑美国的建议与第 22.4 条的相符性，因此应该由欧共体去证明美国的建议与第 22.4 条不符。仲裁员同时强调，所有当事方均有义务出示证据并且在向仲裁员提交证据方面进行合作，这一点对于第 22 条下的仲裁程序来说是至关重要的，但是这与谁负担证明责任的问题是有区别的。欧共体被要求提交证据以表明美国的建议与利益丧失或减损并不相当。与此同时，在可能的情况下，美国被要求提供证据以解释其如何得出这项建议，并且证明为什么其建议与其遭受的贸易减损相当。因为，作为遭受该贸易减损的成员方，只有美国才占有某些特定的信息。①

在"欧共体香蕉（欧共体援引第 22.6 条）案"中，对于 DSU 第 22 条下的仲裁程序中证明责任的分配，仲裁员认可了"欧共体荷尔蒙案"的裁决，即在一项仲裁程序中的最终证明责任由质疑报复请求与第 22 条的相符性的一方承担。但是，有一些证据可能被遭受利益丧失或减损的一方所独占，可以要求被诉方提交关于确定中止减让程度的方法的文件。②

在"巴西飞机（巴西援引 DSU 第 22.6 条和 SCM 第 4.11 条）案""美国陆地棉（美国援引第 22.6 条）案""美国外国销售公司案（美国援

---

① Decision by the Arbitrator, EC – Hormones (Article 22.6 – EC), WT/DS26/ARB, paras. 8 – 11.

② Decision by the Arbitrator, EC – Bananas (Article 22.6 – EC), WT/DS27/ARB/ECU, paras. 37 – 38.

引第 22.6 条）"和"加拿大飞机信贷和担保案（加拿大援引第 22.6 条）"中，上述证明责任分配规则被反复确认。

DSU 第 22.6 条下的证明责任分配遵循了"谁主张，谁举证"的一般原则。需要强调的是，争端方的合作义务同时被放在了突出的地位。

在"欧共体香蕉（欧共体援引第 22.6 条）案"中，仲裁员甚至在与当事方会面之前，就要求美国提交文件以解释其在计算中止程度上所采用的方法。① 仲裁员强调，向美国提出的请求仅具有寻求信息的性质，目的在于节省时间。② 不过，非常微妙的是，仲裁员在本案中又指出："就证明责任而言，如果美国没有使我们相信确实存在一定程度的丧失或减损，那么我们就会把中止减让的程度设定为零。"③

寻求授权的成员方和对所请求的授权程度提出异议的成员方实际上都必须证明各自的主张，如果无法加以证明，则将面临败诉的危险，这是第 22.6 条下的仲裁中所固有的法律性僵化所产生的必然结果。因为，受到质疑的不是法律法规或措施，而是丧失或减损的数量计算。④

第四节 WTO 争端解决的不同诉因与证明责任

根据 GATT 第 23 条的规定，成员方可以提起 3 种不同诉因的申诉：违反之诉、非违反之诉和其他情形之诉。不同诉因对证明责任产生相应的影响。在 WTO 争端解决实践中，涉及的案件绝大多数为违反之诉，"其他情形之诉"至今还没有发生，因此在这里不予讨论。

一 违反之诉中申诉方的证明责任：DSU 第 3.8 条的作用

（一）违反之诉中申诉方的证明对象

根据 GATT 第 23.1（a）条，如一缔约方认为其依据 GATT1947 所直接或间接获得的任何利益由于"另一缔约方未能履行其在协定项下的义务"而丧失或减损，则其可以提起违反之诉。

---

① Decision by the Arbitrator, EC – Bananas（Article 22.6 – EC），WT/DS27/ARB, para. 2.1.

② Ibid., para. 2.1, footnote 2.

③ Ibid., para. 4.13.

④ ［美］戴维·帕尔米特、［希腊］佩特罗斯·C·马弗鲁第斯：《WTO 中的争端解决：实践与程序》（第 2 版），罗培新、李春林译，北京大学出版社 2005 年版，第 239 页。

在提起违反之诉时，申诉方首先应该证明相关 WTO 协定义务的存在；其次需要证明被诉方未履行该义务，或被诉方采取了与 WTO 协定义务相冲突的措施。在确立了存在违反相关适用协定义务的事实后，则依据 DSU 第 3.8 条推定①申诉方的利益因为被诉方措施遭受丧失或减损，转而由被诉方来反驳该推定。

DSU 第 3.8 条包含了一项推定规则，导致利益的"丧失或减损"和"因果关系"的证明责任首先无须申诉方证明，但是这种推定的性质是可反驳的推定或是不可反驳的推定对当事方的证明责任仍然影响很大。如果它是可反驳的推定，这意味着当被诉方进行了有效的反驳后证明责任还会转移给申诉方；如果是不可反驳的推定，则意味着不仅申诉方无须承担证明责任，被诉方也没有反驳的机会，推定的成立意味着被推定的事实获得认定。以下追溯 DSU 第 3.8 条的历史渊源，并且对这一条款包含哪一种推定机制进行澄清。

（二）DSU 第 3.8 条的推定机制

1. DSU 第 3.8 条推定规则的渊源

在 GATT 运行初期的实践中，在以第 23.1（a）条作为诉因起诉时，申诉方如欲胜诉，不仅需要提供证据证明被诉方存在"对 GATT 义务的违反"，同时还必须证明其利益遭受"丧失或减损"，并且利益"丧失或减损"是由被诉方违反 WTO 规则的行为所导致，即存在因果关系。Jackson 教授指出，对"丧失或减损"这一模棱两可的短语的使用，暗示着主权国家反对彻底的"规则导向"体制。②

在 1962 年"乌拉圭援引第 23 条案"中，专家组主张，任何对 GATT1947 的"违反"（violation）将被视为一种"具备初步证据的丧失或减损"（prima facie nullification or impairment）。在这个案件中，乌拉圭政府指出 15 个发达成员对从乌拉圭进口的产品所采取非关税措施，但是未提供利益丧失或减损的任何证据。专家组在裁决中指出："仅因存在着这些措施，并不引起第 23 条意义上的丧失或减损。必须展示出对该缔约方

---

① DSU 第 3.8 条规定："如发生违反在适用协定项下所承担义务的情况，则该行为被视为初步构成利益丧失或减损案件。这通常意味着一种推定，即违反规则对适用协定的其他成员方造成不利影响，在此种情况下，应由被起诉的成员方自行决定是否反驳此指控。"

② John H. Jackson, Sovereignty, the WTO and Changing Fundamentals of International Law, Cambridge University Press, 2006, p. 139.

依总协定获得的利益遭受丧失或减损的关系。"不过，专家组又指出："由于不能确认这些特定措施符合 GATT1947 的规定……必须做出如下假定（assumption）：（措施）持续下去就会使乌拉圭依 GATT1947 所获得的利益丧失或减损。"①

1979 年东京回合通过的《东京谅解》将"丧失或减损"正式写入文件，《东京谅解》附录第 5 条规定："若遇有违反总协定义务的情况，就认为该行为构成'丧失或减损'的初步证据……这就是说，在正常情况下可以推定（presumption）违反规则即对其他缔约方产生不利影响，在这种情况下，应由被诉方来反驳该申诉"。②

在 1987 年"美国石油税案"中，美国对国内汽油和进口汽油征收了不同的关税，加拿大、欧洲经济共同体以及墨西哥控诉美国的行为违反了GATT 第 3.2 条第 1 句。美国提出抗辩试图对"丧失或减损"之推定进行反驳，指出这种税率上的差别非常之小，以至于不会明显地影响到汽油买家的决定及刺激国内油料生产投资。而且，美国认为尽管存在税收差别，美国将会进口和以前数量相当的汽油。③ 专家组彻底否定了美国的主张，认为"第 3.2 条第 1 句不能被解释为对出口数量预期的保护；它保护的是进口产品和国内产品的竞争关系的预期。违反规定的竞争关系改变必须视为事实上造成总协定下所获取利益的丧失或减损"，④ 并且进一步指出，"违反总协定措施带来的影响对于决定丧失或减损不重要。"⑤ 专家组在这个案件中的观点作为经典论述，成为试图对"丧失或减损"推定进行反驳的巨大障碍。

作为 GATT 时期实践的认可，这一观点被 DSU 第 3.8 条采纳。在"欧共体糖出口补贴案"中，上诉机构指出："根据第 3.8 条，如果一成员方违反了一项适用协定，则这种违反将被推定为使其他成员方在该协定下的利益丧失或减损。在这种情况下，通过表明这种违反没有导致丧失或减损

① Panel Report, Uruguayan Recourse to Article XXIII, BISD 11S/95, p. 41.
② Understanding Regarding Notification, Consultation, Dispute Settlement and Surveillance (BISD 26S/216, Adopted on 28 Nov. 1979), Annex Article 5.
③ Panel Report, US - Superfund, L/6175, BISD 34S/136, para 3. 1. 3.
④ Ibid., para 5. 1. 9.
⑤ Ibid., para 5. 1. 5.

来反驳这一推定的责任就落到被诉方身上。"① 也就是说，在提起违反之诉时，申诉方在确立了被诉方存在违反相关适用协定义务的事实后，则推定申诉方的利益丧失或减损，转而由被诉方来承担反驳该推定的责任。

2. DSU 第 3.8 条推定的性质

有学者主张，DSU 第 3.8 条的推定应该是不可反驳的，因为允许对方反驳推定"将导致对权利的否定"，② 而且"在规定了竞争条件的多边贸易秩序中，保证的不是贸易结果而只是贸易机会，这样使违反之诉的丧失和减损概念不能够发挥有益的作用。"③

由于 DSU 第 3.8 条的用语表明了它是可反驳推定，在 GATT 和 WTO 的实践中，被诉方多次对丧失或减损的推定进行反驳。在 1987 年"美国石油税案"中，美国作为该案的被诉方提出反驳，但是专家组指出："对违法措施造成利益丧失或减损的推定可否反驳，缔约方全体并无明示决定，但这种推定实际上是作为一种无法反驳的推定而运作。"④

在"危地马拉水泥（Guatemala – Cement II）案"中，危地马拉辩解其虽然违反了《反倾销协定》第 5.5 条关于调查机构应当在反倾销调查程序启动之前通知出口国的要求，但是危地马拉给予墨西哥出口商回应调查问卷的时间做了延期，而且在墨西哥接到通知之前并未有效启动调查程序。专家组指出，危地马拉未能依据第 5.5 条通知墨西哥，回应问卷调查的时间延期对墨西哥未被及时通知的事实没有影响。如果墨西哥被及时通知，调查也有可能以相同的方式进行，但是如果墨西哥接到及时通知将会发生什么不是专家组考虑的事情。⑤

在"欧盟香蕉（EC – Bananas III）案"中，尽管欧共体在反驳推定时指出，美国从未向欧盟出口任何香蕉，因此不可能遭受任何贸易损害。⑥

---

① AB Report, EC – Export Subsidies on Sugar, WT/DS265/AB/R, WT/DS266/AB/R, WT/DS283/AB/R, para. 296.

② Frieder Roessler, the concept of nullification and impairment in the legal system of world trade organization, in International Trade Law and the GATT/WTO Dispute Settlement System (ErnstUlrich Petersmann ed.), Kluwer Law International, 1997, p. 142.

③ Ibid., p. 141.

④ Panel Report, US – Superfund, L/6175, BISD 34S/136, para. 5.1.7.

⑤ Panel Report, Guatemala – Cement II, WT/DS156/R, paras. 6.109, 6.111.

⑥ AB Report, EC – Bananas III, WT/DS27/AB/R, para. 250.

不过，专家组和上诉机构裁定，仅仅表明一项措施对出口数量没有影响或有非常不重要的影响对于丧失或减损之推定是不够的，并且引用了"美国石油税案"中专家组的观点和立场。[①]

在"土耳其纺织品案"中，专家组进一步坚持，仅仅表明贸易量的变化（该案中出口增加）并不能够有效地反驳丧失或减损之推定。而且，问题是如果对来自印度的进口没有违反 WTO 的数量限制，出口是否还是它本应有的情况。[②]

综上，被诉方反驳申诉方利益丧失或损害之事实从 DSU 第 3.8 条的规定看是可能的，但是在实践中几乎没有任何实际作用。正如 Roesler 主张的那样，上述 WTO 案件中，专家组关注的不是申诉方贸易数量的变化，而是申诉方的机会是否得到保障。虽然 DSU 第 3.8 条是可反驳的推定，但是事实上对于被诉方而言，想证明这样的机会不受影响几乎是不可能的。有学者也主张，基于保护竞争机会的政策考量，DSU 第 3.8 条一开始就应该规定为不可反驳。[③] 这样的界定，可以明确地表明 WTO 体制的基本原则，也可以使争端方在争端解决过程中节省诉讼成本，不在这个问题上浪费时间和精力。由于 DSU 第 3.8 条用语表明了它是可反驳的推定，应当在 DSU 改革时，将其明确修改为不可反驳的推定。

3. 第 3.8 条推定在中止减让程序中的适用

第 3.8 条在专家组程序和中止减让程序中应当予以区别。因为，"丧失或减损"推定旨在简化申诉方要求建立专家组的程序，减轻申诉方的证明责任，促使各成员方遵守多边贸易体制。如果作为不可反驳的推定，第 3.8 条在专家组程序的目的与功能会是显而易见的，不过在中止减让程序中作为不可反驳的推定则缺乏合理性。在"美国基金案"中，专家组认为，违反义务的措施产生的不利影响仅仅在中止减让程序中被认为是重要的，而不是在任何较早的阶段。[④] 在中止减让程序中，执行方如果能够证明其措施对于申请执行方（申诉方）没有影响或影响极小可以忽略，没

---

① AB Report, EC – Bananas III, WT/DS27/AB/R, paras. 252 – 253.

② Panel Report, Turkey – Textiles, WT/DS34/R, para. 9.204.

③ Arwel Davies, The DSU Article 3.8 Presumption that an Infringement Constitutes a Prima Facie Case of Nullification or Impairment: When Does it Operate and Why? 13 (1) Journal of International Economic Law Volume 181, 186 (2010).

④ Panel Report, US – Superfund, L/6175, BISD 34S/136, para 5.1.4.

有理由不允许其举证证明，尽管成功的可能性并不是很大。

在"欧盟香蕉案"中，日本指出，WTO 法理表明"利益的丧失或减损"这一概念不限于申诉方贸易损失，而是包括了 WTO 规则之下产生的更广泛的利益。但是，在授权中止减让或其他义务的程序中，"利益的丧失或减损的水平"反倒是基于贸易影响。① 日本的论述体现了以下观点，即在专家组程序中，即使申诉方不存在贸易损失，仍然会发生利益的丧失或减损，这种利益的范围是广泛的，但是在中止减让程序中，利益的丧失或减损确实要基于实际上的贸易影响来判断。所以，专家组程序和中止减让程序的目的与功能不同，第 3.8 条推定在两种程序中的运行机制应该有所不同。

而且在"欧盟香蕉（厄瓜多尔第二次及美国第一次援引第 21.5 条）案"中，上诉机构认可了以下观点：DSU 第 3.8 条规定的"丧失或减损"推定不能自动被作为证据证明要求授权中止减让的当事方声称遭受的"丧失或减损"的特定水平。②

综上，DSU 第 3.8 条的推定机制在专家组程序和中止减让程序中不应该是相同的。在专家组程序中，第 3.8 条的推定应该是一种不可反驳的推定，在实践中也如此运作。申诉方只需要证明被诉方采取的措施违反了 WTO 协定就可以推定其利益遭受丧失或减损。"违反之诉"的申诉方的证明责任比较轻，是为了减轻申诉方的证明责任，有力促进各成员方遵守多边贸易体制。不过，专家组程序和中止减让程序的目的不同，第 3.8 条的推定在两种程序中也应当是不同的，前者应当作为不可反驳的推定，后者应当作为可反驳的推定。

不过，DSU 对于两种程序中的"丧失或减损"推定并未做出区分。解决这个问题的途径有两个：第一，由上诉机构在具体案件中通过上诉机构报告确定 DSU 第 3.8 条在两种不同程序中不同的运作方式，一个是不可反驳的推定，另一个是可反驳的推定；第二，利用 DSU 改革谈判的机会，在 DSU 第 22 条中加进相应条款表明，在决定赔偿或中止减让水平的程序中，推定一成员方违反 WTO 规定构成对其他成员方不利影响，违反

---

① Panel Report, EC – Bananas III (21.5 – US), WT/DS27/RW/USA, paras 5.231 – 5.232.

② AB Report, EC – Bananas III (21.5 – Ecuador II), WT/DS27/RW/ECU, EC – Bananas III (21.5 – US), WT/DS27/RW/USA, para. 475.

WTO 规定的成员方可以进行有效的反驳。①

二　非违反之诉中申诉方的证明责任

1979 年《东京谅解》附件《对关贸总协定争端解决方面（第 23 条第 2 款）习惯做法的公认叙述》附录第 5 条规定："实际上，只有当缔约方认为其依照总协定的利益正在受到丧失或损害时，它才去援用第 23 条……如果援用第 23 条的缔约方指控某项不违反总协定的措施正在对它依照总协定享受的利益造成丧失或损害，它必须提出具体的正当理由。"② DSU 第 26 条第 1 款（"GATT1994 第 23.1（b）条所述类型的非违反之诉"）第 1 项规定："申诉方应该提供详细的正当理由支持其对某项与有关适用协定不冲突的措施所提出的任何申诉。"③ 可见，非违反之诉中申诉方提出申诉，须满足更高的要求。

在"日本胶卷案"中，专家组的立场是申诉方申诉成功必须证明：第一，被指控的措施必须发生在减让或谈判之后，而不是之前；第二，被指控的措施必须在减让或谈判时不能为申诉方合理预期；第三，其根据相关协定下的利益因为被诉方的措施而丧失或受损害；该利益的丧失或减损与该措施之间具有因果关系。④

"非违反之诉"的规定是基于公平和秩序的考虑，其潜在的理念是：通过关税减让所能合法预期的竞争机会的改善，不仅可能被 GATT 所禁止的措施而且也可能被与该协定一致的措施所破坏。因此，无论该措施是否与总协定相冲突，受害方都应当被赋予救济的权利允许将成员方的"非违法"措施诉诸争端解决机构，其真正意义在于确保多边贸易体制的完整性，使每一个成员方在签订协定时所预期的目的能够实现。多边贸易体制也考虑到了"违反之诉"与"非违反之诉"的本质区别，因此通过规定

---

① Arwel Davies, The DSU Article 3.8 presumption that an infringement constitutes a prima facie case of nullification or impairment: when does it operate and why? 13 (1) J. Int'l Econ. Law 181, 203 (2010).

② Understanding Regarding Notification, Consultation, Dispute Settlement and Surveillance, Annex Article 5.

③ DSU 第 26 条。

④ 韩立余：《既往不咎：WTO 争端解决机制研究》，北京大学出版社 2009 年版，第 326—327 页。

了申诉方相对严格的证明责任，将"非违反之诉"作为争端解决机制的一种例外手段。

本章小结

关于证明责任的概念，在普通法和大陆法中存在明显的差异，在普通法中证明责任包括提供证据责任和说服责任，在大陆法中证明责任包括主观证明责任和客观证明责任。说服责任和客观证明责任在含义上比较接近，而提供证据责任与主观证明责任差别较大。在 WTO 争端解决中，证明责任概念包括说服责任或者客观证明责任。专家组报告和上诉机构报告频繁出现"证明责任转移"的表述，这里的"证明责任"不是"结果意义上的证明责任"（说服责任或客观证明责任），而应当是一种"行为意义上的证明责任"。不过，它到底相当于普通法中的提供证据责任或是大陆法中的主观证明责任有待进一步分析。由于 WTO 争端解决机制不具有普通法中类似陪审团的机构设置，WTO 争端中的证明责任概念似乎不包含普通法意义上的提供证明责任。但是，现代普通法国家在使用陪审团的案件大幅度减少的情况下仍然保留着提供证据责任的概念和规则，所以发生转移的"证明责任"到底是哪种证明责任并非可以简单地得出结论，对此，第六章将重点论述。

关于证明责任的分配，大陆法和普通法有许多理论，大陆法以"法律要件分类说"为通说，在普通法中"必要事实说"具有代表性，但是没有取得通说地位。作为一般原则，大陆法和普通法都认可由提出肯定性主张或抗辩的当事方承担证明责任，在 WTO 争端解决实践中也明确予以认可，并且具体表现为申诉方应当承担一般规则的证明责任，被诉方承担例外的证明责任，主张非要件事实的当事方承担非要件事实的证明责任。这样的责任分配具有充分的理论依据。《农业协定》第 11.3 条是这一原则的例外，它确立了证明责任倒置的机制，即由被诉方就超出承诺水平的出口举证证明没有提供补贴。

在执行程序中，涉及 DSU 第 21.3 条、第 21.5 条和第 22.6 条下的证明责任分配。在这些情况下，证明责任分配也同样采取了上述原则，但是在具体规则上存在的特殊性。比如，第 21.3 条下"合理期限"的证明责任首先归执行方，如果申请执行方主张较短的合理期限仍然要承担相应的证明责任；第 22.6 条下的证明责任分配规则是由对中止水平建议提出质疑的被诉方承担相应的证明责任，同时特别强调申诉方提供关于"丧失或减损"计算方法的信息的合作义务。

在 WTO 争端解决中，诉因的不同直接影响申诉方的证明责任。如果申诉方提出的是非违反之诉，申诉方必须证明其"利益丧失或减损"以及被诉方违反 WTO 规则与"利益丧失或减损"之间的因果关系。在违反之诉下，存在 DSU 第 3.8 条的推定机制，这一条款规定的是可反驳推定，即由被诉方首先承担不存在"利益丧失或减损"的事实，当它提供的证据足以反驳该推定，证明责任可以转移回申诉方。但是，在实践中，该推定实际上是作为不可反驳推定运作。从理论上讲，"利益丧失或减损"推定应该规定为不可反驳推定，因为 WTO 争端解决机制保护的不是贸易数量，而是贸易机会。DSU 第 3.8 条明确规定了可反驳推定，这使得实践中许多当事方通过举证试图进行反驳却无一成功，造成了大量的社会成本和司法资源的浪费。在专家组程序中，"利益丧失或减损"推定旨在简化申诉方要求建立专家组的程序，减轻申诉方的证明责任，促使各成员国遵守多边贸易体制。不过，在中止减让程序中，"利益丧失或减损"推定作为不可反驳的推定则缺乏合理性。DSU 对于两种程序中的"利益丧失或减损"推定并未做出区分，对此应当予以澄清或修正。

第五章

WTO 争端解决中的证明责任(二)

在 WTO 争端解决实践中，WTO 协定的条款可以被分为以下几类：首先是规定了基本义务的规则，即"一般规则"，某一成员方对它的违反构成其他成员方申诉的理由。除此之外，WTO 规定了允许背离这些基本义务的条款，这样的条款可以再分为两类：其一，是在一般规则被违反的情况下，可以提供正当性理由的"例外"条款，即"肯定性抗辩"，如 GATT1994 第 20 条；其二，作为成员方的另外一种选择，WTO 协定认可甚至鼓励成员方实施该条款下行为，这样的条款属于"排除性规定"，专家组报告或上诉机构报告常常称之为"自治权"（autonomous right）。

对于例外或肯定性抗辩，专家组依据"一般规则—例外模式"应该将证明责任分配给被诉方，而排除性规定下的证明责任专家组仍然分配给申诉方，由申诉方证明被诉方不符合该条款中的条件，如果申诉方的主张成立，进一步将被诉方的行为置于一般规则之下，申诉方仍然须要举证证明被诉方的行为违反 WTO 基本义务。对于区分例外和排除性规定的合理性，后文将专门论述。不过，在 WTO 争端解决实践中，例外和排除性规定常常难以区分，存在颇多争议。①

本章以证明责任分配为视角，对专家组报告和上诉机构报告进行考察，将其中区分例外和排除性规定的标准与方法进行深入的梳理和反思，以寻求对解决这个问题有益的一些思路。

① 颜维震、曹丰、黄幸：《WTO 争端解决机制中的举证责任问题研究》，《WTO 法与中国论丛》（2011），知识产权出版社 2011 年版，第 76 页。

第一节　认定为"例外"的 WTO 条款：
被诉方负证明责任

纵观 GATT 以及 WTO 成立至今的争端解决实践，上诉机构和专家组先后至少曾经将以下 11 项规定确定为例外，并且在争端解决中适用"被诉方承担例外下的证明责任"的规则，这些 WTO 条款分别是：GATT1994 第 11.2（c）（i）条、第 15 条、第 18.11 条的但书、第 20 条、第 21 条、第 24 条、授权条款、SCM 脚注 59 第 5 句、GATS 第 14 条以及 TRIPS 第 30 条，[①] 另外，在实践中专家组也曾经将 SPS 第 5.7 条认定为例外。[②] 其中一些肯定性抗辩在 WTO 争端解决中被多次援引，如 GATT 第 20 条，[③] 作为典型的例外规则，专家组和上诉机构常常通过与之类比来论证争议条款的性质。

一　GATT1994 第 20 条

GATT 第 20 条"一般例外"是争端解决实践中最常涉及的例外。早在 GATT 时期，就有多起案件涉及 GATT1947 第 20 条的证明责任问题。比如，在"US – Tuna（Mexico）案"中，专家组指出："专家组的实践是一直把第 20 条进行狭义地解释，将证明责任置于援引第 20 条以使其行为正当化的当事方。"[④] 在"美国麦芽饮料案"中，专家组也有类似表述。[⑤]

WTO 成立后，这种观点在众多案件中得到进一步确认和强化。在涉及 GATT 第 20 条的案件中，专家组和上诉机构通常认定 GATT 第 20 条构成例外或肯定性抗辩，并回顾"美国羊毛衬衫案"中上诉机构的论述，

---

① 有学者将例外总结为 10 项。高田甜：《WTO 争端解决机制证明负担规则研究》，法律出版社 2012 年版，第 127 页。

② 关于 SPS 第 5.7 条，WTO 争端解决中存在两种不同的实践，有些专家将其视为肯定性抗辩，由被诉方承担相应的证明责任，也有专家组持不同立场，认为应该由申诉方承担相应的证明责任。

③ See e. g. , AB Report, US – Wool Shirts and Blouses, WT/DS33/AB/R, 1997, pp. 15 – 16; Panel Report, EC – Tariff Preferences, WT/DS246/R, 2004, para. 7. 37.

④ Panel Report, US – Tuna（Mexico）, DS21/R – 39S/155, para. 5. 22.

⑤ Panel Report, US – Malt Beverages, DS23/R – 39S/206, para. 5. 41.

将证明责任分配给被诉方。①

被诉方通常承担 GATT 第 20 条之下具体各项规定中的证明责任。但是，需要强调的是，第 20 条（b）项（为保护人类、动植物的生命或健康所必需的措施），涉及是否满足"必需"（necessary）要求，上诉机构并未将其证明责任完全分配给被诉方。在"巴西翻新轮胎案"中，上诉机构指出，申诉方应该负责指出被诉方本可以采取的系争措施的可能替代方案，如果申诉方指出了可能的替代措施，被诉方可以试图证明被提议的措施不能够实现它所选择的健康保护水平因此不是真正的替代方案。被诉方也可以试图证明被提议的替代方案事实上不是合理可用的（reasonably available）。②这些似乎表明，第 20 条（b）项中的"必需"要求涉及的事实可以分成 4 个部分：第一，是否存在替代性措施；第二，替代性措施是否比系争措施具有更少的贸易上的限制性；第三，替代性措施是否是合理可用的；第四，替代措施是否能够减少健康风险，并且达到系争措施实现的健康保护水平。前两项由申诉方证明，而后两项由被诉方证明。

除了 GATT 第 20 条下各项规定，第 20 条序言下的证明责任通常也分配给了被诉方。比如，在"美国汽油案"中，上诉机构指出，一项措施依据第 20 条所列举的一项例外而临时获得正当化，其不构成序言下滥用例外的证明责任归于援引该例外的当事方。③

须要强调的是，第 20 条（b）项与 SPS 具有特殊关系。SPS 的序言指出，该协定是 GATT1994 第 20 条（b）项的具体化；SPS 第 2.4 条表明，一项措施满足了 SPS 的要求即推定符合 GATT1994 尤其是第 20 条（b）项的要求。同时，动植物检疫措施只是第 20 条（b）项涉及的其中一种健康保护措施，范围要比后者小。可见，就动植物检疫措施而言，SPS 是 GATT 第 20 条的特别法，SPS 是否应采取与 GATT 第 20 条相同的证明责任分配原则呢？事实上，SPS 对成员方在动植物检疫方面的义务进行了全面具体的规定，即对成员方之间的利益进行了重新平衡，如果 SPS 下的所有

---

① See e. g. , AB Report, Korea – Various Measures on Beef, WT/DS161/R, para. 157; Panel Report, EC – Asbestos, WT/DS135/R, para. 8. 177; Panel Report, US – Shrimp, WT/DS58/R, para. 7. 30; Panel Report, China – Auto Parts, WT/DS339/R, paras. 7. 92, 7. 279.

② AB Report, Brail – Retreaded Tyres, WT/DS332/AB/R, para. 156.

③ AB Report, US – Gasoline, WT/DS2/AB/R, 29 April 1996, pp. 22 – 23. See also Panel Report, Brazil – Retreaded Tyres, WT/DS332/R, para. 7. 37.

证明责任完全由被诉方承担，那么该责任会过于沉重，并导致利益失衡。在 WTO 争端解决实践中，SPS 作为一个整体并不被看作肯定性抗辩，同时未有迹象表明 SPS 的起草者试图将其作为一般规则有限的背离。① 既然 SPS 和 GATT 第 20 条（b）项是一般法和特别法的关系，在法律适用包括证明责任分配问题上，应优先适用特别法，即关于动植物检疫措施的证明责任依据 SPS，整体上由申诉方负担证明责任（不过，个别条款比如 SPS 第 3.3 条和第 5.7 条的性质及其下的证明责任分配，在实践中存在争议，仍有待后文进一步阐述）；GATT 第 20 条（b）项涉及的其他健康保护措施依据 GATT 第 20 条，由被诉方负担证明责任。

二　GATT 第 18.11 条但书

"印度数量限制案"涉及 GATT 第 18.11 条但书是否构成肯定性抗辩。与此相关的条文包括 GATT 第 11 条"一般取消数量限制"以及第 18 条 B 节的其他一些规定。

GATT 第 18 条规定了针对发展中国家实施的"特殊与差别待遇"。第 18.9 条规定："设立、维持或加强进口限制不得：（a）超过防止外汇储备严重下降的威胁，或阻止外汇储备的严重下降所必需的程度，或者（b）在一成员方外汇储备不充足的情形，不超过获得合理的储备增长率所必需的程度。"第 18.11 条规定："有关缔约方在执行其国内政策时，应适当注意在使自己的国际收支健全而持久的基础上恢复平衡的必要性，以及保证生产资源的经济使用的需求。随着条件的改善，有关缔约方应逐步放宽根据本节实施的任何限制，仅在根据本条第 9 款的条件证明必要时维持此类限制，并在条件不再证明维持合理时予以取消；但是，不得以一缔约方发展政策的变更而使根据本节正在实施的限制成为不必要为由，要求该缔约方撤销或修改此类限制。"GATT 第 18.11 条的注释规定："第 11 款第 2 句不得被解释为要求一成员方放松或取消限制，如果这种放松将随之产生为分别加强或设立第 18.9 条的限制提供正当性的条件。"

专家组指出："关于第 18 条，本案中的关键问题是，当印度援引第 18 条 B 节作为它采取系争措施的正当性理由时，美国应在何种程度上证

---

① Joachim Ahman, Trade, Health, and the Burden of Proof in WTO Law, Kluwer Law International, 2012, p. 274.

明它关于印度违反第 18.11 条的诉请。"①

专家组回顾了上诉机构在"美国羊毛衫案"和"欧共体荷尔蒙案"中关于证明责任的经典论述,并且进一步表明"在一切情况下,每一方均应提供证据支持其提出的每一项特定主张。这意味着,美国必须证明其关于印度违反第 11.1 条和第 18.11 条的任何诉请。同样地,印度必须证明其措施在第 18 条 B 节下合理的主张。专家组认为上诉机构确立的规则还要求美国作为申诉方不应仅限于陈述其诉请,美国还必须就如下内容确立初步证据案件:即印度收支平衡的措施不符合 GATT1994 第 11.1 条和第 18.11 条。如果美国做到了这一点,为了反驳这一诉请,则印度将不得不对此做出回应"。②专家组在这部分分配证明责任的方式似乎是,谁提出某项主张,谁承担提出相应证据的责任。但是,关于第 18.11 条的但书,专家组将其定性为肯定性抗辩,因此印度应当承担相应的证明责任。③

印度提出上诉,主张专家组关于第 18.11 条的但书和第 18.11 条注释的证明责任分配在适用上存在法律错误。④而上诉机构在其报告中总体上认可了专家组关于证明责任分配的立场,同时进行了进一步的阐述和澄清。

关于第 18.11 条但书,上诉机构指出:"实际上,该但书对成员方施加了一种义务,即不得要求施加收支平衡限制措施的发展中国家成员方改变其发展政策。"⑤上诉机构进一步表明:"并不排除如下可能性,即一项有关发展政策的主张的确涉及证明责任问题。假定申诉方已成功确立违反第 18.11 条和补充注释的初步证据案件,则被诉方在抗辩中可以反驳申诉方用以支持违反的证据,或者援引但书的规定。在后一种情况下,则被诉方必须证明,申诉方违反了不得要求被诉方改变自身发展政策的义务。针对这一主张,被诉方必须负担证明责任。因此,上诉机构同意专家组的观点,即但书的证明责任在被诉方印度。"⑥

关于 GATT 第 18 条第 11 款注释的证明责任,上诉机构指出,印度认

---

① Panel Report, India – Quantitative Restrictions, WT/DS90/R, para. 5.116.

② Ibid. , para. 5.119.

③ Ibid. , paras. 5.210, 5.219.

④ AB Report, India – Quantitative Restrictions, WT/DS90/AB/R, para. 131.

⑤ Ibid. , para. 134.

⑥ Ibid. , para. 136.

为专家组没有明确表明证明责任在美国还是在印度一方。其实，专家组报告中关于证明责任的分析，多处暗示该注释的证明责任在美国一方，而且上诉机构认为"专家组无须针对每一个被提出的主张明确阐述应由哪一当事方负担证明责任"。[1]

总之，在这个案件中，上诉机构认为，美国应该证明印度违反了 GATT 第 11.1 条、GATT 第 18.9 条以及 GATT 第 18.11 条的注释，以确立初步证据案件。也就是说，美国应该分别证明"印度行为违反取消数量限制原则""印度的外汇储备不再为印度的数量限制提供正当性"以及"取消数量限制并不会随之产生为印度再度实施数量限制提供正当性的条件"。在美国确立初步证据案件后，印度要援引 GATT 第 18.11 条的但书作为抗辩，则需要承担证明 GATT 第 18.11 条但书的条件成立，即美国要求印度取消数量限制将使印度改变其发展政策。[2]

在本案中，上诉机构对 GATT 第 18 条 B 节下的证明责任分配进行了澄清。不过，和专家组一样，它并未对证明责任分担的依据进行明确和充分的说理。

在之后的"印度汽车案"中，再次涉及 GATT 第 18 条 B 节的证明责任并且产生分歧。在这个案件中，印度认为系争措施因为 GATT 第 18 条 B 节具有正当性，该条下的证明责任归申诉方美国和欧盟。为了支持其主张，印度除了援引了"欧共体荷尔蒙案"和"印度数量限制案"，还援引了"美国羊毛衬衫案"，类比 ATC 第 6 条，认为 GATT 第 18 条 B 节没有确立有限例外而是确立了积极规则，而且构成发展中国家在 GATT 框架下权利与义务的根本部分（fundamental part）。[3] 专家组否定了印度的主张，并且最终认定，在本案中由于美国和欧盟没有依据 GATT 第 18 条 B 节提出主张，所以由印度单独证明该条款下的主张。[4]该案中专家组的立场并不妥当，是对"谁主张，谁举证"的错误解读，为当事方避开应该承担的证明责任提供了方便，而对另一当事方施加了过重的证明责任。

---

① AB Report, India – Quantitative Restrictions, WT/DS90/AB/R, para. 137.

② 左海聪:《国际经济法的理论与实践》，武汉大学出版社 2003 年版，第 167 页。

③ Panel Report, India – Autos, WT/DS146/R, WT/DS175/R, paras. 4. 154 – 4. 155.

④ Ibid. , para. 7. 286.

三 授权条款

(一) 专家组报告

在"欧共体关税优惠案"中，专家组通过回顾"美国羊毛衬衫案"，指出授权有限地背离自身确立义务的积极规则这一法律功能，是使第 20 条和第 11.2（c）(i) 条成为例外的决定性因素，并且援引了在"美国羊毛衬衫案"中上诉机构提出的两项判断例外的标准：第一，本身非建立义务的积极规则；第二，该条款必须具有授权对一项或多项规定了义务的积极规则有限度背离的功能。① 随后，专家组结合授权条款的措辞和法律功能对授权条款进行了分析。

在这个案件中，专家组指出授权条款的措辞与 GATT1994 第 20 条、第 21 条和第 24 条相似。第 20 条和第 21 条的措辞是"nothing in this Agreement shall be construed to prevent…"，第 24.5 条的措辞是"the provisions of this Agreement shall not prevent…"，而授权条款的措辞是"尽管 (notwithstanding) 有总协定第 1 条的规定，缔约方仍可以……"。这些短语的含义在本质上是相同的，即为背离确立了义务的某些规则提供授权。授权条款的表述虽然稍有不同，但是这并不会使授权条款的性质或法律功能与第 20 条、第 21 条和第 24 条这些例外不同，其实质上都是授权可以不受积极规则的拘束。②

专家组表示，已经被确认属于例外条款的 GATT 第 20 条、第 11.2（c）(i) 条具有相同的性质，它们不要求任何成员方必须实行条款中规定的措施，如保护动植物、人类生命和健康的措施，成员方可以自主选择。如果成员方决定实施此类措施才会受到例外条款中规定的条件的约束。这并不改变此类条款的"非强制性"（non - obligatory nature），这些条件只是"从属性的义务"（subsidiary obligation），取决于成员方是否采取特定措施的决定。与例外条款适用相关的特定条件的存在仅表示该例外是"有限的"（limited），而非绝对的，并且授权对义务的背离与特定条件的满足相联系。③ 专家组进一步表示，授权条款的法律功能是允许成员方背离最惠国待遇原则，

---

① Panel Report, EC - Tariff Preferences, WT/DS246/R, para. 7.35.

② Ibid. , para. 7.36.

③ Ibid. , para. 7.37.

为发展中国家提供特殊与差别待遇。授权条款中并没有包含要求发达成员方提供特殊与差别待遇的法律义务，而仅是一项选择而已。授权条款中的要求表明它是"有限度的授权"（limited authorization）。①

专家组指出，GATT1994 第 20 条、第 21 条、第 24 条以及授权条款作为 GATT 第 1.1 条最惠国待遇原则的例外，均反映出成员方可以追求的"合法目标"（legitimate objectives）。专家组主张，由于某一措施本身可能并非总是明确地表明其特定目标，申诉方很难准确了解它欲实现的目标，因此由申诉方证明该措施违反第 1.1 条的条件即可，无须同时证明该措施亦违反例外条款中的要求。事实上，在本案中欧共体就为其措施援引了不止一个条款中的目标和法律基础，即授权条款和第 20 条（b）项。因此，专家组认为印度只需要证明系争措施违反第 1.1 条，而进一步确立例外条款的违反则不是印度的责任。②

针对授权条款与 GATT 最惠国待遇条款的关系，专家组通过考察条文的通常含义，认为授权条款第 1 段使用的"尽管"（notwithstanding）这一措辞，其作用在于当这两个条款有冲突时，授权条款应该优先于 GATT 第 1 条适用。专家组指出，由于文本并未表明 GATT 第 1.1 条的可适用性会被例外所排除，专家组不能设想这是 WTO 成员方的意图，因此 GATT 第 1.1 条和例外条款的关系不是当适用其中一个条款时，另一个条款的适用就被排除了。③ 通过考察相关的 WTO 案例，专家组认为在适用例外条款时，义务条款与例外条款同时适用于相同的措施，但是在产生冲突的情况下，优先适用例外条款。专家组主张，由于授权条款亦属于例外条款，因此授权条款应该与 GATT 第 1.1 条的规定同时适用，而在发生冲突的范围内授权条款优先适用。④

专家组进而将授权条款与 GATT 第 1.1 条之间的关系，与 SCM 第 27 条与第 3.1（a）条之间的关系，或 SPS 第 3.3 条与第 3.1 条之间的关系加以比较。专家组认为，在后两组关系中，SCM 第 27 条明显排除 SCM 第 3.1（a）条的适用，SPS 第 3.3 条也明显排除 SPS 第 3.1 条的适用。⑤ 相

---

① Panel Report, EC – Tariff Preferences, WT /DS246 /R, para. 7.38.

② Ibid. , para. 7.40.

③ Ibid. , para. 7.44.

④ Ibid. , para. 7.45.

⑤ Ibid. , para. 7.48.

比之下，授权条款与 GATT 第 1.1 条的关系不同。授权条款不排除 GATT 第 1.1 条的适用，只是在两者发生冲突的范围内，授权条款优先适用。这样，专家组主张授权条款与 GATT 第 1.1 条都具有可适用性。不过，当发生冲突时授权条款优先适用而已。①

所以，专家组认定申诉方仅需要主张并且证明被诉方的普惠制（GSP）措施违反 GATT 第 1 条最惠国待遇原则，应该由被诉方援引相应的条款，即授权条款中的规定，并且承担该条款下的证明责任，以使其措施得以正当化。②

（二）上诉机构报告

上诉机构表示，关于授权条款的证明责任分配，应该结合它与 GATT 第 1.1 条的关系确定。③ 上诉机构认为，当一项规定在某些情况下允许本来违反另一项规定的行为，并且这两项规定中的一项提及另一项规定，只有当其中一项规定表明该义务不适用于系争措施，申诉方才承担责任证明该系争措施与允许特定行为的规定不符（如 SPS 第 3.3 条、SCM 第 27.4 条以及 TBT 协定第 2.4 条后段等条款④）。否则，该授权性规定会被定性为一项例外，或抗辩，被诉方负有援引与证明措施符合相关要求的责任。但是，上诉机构同时也表明，这种区分可能并不总是明显或容易适用。⑤

上诉机构进一步指出，授权条款通过使用"尽管"（notwithstanding）的措辞，允许成员方针对发展中国家采取特殊和差别待遇。如果符合授权条款的条件，成员方不必遵守 GATT 第 1.1 条。因此，上诉机构认为，授权条款是 GATT 第 1.1 条的例外。⑥

上诉机构指出，最惠国待遇是 WTO 贸易体制和 GATT 的基石。在授权条款与 GATT 第 1.1 条发生冲突时，授权条款优先于最惠国待遇适用，上诉机构认为，这是因为授权条款作为"更具体的规则"（as the more

---

① Panel Report, EC – Tariff Preferences, WT/DS246/R, para. 7.49.

② Ibid., para. 7.49.

③ AB Report, EC – Tariff Preferences, WT/DS246/AB/R, para. 87.

④ See AB Report, EC – Hormones, WT/DS26/AB/R, WT/DS48/AB/R, 16 Jan. 1998, para. 104; AB Report, Brazil – Aircraft, WT/DS46/AB/R, 20 August, 1999, paras. 139 – 141; AB Report, EC – Sardines, WT/DS231/AB/R, para. 275.

⑤ AB Report, EC – Tariff Preferences, WT/DS246/AB/R, para. 88.

⑥ Ibid., para. 90.

specific rule）优先于 GATT 第 1.1 条适用。为决定两者是否有冲突存在，应该采取两个步骤：第一步，专家组必须审查系争措施是否符合作为一般原则的 GATT 第 1.1 条；如果这项措施被认定不符合 GATT 第 1.1 条，作为第二步，专家组应该审查这项措施是否能够被授权条款正当化。① 上诉机构据此认为，专家组指出授权条款并未排除 GATT 第 1.1 条的"可适用性"没有错误。也就是说，在程序上，这项系争措施先后接受两项规定的相符性的检验。不过，当最终做出决定时，只有一个条款予以适用。②

上诉机构指出，在"美国虾案"适用 GATT 第 20 条（g）项时，上诉机构即意识到环境保护作为国家和国际政策目标的重要性和合法性。第 20 条（g）项作为公认的例外，由被诉方负担证明责任，而这项规定涉及的环保措施是 WTO 协定的序言中提及的一项重要目标。相似地，将授权条款定性为一项例外并不会侵蚀它在 WTO 适用协定的整体框架下以及作为加快发展中国家成员方经济发展的一种"积极努力"的重要性，它也不会削弱发达国家依据授权条款采取利于发展中国家措施的积极性。③

上诉机构进一步指出，一项规定调整的是"贸易措施"还是"非贸易措施"，与这项规定是否属于一项例外的性质认定无关。事实上，在此前的"印度数量限制案"中，上诉机构就曾经裁决 GATT1994 第 18.11 条的但书是一项例外，而第 18.11 条授权成员方为解决收支平衡的困难可以采取数量限制措施。因此，一项规定规范"贸易措施"的实施这一事实，并不必然得出它不构成例外的结论。④

总之，在上诉机构看来，将授权条款定性为一项例外不会减损成员方提供或接受特殊和差别待遇的权利。一项特定规定的地位和相对重要性，并不取决于被定性为一项需要由申诉方证明的主张或是一项应该由被诉方确立的抗辩。适用协定的规定，必须依据"解释国际公法的习惯规则"解释。将授权条款定性为一项例外，不会削弱各成员方在授权条款下的权利，也不会减损其在鼓励向 WTO 发展中成员方提供特殊和差别待遇方面的重要作用。⑤

---

① AB Report, EC – Tariff Preferences, WT/DS246/AB/R, para. 101.

② Ibid., para. 102.

③ Ibid., para. 95.

④ Ibid., para. 97.

⑤ Ibid., para. 98.

上诉机构认为，对于授权条款下的证明责任，尽管适用证明责任分配的一般规则，但是考虑到授权条款在 WTO 体制中的重要作用以及授权条款的内容，应该采取特殊方式来处理。授权条款并不是一项典型的例外或抗辩，它不同于 GATT1994 第 20 条。上诉机构认为，申诉方必须在设立专家组的请求中明确授权条款中哪些义务被违反，并做出支持该诉请的书面陈述；而另一方面，证明被诉措施符合该款的责任依旧归于被诉方。① 上诉机构如此裁决是基于以下几个方面的考虑。

第一，考虑到授权条款为发展中国家提供更优惠的市场准入条件，以及对发展贸易具有的重要作用，它不应该作为典型的例外条款，与 GATT 第 20 条等例外条款不同。② 从授权条款制订的历史和目的来看，成员方被鼓励为追求向发展中国家提供特殊与差别待遇之目标而偏离第 1.1 条。③

第二，由于授权条款在 WTO 体制中的特殊地位对于 WTO 争端解决具有特别的意义。凡是依据授权条款施行的措施必然违反 GATT 第 1 条的规定，但是因为该措施满足授权条款的要求，则免于遵守第 1 条规定的义务。申诉方不得仅主张 GATT 第 1.1 条的违反，如果仅仅如此，申诉方将无法依据 DSU 第 6.2 条，表达足以清楚展示问题的申诉的法律基础。如果申诉方试图主张系争措施在授权条款下无法被正当化，那么其仅宣称该措施违反 GATT1994 第 1.1 条是不够的。④

第三，考虑到授权条款包含广泛的要求，当申诉方主张被诉方的普惠制措施违反授权条款的一项或多项要求时，这些特定规定成为申诉方依据 DSU 第 6.2 条要求的"申诉的法律基础"的重要部分，也因而成为争端的"争议事项"（matter）。因此，一个善意的申诉方不得忽略这些授权条款中的特定规定，必须在成立专家组的要求中，指出这些规定并且通知当事方和第三方案件的性质。申诉方未能指出授权条款中这些规定将给被诉方造成不合理的负担。在申诉方的书面材料中，也必须遵守这种正当程序要求，清楚说明其主张，让专家组和被诉方明白其已经提出的特定主张、了解其范围并且有充分机会回应该主张。⑤

---

① AB Report, EC – Tariff Preferences, WT/DS246/AB/R, para. 118.

② Ibid., para. 106.

③ Ibid., para. 111.

④ Ibid., para. 110.

⑤ Ibid., para. 113.

第四，如果被诉方必须对授权条款负担没有范围限制的证明责任，可能与鼓励成员方对发展中国家提供特殊与差别待遇的目标不符，因此申诉方应当界定被诉方进行抗辩的范围。①

在本案件中，上诉机构裁定，印度必须在设立专家组的请求中明确欧共体反毒品安排违反了授权条款的哪些义务，并且提出支持这项指控的书面陈述。不过，要求印度提出主张，并不意味着印度必须证明反毒品安排与授权条款的规定不符，证明反毒品安排符合授权条款的最终责任归于欧共体。②

可见，上诉机构认可了将授权条款认定为例外条款，不过对授权条款下证明责任的分配采取了非常规的处理，即由申诉方承担主张责任，而由被诉方负担证明责任。这实际上是在坚持证明责任分配一般原则的前提下的一种折衷和调和的立场，是一种充分权衡了 WTO 的目标和宗旨以及各方利益的务实做法。

四　SCM 脚注 59 第 5 句

SCM 脚注 59 第 5 句规定："（e）段无意限制一成员方采取措施避免对其企业或另一成员方企业所获国外来源的收入进行双重征税。"SCM 附录 e 中之政府措施，均被认定属于出口补贴，而其中脚注 59 则规定该规则并非限制政府采取避免双重征税的措施。在"美国外国销售公司（欧共体援引第 21.5 条）案"中，专家组和上诉机构将 SCM 脚注 59 第 5 句认定为例外。

在"美国外国销售公司（欧共体援引第 21.5 条）案"中，在专家组程序中，美国主张，即使《美国外国销售公司域外收入排除法案》涉及以出口为条件的补贴，那么这些补贴将因为 SCM 注释 59 第 5 句而不被禁止。

在这个案件中，专家组认为，美国承担其系争措施属于脚注 59 第 5 句的范围的证明责任。专家组重申，主张一项特定的肯定性诉请或抗辩的一方就该诉请或抗辩负担证明责任。在本案中，美国主张其措施在脚注 59 下"合理"，因此应该由美国承担相应的证明责任。③

---

① AB Report, EC – Tariff Preferences, WT/DS246/AB/R, para. 114.

② Ibid., para. 118.

③ Panel Report, US – FSC (21.5 – EC), WT/DS108/RW, para. 8.90 and footnote 188 thereto.

美国在上诉中主张，专家组程序在证明责任分配上存在错误，本应该由欧共体承担其系争措施不属于 SCM 第 59 条范围的证明责任。因为，脚注 59 的第 5 句不可避免地与第 3.1（a）条相联系，并且旨在界定第 3.1（a）条的范围。①

上诉机构从某一条款是否决定其他条款中义务的适当范围着手，来判断该条款是否为例外规定。上诉机构指出，GATT 第 20 条没有确立关于第 1 条和第 3 条所施加的义务的适当范围。相反，第 20 条规定了成员方有权采取或维持与 GATT1994 的其他规定，如第 1 条和第 3 条，所施加的义务不符的措施。② 通过审查专家组关于脚注 59 第 5 句下证明责任分配的裁定，上诉机构认为，必须判断该规定是否某种程度上决定 SCM 第 3.1（a）条之下义务的适当范围，或是它提供了一个规定的例外，而本来构成一项以出口为条件补贴（export contingent subsidy）。上诉机构认为，脚注 59 第 5 句并没有改变 SCM 第 1.1 条中"补贴"定义的范围，它不仅没有改变出口补贴例示清单第（e）项的范围，也没有改变 SCM 第 3.1（a）条中"以出口实绩……为条件的补贴"这一表述的意思。因此，属于脚注第 59 条第 5 句范围内的措施仍然有可能是出口补贴，尽管其可能仍是 SCM 第 1.1 条下的补贴。③

上诉机构进一步指出，脚注 59 第 5 句授权成员方采取避免对国外来源收入进行双重征税的措施，尽管这些措施可能在原则上是第 3.1（a）条含义内的出口补贴。因此，脚注 59 第 5 句明确规定当一措施旨在避免对国外来源收入进行双重征税时一成员方有权通过该措施，对于适用于第 3.1（a）条下出口补贴的法律制度构成了一项例外。④

上诉机构通过论述脚注 59 第 5 句没有改变第 3.1（a）条的含义或出口补贴例示清单第（e）项的范围，意在强调 SCM 第 3.1（a）条具有可适用性。当系争措施旨在"避免对国外来源收入的双重征税"时，尽管它属于 SCM 第 3.1（a）条下禁止的出口补贴行为，SCM 第 3.1（a）条具有可适用性，脚注 59 第 5 句的规定使这一被禁止的出口补贴具有正当性。

---

② Ibid., para. 127.
③ Ibid., para. 131.
④ Ibid., para. 132.

所以脚注 59 第 5 句属于例外条款，应该由援引该条款的被诉方证明。

五　其他例外条款

（一）GATT1994 第 21 条

GATT1994 第 21 条（"安全例外"）允许缔约方为保护其国家安全利益而采取违背 GATT 原则的措施，如禁止弹药、火器、枪炮、黄色书刊、音像制品的出口和进口等。没有贸易争端涉及该条下证明责任问题。然而，第 21 条作为 GATT1994 规则的例外似乎从来没有受到异议。在"欧共体关税优惠案"中，专家组指出："GATT1994 第 20 条、第 21 条和第 24 条是既已确立的例外。"①

（二）GATT1994 第 11.2（c）(i) 条

GATT1994 第 11.1 条规定，任何缔约方除征收关税、国内税或其他费用外，不得设立或维持配额、进出口许可证或其他措施，以禁止或限制其他缔约方领土的产品的输入，或向其他缔约方领土输出或销售出口产品。第 11.1 条的规定不适用于第 2 款所规定的具体情形：……（c）对任何形式的农渔产品有必要实施的进口限制，如果这种限制是为了贯彻：……(i) 限制相同国产品允许生产或销售的数量，或者，相同国产品若是产量不大，限制能直接代替进口产品的国产品的允许生产或销售数量的政府措施。

在"美国羊毛衬衫案"中，上诉机构指出，一些 GATT 和 WTO 的专家组曾经要求援引一项抗辩的当事方进行这种证明，正如那些援引第 11.2（c）(i) 条，作为对一项违反第 11.1 条义务的诉请的抗辩。第 11.2（c）(i) 条是对 GATT1994 某些其他规定下的义务的有限例外，而不是自身确立义务的积极规则，它们本质上是肯定性抗辩，确立这样一项抗辩的责任归于主张它的一方。②

（三）GATT1994 第 24 条

GATT 第 24 条涉及关税联盟和自由贸易区。在"土耳其纺织品案"中，专家组确认这一例外，而上诉机构对此进行了进一步的理论阐述。

专家组首先指明了 WTO 中已经确立的证明责任规则，即：首先，应

---

① Panel Report, EC – Tariff Preferences, WT/DS246/R, para. 7.37.

② AB Report, US – Wool Shirts and Blouses, WT/DS33/AB/R, pp. 15 – 16.

该由申诉方确立其声称的违反；其次，由援引一项例外或肯定性抗辩的一方证明例外或肯定性抗辩所包含的条件已经得到满足；最后，主张一项事实的一方应该证明该事实。① 因此，专家组裁定应该由印度就土耳其的措施违反 GATT1994 第 11 条和第 13 条以及 ATC 第 2.4 条确立初步证据。土耳其并没有否认数量限制措施的存在，但是依据 GATT1994 第 24 条提出了一项肯定性抗辩，并且承认除了第 24 条外，没有援引任何其他抗辩。在这一背景下，专家组裁定，因为第 24 条是土耳其援引的一项例外，所以应该由土耳其对此负担证明责任。②

上诉机构指出，专家组将分析集中于第 24 条的第 5 (a) 段和第 8 (a) 段，仅顺带提及了第 5 段的序言。而在上诉机构看来，第 5 段的序言才是解决上诉程序中的争议的关键。③ 上诉机构然后通过对第 24 条第 5 段序言的原文和背景进行了细致地分析，④ 得出如下结论，即 GATT 第 24 条可以证明一项违反其他特定 GATT 条款的措施合理。但是，在涉及建立关税同盟的案件中，只有满足两个条件才能成功援引这一"抗辩"。首先，主张这一抗辩的一方必须证明系争措施是在建立关税同盟时实施的，而该关税同盟完全符合第 24 条第 8 (a) 段和第 5 (a) 段的要求。其次，该当事方必须证明如果不允许实施系争措施，这一关税同盟将无法建立。⑤

（四）GATS 第 14 条

GATS 第 14 条作为服务贸易的"一般例外"与 GATT 第 20 条对应，规定只要这类措施的实施不在情况相同的国家间构成武断的或不公正的歧视，或构成对服务贸易的变相限制，则本协定的规定不得解释为阻止任何成员方采取或执行以下措施，包括"保护公共道德或维护公共秩序所必需""保护人类、动物或植物的生命或健康所必需"等 5 项情况。

在"美国博彩案"中，成员方第一次在 WTO 争端中援引 GATS 第 14 条。该案的系争措施是美国为了限制网络赌博而制订的联邦法律和州法律，对跨境提供的网络赌博服务进行了限制甚至禁止，威胁了安提瓜的赌博服务行业。

---

① Panel Report, Turkey – Textiles, WT/DS34/R, para. 9.57.

② Ibid. , para. 9.58.

③ AB Report, Turkey – Textiles, WT/DS34/AB/R, para. 43.

④ Ibid. , paras. 45 – 57.

⑤ Ibid. , para. 58.

在参考了"美国羊毛衬衫案"以及"土耳其纺织品案"中关于证明责任问题的表述后，专家组裁定，在本争端中应该由安提瓜证明系争措施违反 GATS 第 16 条、第 17 条、第 6 条和第 11 条；如果需要的话，应该由美国确立受到质疑的措施符合 GATS 第 14 条。① 而且专家组参照上诉机构在"美国汽油案""美国虾案""韩国牛肉措施案"中关于 GATT 第 20 条（货物贸易一般例外）的论述，确定援引 GATS 第 14 条要求符合两个标准：属于（a）到（e）项所承认的例外之一；满足第 14 条序言的要求。

最终，专家组得出结论认为，美国未证明其措施在第 14 条（a）项和第 14 条（c）项下的合理性，也未能证明其措施符合第 14 条序言的要求。②

需要强调的是，在第 14 条涉及"必需"要求时，上诉机构并非完全将证明责任分配给被诉方。在"美国博彩案"中，上诉机构审查 GATS 第 14 条（a）项的必要性要求时指出：在我们看来，首先不是由被诉方证明不存在实现其目标的合理可用的替代措施。特别是，被诉方不需要全面确定较少贸易限制的替代措施并表明这些措施都不能实现希望达到的目标。③ 而且，如果申诉方提出了一项它认为被诉方本应采取的与 WTO 相符的替代性措施，被诉方则需要证明被建议的替代措施事实上不是合理可用的。④

（五）TRIPS 第 30 条

TRIPS 的宗旨是促进对知识产权在国际贸易范围内更充分、有效的保护，同时减少知识产权保护对国际贸易的扭曲与阻碍，确保知识产权协定的实施及程序不对合法贸易构成壁垒。而 TRIPS 第 30 条"授予专利的例外"规定，各成员方可以对专利所赋予的专有权规定有限的例外，只要这种例外不会不合理地与对专利的正常利用发生冲突，也不会不合理地损害专利所有人的合法利益，并且同时考虑到第三方的合法利益。

在"加拿大药品专利案"中，专家组裁定 TRIPS 第 30 条构成该协定下义务的例外，本案涉及的是《加拿大专利法》第 55 条第 2 款第 1 项和

---

① Panel Report, US – Gambling, WT/DS285/R, paras. 6.11 – 6.14.

② Ibid., paras. 6.443 – 6.608.

③ AB Report, US – Gambling, WT/DS285/AB/R, para. 309.

④ Ibid., para. 311.

第 2 项。① 加拿大认可欧共体关于这两项不符合 TRIPS 第 28.1 条和第 28.2 条的主张，但是认为符合 TRIPS 第 30 条规定的例外。在本案中，专家组认为，欧共体承担提出足以确立一件初步证据案件的证据和论证的责任，即加拿大违反了 TRIPS 第 27.1 条、第 28.1 条和第 33 条。随后，由加拿大提出足够的论证和证据反驳这一初步证据案件。专家组认为，实际上加拿大已经承认其违反了第 28 条，因为在本案中其求助了 TRIPS 第 30 条的例外，以使其违反 WTO 的措施获得正当化。由于第 30 条是 TRIPS 规定的义务的一项例外，因此将由被诉方加拿大证明第 55.2（1）条和第 55.2（2）条的规定符合第 30 条中列明的标准。②

（六）GATT1994 第 15 条

在"多米尼加香烟案"中，系争措施是多米尼加对香烟进口和销售采取进口收费和其他措施；争议涉及的产品是从洪都拉斯进口的香烟，以及受到过渡性收费和外汇费影响的所有进口成品。洪都拉斯认为，多米尼加的措施违反了 GATT1994 第 2.1（b）条、第 3.2 条、第 3.4 条、第 10.1 条、第 10.3（a）条、第 11.1 条和第 15.4 条。

各争端方都同意将第 15 条"外汇安排"作为一项肯定性抗辩，专家组也认可这一定性，并且指出，这意味着第 15 条可以作为违反 GATT1994 其他规定的正当理由。③ 因此，在这个案件中，多米尼加承担责任证明：第一，外汇费措施是第 15.9（a）条意义上的"外汇控制或外汇限制"；第二，根据第 15.9（a）条，④ 该措施与国际货币基金组织的协定条款相符。⑤

在这个案件中，专家组基于双方对第 15 条性质的共识而认定第 15 条

---

① 其中第 1 项规定："任何人仅为开发和提交加拿大、加拿大各省或加拿大以外的国家法律要求的信息而制造、使用或销售专利发明，不构成侵权"（"法规审查例外"）；第 2 项规定："任何人为在专利到期日后的销售而制造、储藏根据上述第 1 项制造使用专利发明，不构成侵权"（"储藏例外"）。

② Panel Report, Canada – Pharmaceutical Products, WT/DS114/R, 7 Apr. 2000, para. 7.16.

③ Panel Report, Dominican Republic – Cigarettes, WT/DS302/R, para. 7.107.

④ GATT 第 15.9 条规定："本协定不得妨碍：（a）一缔约方依照《国际货币基金组织协定》或该缔约方与缔约方全体订立的特殊外汇协定，使用外汇管制或外汇限制，或（b）一缔约方对进出口实行的限制或管制，除第 11 条、第 12 条、第 13 条和第 14 条所允许的作用之外，其唯一作用是使此类外汇管制或外汇限制有效。"

⑤ Panel Report, Dominican Republic – Cigarettes, WT/DS302/R, para. 7.131.

属于肯定性抗辩，进而将证明责任分配给了被诉方，并且没有提供详细的解释。

第二节　认定为排除性规定的 WTO 条款：申诉方负证明责任

在 WTO 争端解决实践中，专家组和上诉机构也先后认定了一些"排除性规定"，包括 ATC 第 6 条、SPS 第 3.3 条、TBT 第 2.4 条、SCM 第 27.4 条、《农业协定》第 13 条、GATT 第 2.2 条、SPS 第 5.7 条等。

一　ATC 第 6 条

ATC 第 2.4 条规定："除非（except）根据本协定的规定或相关的 GATT1994 的规定，不得对新的产品或成员方提出限制。"而根据 ATC 第 6.2 条规定，当特定情况出现，可以根据该条实施保障措施。关于 ATC 第 6 条是否构成 ATC 第 2.4 条的例外，在"美国羊毛衬衫案"中，专家组尤其是上诉机构进行了详细的阐述。

在"美国羊毛衬衫案"中，专家组认定，应该由申诉方印度证明美国的限制措施未遵守 ATC 第 2.4 条和第 6 条规定，当印度确立了初步证据案件后，由美国证明在其做出决定时遵守了 ATC 第 6 条的要求。① 专家组最终裁定，在本案中印度履行了相应的证明责任，当提供证据的责任转移到美国，美国未能有效反驳，因此美国的保障措施违反了 ATC 第 2 条和第 6 条的规定。②

上诉机构认可了专家组对证明责任的分配，认为在这方面专家组不存在法律错误。在本案中，应该由申诉方印度承担美国违反了 ATC 第 6 条的证明责任。

上诉机构首先认可印度关于证明责任的主张，即援引例外的当事方必须证明该规则中要求的条件得到满足是 GATT 的习惯做法，如 GATT 第 20 条、第 11.2（c）（i）条，它们是 GATT1994 其他某些规定中义务的有限例外，本身不是确立义务的积极规则，它们的性质属于肯定性抗辩，证明

---

① Paras. 7. 12 and 6. 7 in the "Interim Review".

② Panel Report, US – Wool Shirts and Blouses, WT/DS33/R, para. 8. 1.

这样的抗辩的责任归于提出该主张的当事方。①

不过，上诉机构否认 ATC 第 6 条属于例外，认为从条文本身看，ATC 是一个过渡性安排，将在纺织品与服装贸易经过充分谈判达成多边贸易体制时终结，ATC 第 6 条是这个过渡性安排的一个不可或缺的部分。并且提及"美国内衣案"中上诉机构关于 ATC 第 6 条第 10 款的观点，即 ATC 第 6 条的用语经过认真谈判，反映了成员方权利义务的同等谨慎的平衡。上诉机构强调，这种平衡必须得到尊重。②

上诉机构进一步指出，"ATC 第 6 条规定的过渡性保障机制是过渡时期 WTO 成员方在 ATC 框架下关于未被一体化的纺织品与服装的权利与义务的根本部分"，不构成有限例外，主张其他成员方违反该规定的当事方应当进行证明。③

可见，专家组和上诉机构在判断 ATC 第 6 条和第 2.4 条的关系时，并非依据"除非"（exept）这样的措辞而认定 ATC 第 6 条是第 2.4 条的例外，而是从 ATC 第 6 条的立法目的来判断两者实质上的关系，即它并不是用来对违反第 2.4 条行为的正当化，而是 WTO 成员方经过认真谈判而授予当事方的权利。

二　SPS 第 3.3 条

SPS 第 3.1 条规定，除非符合本协定其他条款，尤其是第 3.3 条的规定，在有国际标准的情况下，其卫生和植物检疫措施应当符合国际标准。第 3.3 条同时规定了成员方如果设定的卫生和植物检疫保护标准高于相关国际标准时所应当符合的要件。

（一）专家组报告

在"欧共体荷尔蒙案"中，专家组认为，SPS 的目的之一，正如前言中明确认可的那样，是促进国际标准、指南和建议的使用，其第 3.1 条施加义务给成员方基于国际标准确定卫生检疫措施，而第 3.3 条规定了第 3.1 条体现的一般义务的例外。因此，申诉方一旦证明了在系争措施方面

---

①　AB Report, US – Wool Shirts and Blouses, WT/DS33/AB/R, pp. 15 – 16.

②　Ibid., p. 16.

③　AB Report, US – Wool Shirts and Blouses, WT/DS33/AB/R and Corr. 1, 23 May, 1997, p. 16.

存在国际标准而且系争措施并非基于该标准的初步证据案件，第3.3条的证明责任转移到被诉方。① 具体的理由有以下几点。

首先，SPS第3.3条下的证明责任应该分配给实施一项卫生检疫措施的成员方，从SPS的许多规定的措辞，如第2.2条、第2.3条、第5.1条和第5.6条（"成员方应当确保"）可以得出这一结论。② 其次，第5.8条③的措辞进一步表明证明责任应该分配给实施卫生措施的当事方。④ 最后，第3.2条同样支持证明责任分配给实施卫生措施的成员方。第3.2条包含了一个推定，即推定符合国际标准、指南或建议的卫生措施符合SPS。⑤ 从这一推定出发，专家组引申出另外一个结论，即如果一个措施不符合国际标准，原则上采取该措施的成员方必须负担证明责任证明该措施符合第3.3条。⑥

（二）上诉机构报告

上诉机构推翻了专家组报告中关于证明责任分配的结论，并且针对专家组的说理进行了逐一地反驳。

首先，指出"应当确保"SPS措施仅在保护人类、动物或植物生命或健康的必要程度内适用的义务与证明责任分配之间没有任何逻辑的或其他的联系。其次，SPS第5.8条并不试图解决证明责任问题，并不处理争端解决中的情形。相反，试图在第5.8条下行使其权利以获得信息的成员方

---

① Panel Report, EC - Hormones (US), WT/DS26/R/USA, paras. 8.86 - 8.87; Panel Report, EC - Hormones (Canada), WT/DS48/R/CAN, paras. 8.89 - 8.90.

② Ibid., para. 8.52; Panel Report, EC - Hormones (Canada), WT/DS48/R/CAN, para. 8.55.

③ SPS第5.8条规定："如一成员方有理由认为另一成员方采用或维持的特定卫生或植物卫生措施正在限制或可能限制其产品出口，且该措施不是根据有关国际标准、指南或建议制定的，或不存在此类标准、指南或建议，则可请求说明此类卫生与植物卫生措施的理由，维持该措施的成员方应提供此种说明。"

④ Panel Report, EC - Hormones (US), WT/DS26/R/USA, para. 8.53; Panel Report, EC - Hormones (Canada), WT/DS48/R/CAN, para. 8.56.

⑤ 第3.2条规定："符合国际标准、指南或建议的卫生或植物卫生措施应被视为为保护人类、动物或植物的生命或健康所必需的措施，并被视为与本协定和GATT1994的有关规定相一致。"

⑥ Panel Report, EC - Hormones (US), WT/DS26/R/USA, para. 8.54; Panel Report, EC - Hormones (Canada), WT/DS48/R/CAN, para. 8.57.

极有可能是处在一种争端发生前的情形中，并且其所收到的信息或解释将极有可能使该成员方进入争端解决程序，承担在初步证据的基础上证明涉及的措施违反 SPS 的责任。最后，专家组创造的逆向推定是错误的。在第3.2 条下产生的关于符合国际标准的措施与 SPS 相关规定相符的推定，完全可以被视为用来激励成员方使其 SPS 措施符合这些标准。然而，成员方决定在实施措施时不遵守国际标准，并不能因此使其必须承担特殊的证明责任，这实际上是一种惩罚。① 对于该逆向推定，上诉机构认为并不能发现存在任何依据。②

上诉机构进一步对 SPS 第3.1 条和第3.3 条的关系进行分析，否定专家组的观点："SPS 第3.1 条在适用范围上简单排除了协定第3.3 条所涉及的那种情况，这种情况就是当成员方计划一个比基于国际标准的措施更高的卫生保护水平。第3.3 条承认成员方确立这样较高保护水平的自治权，如果该成员方在指定卫生和植物检疫措施以达到该水平时遵守某些要求。"③ 上诉机构进一步强调，成员方在第3.3 条下决定自己适当卫生保护水平的权利是一项重要权利，而且在 SPS 前言第6 段已经被清楚地表明。④

上诉机构提及"美国羊毛衬衫案"中的裁决，认为应当考察分析申诉方美国和加拿大是否提供了足以表明欧共体的措施违反了其在 SPS 条款下（第3.1 条、第3.3 条、第5.1 条和第5.5 条）所承担的义务。只有当专家组做出这种初步证据案件决定后，责任才转移到欧共体的身上，由欧共体提出证据和主张去反驳申诉方的诉请。⑤

上诉机构在判断 SPS 第3.3 条的性质时，否定了依据 SPS 规定的措辞，如"成员方应当确保"，作为判断标准，而实际上从条文的实质内容、立法目的来做判断，强调成员方确定高于国际标准的卫生保护标准是其一项自治权。另外，需要注意的是，上诉机构的说理也暗示应该从条款的适用范围来判断证明责任的分配。它认为，SPS 第3.1 条在适用范围上简单排除了第3.3 条所涉及的情况，而不存在以下情况，即两个规定对于

---

① AB Report, EC – Hormones, WT/DS26/AB/R, WT/DS48/AB/R, para. 102.

② Ibid. , para. 105.

③ Ibid. , para. 104.

④ Ibid. , paras. 170 – 172.

⑤ Ibid. , para. 109.

系争措施都具有可适用性，只是当存在冲突时其中一个规定优先适用。

可见，上诉机构在认定 SPS 第 3.3 条的性质时，强调第 3.3 条规定了当事方的权利，并且认定了第 3.3 条和第 3.1 条有不同的适用范围，从而得出第 3.3 条属于排除性规定。在"欧共体优惠措施案"中，专家组也认可了成员方采取高于国际标准的卫生保护措施时，第 3.1 条根本不适用。[①]

三 TBT 第 2.4 条

在"欧共体沙丁鱼案"中，专家组认为，被诉方欧盟应当承担 TBT 第 2.4 条第二部分的证明责任。其理由如下：

其一，依据既已确立的证明责任分配原则，由申诉方证明其提出的主张，援引例外的当事方证明例外或肯定性抗辩包含的条件得到满足。在本案中，将该原则适用于 TBT 第 2.4 条，这意味着秘鲁作为申诉方通过证明相关国际标准的存在，以及该标准未被用作技术规范的基础，承担确立初步证据案件的责任。然后，由欧共体反驳秘鲁的主张。[②]

专家组注意到，欧共体主张国际食品法典委员会《沙丁鱼和沙丁鱼类制品罐头标准》（Codex Stan 94）对于实现欧盟法规所追求的正当目标不起作用或不适合。依据上诉机构在"美国羊毛衬衫案"中提出的肯定性诉请或抗辩的当事方负担证明责任的原则，应由欧共体证明国际标准为实现欧盟法规所追求的正当目标是无效或不适合的方式。[③]

尽管专家组提及上诉机构在"欧共体荷尔蒙案"中关于 SPS 第 3.3 条证明责任的裁决，但认为这一裁决对 TBT 第 2.4 条第二部分的证明责任分配不具有直接的影响。[④]

其二，专家组考虑到，申诉方在确立初步证据案件时，可能不便（may not be in a position to）判定被诉方追求的正当目标是什么以及依据被诉方的条件什么因素会使国际标准不适当。只有被诉方能够说明其技术法规的正当目的。[⑤]

---

① Panel Report, EC – Tariff Preferences, WT /DS246 /R, para. 7.50.

② Panel Report, EC – Sardines, WT/DS231/R, para. 7.50.

③ Ibid.

④ Ibid., para. 7.50, footnote 70.

⑤ Ibid., para. 7.51.

上诉机构推翻了专家组对 TBT 第 2.4 条第二部分的证明责任分配。

首先，上诉机构否定了专家组提出的上诉机构在"欧共体荷尔蒙案"中的裁决对 TBT 第 2.4 条第二部分的证明责任分配不具有直接影响的说法，认为专家组对这一结论没有提供解释，且专家组实际上也提不出任何合理的解释。

上诉机构指出，由于极强的概念相似性，"欧共体荷尔蒙案"中上诉机构的说理在本案中同样适合。① 与 SCM 第 3.1 条和第 3.3 条的关系相似，TBT 第 2.4 条的第一部分和第二部分也不存在一般规则与例外的关系。TBT 第 2.4 条第二部分设想的情况被第一部分排除于适用范围之外。② 因此，申诉方不仅应承担第 2.4 条第一部分的证明责任，也应承担第 2.4 条第二部分的证明责任。专家组忽略上诉机构在"欧共体荷尔蒙案"中的裁定，构成推翻专家组裁定的重要理由。

其次，上诉机构认为专家组上述第二个理由，即申诉方没有依据 TBT 第 2.4 条第二部分证明国际标准是无效或不适当的能力，没有说服力。因为，申诉方有渠道获知技术法规的目标或是与适当性评估有关的特定考虑因素。这些渠道包括 TBT 第 2.5 条的机制，TBT 第 10.1 条规定的询问点（enquiry point），以及在专家组成立之前进行的磋商程序。③

可见，上诉机构在认定 TBT 第 2.4 条法律性质时，基于与 SPS 第 3.3 条相同的理由认定了它属于排除性规定。

四 SCM 第 27.4 条

在"巴西飞机案"中，加拿大认为，SCM 第 27.4 条是 SCM 第 3 条的例外。而专家组认为，根据第 27.2（b）条文本的通常含义，显然属于该条所界定范围的发展中国家（在加入 WTO 协定之日起 8 年内）在遵守第 27.4 条规定的情况下不属于第 3.1（a）条禁止性规定的适用范围。④ SCM 第 27.2 条、第 27.4 条和 SCM 第 3.1（a）条的关系，与 GATT 第 20 条和第 1 条或第 3 条的关系有质的不同。SCM 第 27.2（b）条排除了满足

---

① AB Report, EC – Sardines, WT/DS231/AB/R, para. 274.

② Ibid. , para. 275.

③ Ibid. , paras. 277 – 280.

④ Panel Report, Brail – Aircraft, WT/DS46 /R, para. 7.50.

特定条件的发展中国家适用于 3.1（a）条，而且 SCM 第 27.4 条确实规定了一些义务，即"在 8 年内最好以渐进的方式逐步结束出口补贴"，"不提高出口补贴的水平"，并且"当使用出口补贴与其发展需要不符合时在短于 8 年的时间内消除出口补贴"。①在专家组看来，除非符合第 27.2（b）条界定的发展中国家违反第 27.4 条规定的条件得以证明，否则不存在违反第 3.1（a）条的问题。②因此，应该由加拿大承担巴西没有遵守 SCM 第 27.4 条所规定条件的证明责任。

上诉机构重申了专家组的上述立场，并且进行了补充论证，认为"关于第 3.1（a）条款中出口补贴的适用问题，SCM 第 27.2 条与第 27.4 条之规定包含了针对发展中国家经仔细协商的权利与义务的平衡"，因此，"当发展中国家遵守了第 27.4 条的规定，在过渡期内不得对其提出违反第 3.1（a）条的申诉，因为第 3 条出口补贴禁止不适用于发展中成员方。"③第 27 条试图为发展中国家在某些特定的条件下提供特殊与差别待遇，也规定了发展中国家在过渡期内如果打算受益于特殊与差别待遇就必须履行的一些义务。结合第 27.2（b）条和第 27.4 条，可以清楚地发现第 27.4 条规定的条件属于发展中国家的积极义务，而非肯定性抗辩。如果发展中国家成员方遵守第 27.4 条的规定，第 3.1（a）条简单地不适用。但是，如果发展中国家没有遵守那些义务，第 3.1（a）条予以适用。④

因此，上诉机构支持专家组关于证明责任分配的立场以及相关条款的审查顺序，认为申诉方主张发展中国家违反 SCM 第 3.1 条之前，必须先主张及证明被诉方至少违反 SCM 第 27 条规定的一个要素，仅当证明了这种违反的存在，第 3.1 条的禁止性规定才适用于发展中成员方。⑤

五　《农业协定》第 13 条

在"美国陆地棉案"中，被诉方美国主张巴西关于 SCM 和 GATT 第 16 条下所受到的不利影响和严重损害的主张不能成立，除非专家组"认

---

①　Panel Report, Brail – Aircraft, WT/DS46/R, para. 7.55.

②　Ibid., para. 7.56.

③　Ibid., para. 139.

④　Ibid., para. 140.

⑤　Ibid., para. 141.

定美国对陆地棉的支持措施不符合《农业协定》第 13 条"。① 申诉方巴西则要求专家组确认《农业协定》第 13 条在性质上属于肯定性抗辩，因为美国有责任证明其措施符合第 13 条的规定，原因如下：第一，第 13 条没有改变规定了成员方积极义务的其他规定的适用范围。第二，第 13 条本身没有规定积极义务。第三，第 13 条不改变成员方补贴措施的法律性质，而仅仅允许成员方维持这些措施，而且如果它们遵守其中规定的条件，免于追究责任。② 专家组并不认为《农业协定》第 13 条属于例外。

通过考察《农业协定》第 13 条，专家组确定《农业协定》第 13 条不包含积极义务，而是规定了一些条件，根据这些条件对于农业产品的某些国内支持措施和出口补贴可以享受保护。③ 不满足这些条件的措施也并不必然违反 GATT 第 16 条和 SCM。成员方在整个执行期可以选择，是否满足第 13（b）（ii）和（iii）条规定的补充条件并且受益于它所提供的保护，或者是否遵守 SCM 和 GATT 第 16 条的义务，或者两者都选择。补充条件也不是义务。④

专家组继续分析了 SCM 第 5 条和第 6 条，并且注意到这两个条文的表述表明在为第 13 条设定的执行期间，关于可诉补贴的义务不适用于符合《农业协定》第 13 条条件的农业产品的补贴，专家组在此基础上认为，"因此第 13 条中条件的满足是一个义务范围的问题，它使得申诉方负有提供足够证据以确立一项国内支持措施不能满足那些条件的推定的初始责任。"⑤

专家组指出，SCM 第 3.1 条规定了禁止某些补贴，除非农业协定中另有规定。这并不表明《农业协定》另外规定的出口补贴必然会属于第 3.1 条中基本义务的适用范围，因为它涉及作为一个整体的《农业协定》，包括第 13（c）条。第 13 条（b）和（c）段的平行结构表明起草者试图使它们以相同的方式运行。考虑到第 13（b）条明确地影响 SCM 第 5 条和第 6 条的义务范围，第 13（c）条似乎也意在影响 SCM 第 3.1 条相关义务

---

① Panel Report, US – Upland Cotton, WT/DS267/R, para. 7.287.

② Ibid., para. 7.265.

③ Ibid., para. 7.274.

④ Ibid., para. 7.274.

⑤ Ibid., para. 7.276.

的适用范围。① 专家组也反对第 13 条中使用"但是"（notwithstanding）和
"免除"（exempt）的措辞一定表示第 13 条是个例外。②

专家组提及巴西援引了"美国外国销售公司（援引 DSU 第 21.5 条）
案"，在这个案件中，上诉机构认定 SCM 脚注 59 第 5 句因为没有改变义
务的适用范围，因而构成例外。而在本案中，SCM 第 3.1 条、第 5 条和第
6.9 条"通过援引第 13 条改变了被禁止和可诉的补贴义务的范围"，因
此，专家组的结论为第 13 条不是肯定性抗辩。③

在这个案件中，专家组对于巴西援引"巴西飞机案"中上诉机构报
告也进行了回应。上诉机构认为，SCM 第 27.4 条包含了积极义务，不构
成肯定性抗辩，由于如果发展中国家成员方在过渡期适用该条规定，则第
3.1（a）条不适用。虽然，专家组不认为《农业协定》第 13 条中的条件
属于积极义务，但是它在一定程度上界定了积极义务的适用范围。如果国
内支持措施和出口补贴符合这些条件，SCM 第 3.1（a）条、第 5 条和第 6
条将不适用。因此，第 13 条提及的那些条件不构成肯定性抗辩。④

六　GATT 第 2.2 条

在"印度附加进口关税案"中，美国作为申诉方主张印度施加的税
收构成了 GATT 第 2.1 条 b 项中的普通关税（ordinary customs duties）或者
与进口有关的海关税收（ODCS），并且认为印度施加了超过"WTO 减让
表"规定的进口税。⑤ 印度以 GATT 第 2.2 条 a 项进行抗辩，认为系争措
施属于该条规定下的费用，不受 GATT 第 2.1 条 b 项的约束。⑥

尽管 GATT 第 2.2 条包含了"nothing in this article shall prevent…"的
措辞，专家组仍然求证了 GATT 第 2.2 条提及的费用被排除在 GATT 第
2.1 条 b 项的适用范围之外。专家组认为，GATT 第 2.2 条 a 项涉及的进
口费用具有与普通关税和 ODCS 不同的性质，⑦ 主要区别在于是否具有固

---

① Panel Report, US – Upland Cotton, WT/DS267/R, para. 7.277.

② Ibid., para. 7.279.

③ Ibid., para. 7.282.

④ Ibid., para. 7.283.

⑤ Panel Report, India – Additional Import Duties, WT/DS360/R, paras. 7.116 – 7.120.

⑥ Ibid., paras. 7.121 – 7.124.

⑦ Ibid., para. 7.141.

有的对进口的歧视和损害。① 基于不同的性质，专家组得出的结论是，没有理由使第 2.2 条的进口费用受约束于第 2.1 条 b 项，② 这意味着第 2.2 条并未对第 2.1 条 b 项包含的积极义务设立例外。专家组随后指出，它不认为类似于 "nothing in this Article shall prevent…" 之类的表述总是或必然引出一个像 GATT 第 20 条那样的例外。③ 最终专家组裁定，由于 GATT 第 2.2 条不是一项肯定性抗辩，美国负有责任证明系争措施不属于 GATT 第 2.2 条 a 项的范围。④

上诉机构并不认同专家组对第 2.1 条 b 项和第 2.2 条 a 项关系的解释，认为第 2.2 条清楚地表明第 2.1 条 b 项不能阻止成员方对进口货物施加第 2.2 条 a 项至 c 项的税费。⑤ 在分配证明责任时，上诉机构并没有提及例外和排除性规定的区别，但是仍然要求美国证明被诉方印度的措施在第 2.2 条 a 项下不具正当性。也就是说，第 2.2 条 a 项并未被上诉机构认定为例外条款。⑥

七　SPS 第 5.7 条

SPS 第 2.2 条规定，一项措施仅仅应该在保护人类、动植物生命和健康的必要范围内实施，基于科学原则，并且在未有充分科学证据的情况下不得维持，除非第 5.7 条另有规定。虽然第 5.1 条未提到第 5.7 条，但是，很明显后者允许采取与第 5.1 条不符的措施。在 SPS 中，第 5.7 条是否应该看作第 2.2 条、第 5.1 条的例外或肯定性抗辩？WTO 争端解决中存在不同的实践。

在 "日本影响农产品措施案" 中，专家组将第 5.7 条视为一般规则，将证明责任分配给申诉方。⑦ 在 "日本苹果案" 中，专家组持不同的观点，并且指出证明责任归被诉方，由它援引第 5.7 条并确立初步证据案件

---

① Panel Report, India – Additional Import Duties, WT/DS360/R, paras. 7. 130, 7. 133, 7. 136, 7. 137.

② Ibid. , para. 7. 137.

③ Ibid. , para. 7. 148.

④ Ibid. , para. 7. 160.

⑤ AB Report, India – Additional Import Duties, WT/DS360/AB/R, para. 153.

⑥ Ibid. , paras. 192, 195.

⑦ Panel Report, Japan – Agricultural Products II, WT/DS76//R, para. 8. 58.

以支持其主张。① 在该案的上诉阶段，上诉机构注意到专家组在这一问题上的证明责任分配，并且指出这个问题没有被提出上诉。② 不过，此后的"欧共体生物技术产品批准与销售案"的专家组不赞成"日本苹果案"的专家组立场，并且认为该案中上诉机构的陈述是对专家组立场的保留，③同时比较了 SPS 第5.7条和第2.2条以及 SPS 第3.3条和3.1条这两组关系，提及第2.2条和第3.1条在文本上的相似性。④

可见，不同案件中专家组对 SPS 第5.7条的性质持不同立场。有学者认为，第5.7条应当作为例外看待，因为 SPS 强烈关注科学上的正当理由，第5.7条的措施应当在特别情况下采取。如果允许第5.7条有比较广泛的应用，会严重削弱第5.1条和第2.2条。⑤ 但是，第5.7条规定的临时措施非常重要，即使缺乏充分的证据，成员方也应当享有这一权利以保障本国或本地区的公民免受暂时不明的健康危险。该条涉及的是临时措施，而第2.2条、第5.1条是对一般检验检疫措施的规制，不适用临时措施，即两者适用范围不同。所以，第5.7条与第2.2条、第5.1条的关系类似于第3.3条和第3.1条的关系，它实际上不是例外。

第三节 WTO 争端解决中证明责任分配标准的适用

关于证明责任分配，WTO 专家组和上诉机构的司法实践发展出的基本原则是：如果成员方违反了关于 WTO 义务的一般规则，其他成员方可以提出申诉，这样，申诉方要负担证明责任；如果前者提出消极抗辩，否认存在违反 WTO 一般规则的措施，则不需要负担证明责任，而如果它提出肯定性抗辩，即在承认存在该违法行为的基础上，援引例外主张免责，那么为此被诉方应当承担相应的证明责任。

在 WTO 争端解决实践中，肯定性抗辩和排除性规定有时难以区分。

---

① Panel Report, Japan – apples, WT/DS245/R, para. 8. 212.

② AB Report, Japan – Apples, WT/DS245/AB/R, para. 175, footnote 316.

③ Panel Report, EC – Approval and Marketing of Biotech Products, WT/DS291/R, WT/DS292/R, WT/DS293/R, para. 7. 2979.

④ Ibid. , para. 7. 2967.

⑤ Joachim Ahman, Trade, Health, and the Burden of Proof in WTO Law, Kluwer Law International, 2012, p. 277.

以下针对 WTO 专家组和上诉机构的报告所采用的标准与方法的合理性进行分析，总结其得与失。

一　"例外"用语与条款属性认定

WTO 协定中一些规定包含着某些措辞似乎表明了起草者已经创设了某项允许成员方背离一般规则的特殊规则。比如，GATT 第 20 条及 GATS 第 14 条规定："本协定的任何规定不得解释为阻止任何成员方采取或实施以下措施。"

尽管专家组和上诉机构在解释 WTO 协定时，通常把相关词语的通常含义（ordinary meaning）作为重要的标准，一些案件也的确将这种文义解释作为判断 WTO 协定条款的"例外"性质的主要方法之一，如在"欧共体关税优惠案"中，专家组指出，授权条款的措辞与 GATT1994 第 20 条、第 21 条和第 24 条相似。这些短语的含义在本质上是相同的，即为背离那些确立了义务的规则提供授权。①

不过，在大多数情况下，WTO 争端解决实践并非依据某一条款中的"例外"用语来判断它是否构成例外或肯定性抗辩。比如，上诉机构在"美国羊毛衫案"中指出，虽然带有例外文字（"除非"）的条款，但是其本身建立起义务的积极规则，其性质则不属于肯定性抗辩。②

专家组和上诉机构在后来的"巴西飞机案"中，分析了 SCM 第 27 条第 2 款中"不得适用于"（shall not apply）一词的通常含义，并且指出符合该规定的发展中国家不属于 SCM 第 3.1（a）条的适用范围，该条不是例外，而是一项排除另外规定的规定，申诉方应当负担证明责任。③

在"欧共体荷尔蒙案"中，专家组认为，SPS 第 3.1 条确立了一般义务，但是第 3.1 条规定了"except as otherwise provided for in Agreement, and in particular Article3.3"，第 3.1 条的措辞结合第 3.3 条的规定，表明第 3.3 条是一个例外，应当由被诉方证明。不过，上诉机构认为，申诉方必须确立初步证据案件的一般规则不因为仅仅将一个规定描述成例外而改

---

① Panel Report, EC – Tariff Preferences, WT /DS246 /R, para. 7. 36.

② AB Report, US – Wool Shirts and Blouses, WT/DS33/AB/R, pp. 15 – 16.

③ Panel Report, Brazil – Aircraft, WT /DS46 /R, paras. 7. 50, 7. 54.

变。① 在"美国外国销售公司（欧共体援引第 21.5 条）案"中，上诉机构报告再次提及"欧共体荷尔蒙案"中上诉机构的这一论述。②

　　在"美国陆地棉案"中，专家组在认定《农业协定》第 13 条时，反对将"但是"之类的措辞作为认定例外的标准。在"欧共体关税优惠案"中，上诉机构也反对依据"尽管"之类的表述来认定授权条款性质。这些案件表明，依据"例外"措辞作为 WTO 协定条款的判断标准并没有被 WTO 争端解决实践所接受。

　　WTO 条款的性质的认定也涉及对其他措辞或表述的分析。在"欧共体荷尔蒙案"和"美国羊毛衬衫案"中，专家组和上诉机构谈及某些规定中的强制性措辞，如"成员方必须确保"（members shall ensure that）是否对证明责任的分配产生影响。③ 专家组在"欧共体荷尔蒙案"中，依据 SPS 一些规定中的强制性措辞分配证明责任，而上诉机构推翻了专家组的立场。④ 可见，这些措辞也没有成为认定条款性质的一般标准。

　　显然，肯定性抗辩作为基本义务条款的例外，应当严格解释，所以才不能仅仅因为"例外"之措辞就将其作为例外界定。条约的例外应当严格解释，这应当是在例外认定时的一个基本出发点。

　　在"美国羊毛衬衫案"中，上诉机构提及 GATT 第 20 条等例外，指出这些条款是对 GATT1994 其他规定下义务的有限背离。⑤ 在"加拿大药品专利案"中，专家组指出："'例外'一词自身意味着有限的背离，它不会破坏它所对应的规则整体。"⑥ 不过，上诉机构在"欧共体荷尔蒙案"中的论断似乎表明上诉机构不认同对例外进行狭义解释，⑦ 但是实际上上

---

　　① AB Report, EC－Hormones, WT/DS26/AB/R, WT/DS48/AB/R, para. 104.

　　② AB Report, US－FSC（21.5－EC）, WT/DS108/AB/RW, para. 127.

　　③ Panel Report, EC－Hormones（canada）, WT/DS48 /R /CAN, para. 8.55；AB Report, EC－Hormones, WT/DS26/AB/R, WT/DS48/AB/R, para. 102, Panel Report, US－Wool Shirts and Blouses, WT/DS33/R, paras. 5.2, 7.2.

　　④ AB Report, EC－Hormones, WT/DS26/AB/R, WT/DS48/AB/R, para. 102.

　　⑤ AB Report, US－Wool Shirts and Blouses, WT/DS33/AB/R and Corr. 1, p. 16.

　　⑥ Panel Report, Canada－Pharmaceutical Patents, WT/DS114/ R, para. 7.30.

　　⑦ 这段英文原文是："merely characterizing a treaty provision as an 'exception' does not by itself justify a 'stricter' or 'narrower' interpretation of that provision than would be warranted by examination of the ordinary meaning of the actual treaty words, viewed in context and in the light of the treaty's object and purpose, or, in other words, by applying the normal rules of treaty interpretation."

诉机构指出，WTO 协定的规定不能因为被描述为例外从而进行严格的解释。上诉机构的本意是不能依据"例外"之用语，而将其认定为例外或肯定性抗辩，而是应当按条约解释的一般规则解释。

二　条款的适用范围与属性认定

在许多案件中，条款中的措辞在认定条款性质时被专家组或上诉机构作为分析对象，原因在于"一般规则—例外"关系的认定无法完全摆脱条款的用语。WTO 协定中条款用语的通常含义在实践中比较受重视，即使不能被用于认定"一般规则—例外"关系，但是有些措辞或用语可以帮助裁判者确定 WTO 条款的适用范围或适用顺序，从而将该条款认定为排除性规定。

在"美国外国销售公司（欧共体援引第21.5条）案"以及"欧共体关税优惠案"中，适用范围或适用顺序成为排除性规定的判断标准。该标准是，争议条款是否决定一般规则的适用范围。① 如果是，该条款属于排除性规定，排除一般规则之适用，排除性规定中义务的违反，应由申诉方举证，例如 SPS 第3.3条和 SCM 第27条。

而例外条款，如 GATT 第20条则不同。上诉机构认为，由于例外条款并不决定一般规则的适用范围，该一般规则始终具有可适用性。然而在例外条款与一般规则冲突的范围内，例外条款应优先适用。此时，一般规则虽然具有可适用性，但最终不实际适用，一次仅能适用一种条款。② 为了说明排除性规定与例外条款的不同，上诉机构与专家组指出一般规则不适用于排除性规定调整的措施，两者不发生重叠。既然被诉措施属于排除性规定调整的措施，申诉方自然应当主张排除性规定下的义务被违反，并负担证明责任。总之，一般规则与排除性规定的关系被视为择一适用的关系，并不发生规范之间的冲突。

上诉机构在后来的一些案件中，就条款间有明文规定另一条文不适用时，认定为"排除性规定"，这成为上诉机构重要的判断标准。不过，需要注意的是，在条文中未明确规定一般规则不适用的情况下，未必表明该条款可以适用，也许是因为成员方在就 WTO 条款协商时并未清楚认识到

---

① AB Report, US – FSC (21.5 – EC), WT/DS108/AB/RW, para. 127.

② AB Report, EC – Tariff Preferences, WT/DS246/AB/R, para. 102.

有规范冲突的发生，或者认为适用情况清楚无须特别规定。

依据上诉机构的上述立场，例外条款与排除性规定所谓的区别在于，例外规定与一般规则之间存在冲突，而排除性规定与一般规则之间不存在冲突。有学者认为，两组规定之间都不存在冲突，因为 WTO 协定的条文已经明确使用了此类用语，如"不得适用于……""除……之外"，这些用语清楚明白地允许成员方背离一般规则。所以，上诉机构的这样判断方法不能成立。[①]

不过，实际上"例外"和一般规则之间的冲突是存在的。它主要不是形式上的冲突，而是内容上和价值上的冲突。比如，以 GATT 第 20 条（b）项为例，它旨在保护成员方公民的健康，数量限制原则（GATT 第 11 条）或最惠国待遇原则（GATT 第 1 条）旨在保护自由贸易，两者的冲突是显而易见的。可见，这样的异议理由并不成立。

事实上，上诉机构确立的适用范围标准对于区别例外和排除性规定是有益的。在适用 GATT 第 20 条时，实际上出现了规则的"二次适用"。禁止数量限制等义务是所有成员方都必须遵守的一般义务，成员方的措施首先要适用的（第一次适用），适用的结果是违反 GATT；接着再涉及 GATT 第 20 条的适用。而排除性规定，如 SPS 第 3.3 条只有一次适用的问题，因为第 3.3 条和第 3.1 条适用的范围不同，成员方没有遵守第 3.1 条的一般义务。有人可能质疑，第 11 条和第 20 条也有不同的适用范围。第 11 条是所有成员方必须遵守的一般性的义务，具有可适用性，相对于成员方而言，只有在非常特别的情况下才能够免除这一义务。所以，在判断两种规则的性质时，一般规则相对于另外一个条款是不是一项一般义务从而必须适用是关键的判断标准。相对于例外条款而言结论是肯定的，而对于排除性规定而言结论是否定的。比如，在马路的十字路口上，红灯停属于一般规则，原则上所有的车辆必须遵守。但是，当满足特定条件时，如抓逃犯，警察迫不得已可以突破这一义务，这就是例外。另外，当车辆遇到前方红灯，它也许可以选择向右转弯行驶，这是法律赋予一种有条件的选择权利，无论前方红灯或绿灯，它都可以向右行驶，但是有时行使这一选择权也是有条件的，如向右转弯时行人优先。这种可以向右转的规则，相比

---

① 姜作利：《WTO 专家组和上诉机构证明责任分配标准的合理性分析》，《现代法学》2008年第 6 期。

于直行不是严格意义上的例外，而是与直行规则适用不同的范围的另一规则而已。

三 "谁主张，谁举证"的错误理解与适用

从两大法系中可以共同提炼的一项证明责任分配原则是，"谁主张，谁举证"。在国际司法机构，这一原则的适用也得到认可。不过，当专家组和上诉机构采用该原则分配证明责任时，由于过于原则性，因此它对于具体问题缺乏明确的指导。

需要强调的是，司法实践中存在着对"谁主张，谁举证"的错误理解和适用，简单地把它理解成谁主张某一事实就要承担相应的证明责任。如果如此理解，那么该原则在 WTO 争端解决实践中容易被人滥用，造成实质上的不公平。比如，如果当事方认为证明责任的分配对自己不利，就可以在提出诉求中回避不想举证的主张，而对方不得不提出相关主张从而必须负担证明责任。在涉及 ATC 的争端中，当对方对其出口的产品实施的限制措施由该协定第 6 条调整，由于不愿意负担该条下的证明责任，申诉方可以依据 ATC 第 2.4 条提出主张。

在"印度汽车案"中，专家组裁定，由于美国和欧盟没有依据 GATT 第 18 条 B 节提出主张，所以由印度单独证明该条款下的主张。①这违背了先前的"印度数量限制案"中上诉机构的裁定，即将 GATT 第 11.1 条、GATT 第 18.9 条以及 GATT 第 18.11 条的注释下的证明责任分配给了申诉方美国，在美国确立初步证据案件后，印度要援引第 18.11 条的但书作为抗辩。仅仅是因为举证的诉讼技巧，不同的案件将同一条款的证明责任分配给不同的当事方，这样做就明显地违反了 WTO 争端解决的稳定性和可预见性。

事实上，有学者指出，申诉方是否具体主张特定条款，不应该影响该条款的性质以及证明责任的分配。②而且，在争端解决过程中，经常会出现申诉方主张某一条款的适用，而被诉方提出相反主张。比如，在"美国羊毛衬衫案"中，关于 ATC 第 6 条，印度与美国均有所主张，印度主张

---

① Panel Report, India – Autos, WT/DS146/R, WT/DS175/R, para. 7. 286.

② Jeffrey Waincymer, WTO litigation: procedural aspects of formal dispute settlement, Cameron, 2002, p. 555.

美国违反该条义务，① 美国则主张其符合该条规定。② 所以，有时并无法利用特定主张系由谁提出判断证明责任的分配。

在"欧共体沙丁鱼案"中，专家组注意到，欧盟主张《沙丁鱼和沙丁鱼类制品罐头标准》对于实现欧盟法规所追求的正当目标不起作用或不适合，因此专家组认为，依据提出的肯定性诉请或抗辩的当事方负担证明责任这一原则，应该由欧盟证明国际标准为实现欧盟法规所追求的正当目标是无效或不适合的方式。③ 专家组的这一结论是对"谁主张，谁举证"的错误理解，也遭到了上诉机构的否定。

四　积极规则标准

上诉机构在"美国羊毛衬衫案"中的观点，在许多 WTO 争端案件中作为处理证明责任分配标准予以援引。在这个案件中，上诉机构指出，GATT 第 20 条、第 11.2（c）（i）条是针对 GATT1994 其他某些规定中义务的有限例外，本身不是确立义务的积极规则，因此属于肯定性抗辩，该规定应该由援引该条款的被诉方负担证明责任。即使申诉方主张被诉方违反该条款，也无须负担证明责任。④ 据此，如果 WTO 的某一规定是确立了义务的积极规则，则它不属于例外。该案中这一标准被称为"积极规则标准"。

在之后的一些 WTO 争端中，积极规则标准得以应用。在"巴西飞机案"中，专家组认定，SCM 第 27.4 条施加了某些义务；⑤ 上诉机构也指出："第 27.4 条规定的条件是发展中国家的积极义务，不是肯定性抗辩。"⑥ 但是，事实上 WTO 协定中的例外大多包含了积极义务，因为它们通常规定了许多必须遵守的条件。也许因为这个原因，在"美国外国销售公司（欧共体援引第 21.5 条）案"中，上诉机构继续发展了"美国羊毛衬衫案"中的论述，指出例外不确立任何与决定它作为例外

---

① Panel Report, US – Wool Shirts and Blouses, WT/DS33/R, para. 3.1.

② Ibid., para. 3.3.

③ Panel Report, EC – Sardines, WT/DS231/R, para. 7.50.

④ AB Report, US – Wool Shirts and Blouses, WT/DS33/AB/R, pp. 15 – 16.

⑤ Panel Report, Brazil – Aircraft, WT/DS46/R, para. 7.55.

⑥ AB Report, Brazil – Aircraft, WT/DS46/AB/R, para. 140.

所背离的规定适用范围有关的积极义务。① 这说明上诉机构承认了例外也包含积极义务，只不过是它所包含的积极义务与基本义务规定的适用范围无关。

积极规则标准并不意味着，一个背离了规定基本义务的条款，如果没有规定积极义务，一定属于例外。比如，《农业协定》第 13 条，在"美国陆地棉案"中，专家组明确承认它没有施加积极义务，但是它仍然没有被认定为例外。在这个案件中，专家组认为，第 13 条中仅有的条件是在启动反倾销调查时应该努力克制，这与本案无关。②

积极规则标准在认定例外时具有的积极意义还是存在的。比如，作为背离基本义务的条款，没有附带强制规定或禁止规定的条件，属于例外条款。典型的例子是 SCM 脚注 59 第 5 句，它仅规定为避免对来自外国收入双重征税而采取的措施，应该不受出口补贴义务限制，应该由被诉方承担相应的证明责任。

五　自治权的认定

在"美国羊毛衬衫案"中，上诉机构除了提出积极规则标准外，又进一步指出，ATC 第 6 条经过认真谈判，反映了成员方权利义务的同等谨慎的平衡，是 WTO 成员方权利与义务的根本性部分，不是例外规则。③

在"欧共体荷尔蒙案"中，上诉机构认为，SPS 赋予成员方决定各自适当卫生保护水平的权利，是"一种重要权利"。④ 上诉机构认为，这一点在 SPS 序言的第 6 段可以清楚地看出。

在"巴西飞机案"中，上诉机构针对 SCM 第 27 条做出了类似于"美国羊毛衬衫案"中所做的表述。上诉机构指出："第 27 条第 2 款和第 4 款包含了对发展中国家权利和义务的经过认真谈判的平衡。"⑤ 上诉机构也谈到第 27 条的目的，即在认可补贴可以为发展中国家经济发展发挥重要作用的基础上，为这些国家提供特殊与差别待遇。⑥

---

① AB Report, US – FSC (21.5 – EC)，WT/DS108/AB/RW, paras. 127 – 128.

② Panel Report, US – Upland Cotton, WT/DS267/R, paras. 7.274, 7.278.

③ AB Report, US – Wool Shirts and Blouses, WT/DS33/AB/R and Corr. 1, p. 16.

④ AB Report, EC – Hormones, WT/DS26/AB/R, WT/DS48/AB/R, para. 172.

⑤ AB Report, Brazil – Aircraft, WT/DS46/AB/R, para. 139.

⑥ Ibid. , para. 140.

上诉机构在"美国羊毛衬衫案"中提出假如该项被允许的措施，属于 WTO 协定内经过仔细协商后成员方权利义务的平衡点，具有自治权性质。该标准着重于该项条款允许成员方采取的措施是否属于自治权范围。此种条款，不属于肯定性抗辩，而应该由主张被诉方违反义务的申诉方负担主张责任与证明责任。

有限例外或自治权仅从条款文字上并不容易区分。从上诉机构的实践看，要对条款所体现的立法目的与政策进行评判，[①] 是否认可甚至鼓励背离基本义务的行为。

有学者认为，"自治权论"作为认定排除性规定的标准，实际上是基于对条款重要性的认同。这种理解存在偏差，"自治权论"中所说的构成权利义务的一部分，或者重要权利，强调的是当事方选择的权利，当事方可以选择遵守基本义务，或者在满足条件下选择遵守另一替代性义务。也就是说，背离基本义务是被认同或者是被鼓励的，将其认定为排除性规定，不是因为权利的重要性。事实上，GATT 第 20 条规定的 10 种情况中，包括了环境保护等重要的 WTO 协定目标，但是仍然被作为例外对待。

综上，在 WTO 争端解决中，WTO 条款的属性认定缺乏一以贯之的判断标准，降低了 WTO 争端解决的可预见性和稳定性。在少量案件中，存在着对"谁主张，谁举证"原则的错误理解和适用。另外，"美国羊毛衬衫案"中确立的积极规则标准缺乏合理性。在许多 WTO 争端中，专家组报告或上诉机构报告都存在对"例外"用语的分析，但是它并未被用作判断条款属性的可靠依据。不过，自治权的认定与条款适用范围的认定成为有益的证明责任分配的标准与方法。

第四节　WTO 争端解决中证明责任分配的反思

一　经济分析方法：灵验的药方？

WTO 争端解决中的证明责任分配极其复杂，为了解决这个难题，有学者提出经济分析方法。

---

① David Unterhalter, Allocating the Burden of Proof in WTO Dispute Settlement Proceedings, 42 Cornell International Law Journal 209, 218（2009）.

比如，Grando 总结了 Bruce L. Hay 和 Thomas R. Lee 两位教授所采用的类似的成本节约理论分析方法，提出用先前判决理论、相对成本理论以及误判成本理论来确定 WTO 争端解决中证明责任的分配。① 依据这种方法，被诉方在 3 种情形下应该负担证明责任：一是法院判决前根据案情已经知道原告胜诉可能性较大。在这种情形下，被告负担证明责任可以降低误判成本，从而使社会损失最小化（先前判决理论）。二是原告举证成本大于被告，即被告可以更方便地提供关键性证据（相对举证成本理论）。② 三是有利于被告的误判成本高于有利于原告的误判成本（误判成本理论）。

Ahman 也基于基础理论研究成果从 4 个方面，即最初盖然性（original probability）、举证可能性（Evidentiary possibility）、规则目的（norm goal）、以及风险情况（risk aspect），分析了 WTO 争端解决中的证明责任分配。③

Grando 似乎将经济分析方法看作解决 WTO 争端解决中证明责任分配这一难题最后的"灵丹妙药"；Ahman 也将经济分析方法作为分析 WTO 争端解决中的证明责任分配的基本理论框架。

显然，经济分析具有它的优点和优势，它通过成本分析这一视角，对法律进行定量分析，使法律更像一门"科学"。对于 WTO 争端解决中的证明分配无疑能够提供一个新的研究视角，但是能否提供一副解决该问题的灵验妙方呢？答案是否定的。事实上，对于 WTO 争端解决中解决证明责任分配问题，尽管它具有一定的价值，可以成为重要的考虑因素之一，但是它存在着影响其充分发挥功能的先天不足和障碍，难以成为"独当一面"的分析工具。

第一，缺乏可预见性和稳定性是现有 WTO 争端解决相关实践受到批

---

① Michelle T. Grando, Evidence, Proof, and Fact – finding in WTO Dispute Settlement, Oxford University Press, 2009, pp. 199 – 209.

② Thomas R. Lee 教授认为，被告至少在两种情形下可以更方便地举证：一是相关行为是由被告实施的，与原告可能没有关系；二是被告更容易接近证据，并且受更大的利益驱使保存交易记录。参见 Thomas R. Lee, Pleading and Proof: the Economics of Legal Burden, 1997 Brigham Young University Law Review 1, 16 – 17 (1997).

③ 参见 Joachim Ahman, Trade, Health, and the Burden of Proof in WTO Law, Kluwer Law International, 2012, pp. 26 – 27, n62. 作者指出，与 Grando 使用的 3 项理论相比，最初盖然性基本与先前判决理论对应，举证可能性与相对举证成本理论对应，规则目的及风险情况与误判成本理论对应。

评的主要原因，而经济分析方法的运用无法解决证明责任分配缺乏可预见性和稳定性的问题。这是因为：首先，不同的学者在经济分析中考虑的因素或参数不同。比如，在分析 WTO 争端解决中的证明责任分配时，Ahman 认为"最初盖然性"是裁判者评价证据时总要考虑的因素，在证明责任分配时则不宜也考虑该因素。① 在 Grando 分析中则采用了先前判决理论（"最初盖然性"方法）。事实上，经济分析方法的运用，会导致见仁见智的情况。经济分析方法常常依赖一些假设条件，但是实际上这些条件的成立并非必然而且也是变量，作为变量进行分析以后就会对判断结果产生影响。其次，个案与个案之间，争端双方的相对成本会有不同。比如，涉及健康保护措施的贸易争端中，通常被诉方更接近于证据，更方便举证，因为被诉方是基于健康风险以及相关措施的风险降低效果而采取的措施。但是，在有一些情况下申诉方可能更容易提供证据，如当申诉方拥有更多资源，有较高的经济发展水平，或者某种类型的健康风险（如相关疾病）在申诉方境内已经发生而在被诉方境内则没有发生等。如果依据经济分析方法（相对举证成本理论），可能会造成同一 WTO 协定条款下证明责任分配的不同。最后，作为裁判者，专家组成员具有不同的经济学基础，甚至有些专家组成员根本不熟悉经济分析方法，他们运用经济分析方法得出的结论很可能会有不同，更何况经济学家对相同的问题得出的结论也常常天差地别。

　　第二，依据经济分析方法对 WTO 协定条款下的证明责任进行分配，有可能产生与 WTO 争端解决中最传统的实践与观念相违背的情况。比如，依据有关学者的经济分析，GATT 第 20 条下的证明责任应该分配给申诉方而非被诉方。由于 GATT 第 20 条下证明责任分配给被诉方在 WTO 争端解决实践中几乎成为不证自明的规则，不论 GATT 时期还是 WTO 时期都被广泛地运用，并且在认定其他 WTO 条款是否属"例外"时常常通过与第 20 条类比而得出结论，这样颠覆性的结论很难被 WTO 争端解决实践所接受。

　　第三，在很多情况下经济分析方法为 WTO 争端解决中证明责任分配提供的理论分析框架并不实用。可以说，经济分析只是一个方法，而不是

① Joachim Ahman, Trade, Health, and the Burden of Proof in WTO Law, Kluwer Law International, 2012, p. 49.

一系列明确的规则，经济分析只是一个解决问题的方向，在缺乏具体方案的情况下，它引发了更多的需要研究的问题。就目前而言，已有的相关研究仅仅涉及 SPS 和 GATT 第 20 条，而其他 WTO 协定条款如何依据经济分析方法进行证明责任分配不得而知，仍然有待解决。

更为严重的障碍是关于成本的相关信息和数据的缺乏，导致 WTO 争端解决中相对成本和直接成本的计算难以做出准确的结论。[①] 关于 WTO 协定某一特定规范的两种错判成本哪一个更高并不容易评估，而且也不清楚哪种错判更可能发生。争端方的直接成本的判断也面临着信息的不充分，为最小化社会成本，难以确定证明责任分配的效用、风险以及成本。[②] 比如，Hay 教授认为，证明责任分配的基础是原告的主张所具有合理性的可能是相对小的。[③] 但是，实际上很难判断在争端解决中这种主张合理的可能性，比如，很难判定某一成员方的措施是否是基于 SPS 第 5 条的风险评估。[④]

更何况证明责任分配还不能简单地认为是成本的计算与衡量的问题，它可能会基于各种不同的考虑，如简化推理链条，表达重要的价值取向，甚至有时仅仅因为在条件不确定时提供一个实用主义工具，因此不应该寻求机械的证明责任分配规则，以免错过相关理由的评估。[⑤] 所以，对解决 WTO 证明责任分配，经济分析方法难以作为一个一般性的分析工具，也难以成为操作性较强的分析工具。

第四，运用经济分析方法对证明责任分配的现有论证尚不成熟，缺乏说服力。相关的理论分析主要存在以下问题。首先，最终结论依靠多个因

---

① 假定法院在审理案件中力求社会成本的最小化，这里的社会成本包括直接或程序成本和误判成本。直接或程序成本指纠纷解决程序中产生的成本，如举证成本、准备申诉成本、法院审理成本及执行成本等；误判成本包括与误判有关系的社会成本，如目的落空成本或其他实体法所规定的特定目的落空成本。姜作利、武轶尘：《WTO 专家组和上诉机构举证责任分配标准的经济分析》，《东岳论丛》2009 年第 10 期。

② David Unterhalter, Allocating the Burden of Proof in WTO Dispute Settlement Proceedings, 42 Cornell International Law Journal 209, 216 - 217 (2009).

③ Bruce L. Hay, Allocating the Burden of Proof, 72 IND. L. J. 651, 677 (1997).

④ Ryan David Thomas, Note, Where's the Beef? Mad Cows and the Blight of the SPS Agreement, 32 Vand. J. Transnat'l L. 487, 505 (1999).

⑤ David Unterhalter, The Burden of Proof in WTO Dispute Settlement, in The WTO: Governance, Dispute Settlement & Developing Countries (Merit E. Janow et al. eds., 2008), p. 545.

素或参数得出的几个小结论的支撑，而在经济分析过程中几个小结论有的表明应该由申诉方负担证明责任，有些则相反。Ahman 指出："关于证明责任的决定可能基于其中一个方面的理由，或者其中几个理由，这取决于具体情况。有时某一方面的理由表明证明责任应当以某种方式进行分配，同时其他方面的理由可能指向其他的分配方式。在这种情况下，有必要在几个方面的理由之间进行权衡。"[1] 不过，各个小结论分别具有多大权重，当某一小结论表明某一方更应该负担证明责任，其理由的充分性有多大（在经济分析中是基于压倒性还是 51% 的概率得出的结论），这些都具有很强的主观性。综合得出的最终结论也很难具有说服力。其次，在经济分析过程中，许多小结论都处于两可之间。已有研究的以下判断在逻辑上是不严密的：原则上证明责任由申诉方负担，在没有充分数据支持的情况下就应该由申诉方负担证明责任。比如，有两位学者对 SPS 下的证明责任分配进行了 3 个方面的经济分析[2]：（1）在先前判决理论方面，小结论不能表明被诉方在这种情况下应该负高于 50% 的责任，因此不能得出被诉方应该负担证明责任的结论。问题是，这种情况下也得不出申诉方应该承担证明的结论。（2）在相对证据成本方面，被诉方的举证成本并不比申诉方的举证成本低，因此得出结论说被诉方不应该负担证明责任。这一结论的得出也没有说服力，因为未能说明申诉方举证成本比被诉方要低；更何况事实上被诉方在举证成本上常常要比对方的举证成本低，比如，SPS 第 5.8 条及附件 B 第 3 条规定了成员方有要求实施相关措施的成员方提供相关理由的义务，但是毕竟所有相关信息，包括已经向申诉方提供的和未向申诉方提供的，都在被诉方掌握之下。（3）在误判成本方面，有利于申诉方的误判会影响成员方对公共道德、人类、动植物生命与健康的保护，而有利于被诉方的误判会鼓励成员方更多地采取贸易壁垒，导致多边贸易体制受到打击。两位学者认为，有利于申诉方的误判成本可能高于有利于申诉方的误判成本，申诉方应该负担证明责任。显然，在两种误判成本孰大孰小，贸易利益和公众健康利益哪一个更重要，难以简单做出判断，所

---

① Joachim Ahman, Trade, Health, and the Burden of Proof in WTO Law, Kluwer Law International, 2012, pp. 28 – 29.

② 姜作利、武轶尘：《WTO 专家组和上诉机构举证责任分配标准的经济分析》，《东岳论丛》2009 年第 10 期。

以该结论的得出也会引发极大的争议。

综上所述，经济分析方法尽管可以为解决 WTO 证明责任分配提供一个有益的研究方向和操作上的方法，但是难以作为解决这一问题的一般性分析框架，难以成为一剂灵验的药方。经济分析方法也好，逻辑分析方法或是其他方法也罢，都是解决这一问题的方法。经济分析方法因为考虑成本收益并进行定量分析而具有"科学性"，但是作为证明责任分配方法不可能完全替代其他方法，也不可能作为规则使用。在国内司法中如此，在WTO 争端解决中也是如此。

二　制订证明责任分配成文法的必要性

有学者提出，全体 WTO 成员方应该在立法中对被诉方应该举证的例外情形做出规定，[①] 实际上，制订这样的成文法就等于说针对 WTO 协定条文制订一部证明责任法。

这样的想法既不可行，也无必要。国内诉讼中，各国尚不能制订这样的完备立法，至多制订一些原则性的规定；为解决国内诉讼中证明责任的分配，通常重视理论上的研究成果，并且通过判例确定相关的证明责任分配规则。在 WTO 争端解决中要制订这样的成文法如何可行？这需要在WTO 立法程序上进行充分的探讨并且协商一致，利益不同的各国通过激烈博弈达成妥协，难度非常之大。事实上，通过判例法发展出的证明责任分配规则已经在很大程度上满足了需要，而且通过实践和不断地探索，不断地完善，并且仍然保留着进一步调整的灵活性。

证明责任法和其他实体法及程序法规范最大的不同点在于，证明责任法的表现形式除了少数采用制定法外，基本上属于隐形法。在学术上，通常认为证明责任法大都属于实体法本身预置的，具有派生性的特点。

另外，证明责任法的制订会使证明责任的分配拘泥于形式，无法发挥其应有的利益衡量功能。目前，各国通常采用原则性和个别性相结合的方式构建证明责任规范体系。总的来说，除对争议较大的证明责任分配内容有制定成文法的必要外，应该按照实体法的立法宗旨以及法解释论，通过

---

① 姜作利、武轶尘：《WTO 专家组和上诉机构举证责任分配标准的经济分析》，《东岳论丛》2009 年第 10 期。

识别方式构建证明责任法的体系。①

三　几点结论

（一）区别对待排除性规定与例外的合理性

例外条款的法律功能在于，为当事方违反一般规则提供正当性，但是需要满足相应的条件；而排除性规定的功能在于允许当事方背离基本义务，而选择履行替代性义务。前者的证明责任分配给被诉方；后者的证明责任分配给申诉方。由于在后一情况下，当事方具有选择的权利，所以申诉方必须证明其不符合排除性规定的条件，不能适用该规定，然后再证明其违反一般规则。②

区别对待排除性规定和例外具有合理性。如果特定措施本身就是被WTO 协定所认可甚至鼓励，并且在 WTO 协定内规定实施该措施所应该遵守的义务，那么将它视为例外并不合适。如果其他成员方主张措施之实行不符合特条款义务，则应该由提出主张的申诉方负担证明责任更为合理。如果仅仅因为某一条款与一般规则在形式上有冲突，则优先适用的条款即当然视为例外条款，就会使行使权利的成员方遭受到事实上的惩罚。③

（二）可用的判断标准与方法

第一，条约应该从严解释，字面上的"例外"措辞未必表明该条款一定是例外条款，它也有可能是排除性规定。应当对两个相关条款的关系从适用顺序与范围的角度进行分析，确定某一条款与其他条款之间有无发生规范冲突。即不同条款之间，构成条件相互重合或产生交集，导致同一法律事实同时被两条款规范的情形而其法律效果不相同或不兼容的状态，此时存在"一般规则—例外"关系。如果两者所规范的对象不同，则特定系争措施仅能适用于其中一种义务；或者一般规则的适用需要以其他强制性规范的违反为前提，如 SCM 第 3 条和第 27 条、SPS 第 31 条和第 33条，此时不构成例外条款。

第二，运用立法目的解释的方法。在 WTO 争端解决实践中，如何界

---

① 陈刚：《证明责任法研究》，中国人民大学出版社 2000 年版，第 161—163 页。

② 颜维震、曹丰、黄幸：《WTO 争端解决机制中的举证责任问题研究》，《WTO 法与中国论丛》（2011），知识产权出版社 2011 年版，第 73 页。

③ AB Report，EC – Hormones，WT/DS26/AB/R，WT/DS48/AB/R，para. 102.

定肯定性抗辩和自治权的标准主要看 WTO 协定条文的立法目的。如果某一条款的规定是为背离 WTO 义务提供正当化理由，那么这是例外或肯定性抗辩，本质上对成员方采取的措施原则上是持否定态度，仅仅因为该行为背后体现的重要价值而获得正当性。自治权的立法目的不是为背离 WTO 义务提供正当化，而是因认可或肯定成员方选择该行为的权利，从政策上肯定这种行为，从而为当事方提供的另外一种选择。肯定性抗辩属于有限的背离一般规则，从条约解释上应当从严把握，范围狭窄，而自治权涉及的行为属于较宽的范围。

第三，经济分析方法也不失为一种有益的证明责任分配工具。这是因为：（1）经济分析方法可以用来阐明一般情况下证明责任应该由申诉方承担，只有特别情况下才有被诉方承担。（2）尽管在分析 WTO 具体条款的证明责任分配时，经济分析方法由于信息和数据的不足常常难以发挥其方法上的优势，但是无论如何，成本因素常常是证明责任分配考虑的因素。比如，在 GATT 第 20 条（b）项中"必需"的证明责任，上诉机构在"巴西翻新轮胎案"中把存在替代性措施以及替代性措施比系争措施具有更少的贸易限制性的证明责任分配给了申诉方。这就是从成本的角度来考虑的结果，以便合理减轻被诉方的证明责任。再比如，授权条款作为例外，其下的证明责任应由被诉方承担，但申诉方必须先明确指出授权条款中哪些项被违反，即授权条款的主张责任和证明责任分离，分别分配给申诉方和被诉方。这一做法也有减轻或节省被诉方举证成本的考虑。总体而言，尽管证明责任分配的一般原则是，由申诉方承担一般规则下的证明责任，被诉方承担例外下的证明责任，由于 DSU 及其他 WTO 协定缺乏对证明责任分配的明确规定，只要存在充分的理由，包括成本收益方面的理由，没有什么能够阻止裁判机构对证明责任做出不同的安排。[①]

此外，当 WTO 条款的属性存在疑问，类比方法在 WTO 争端解决实践中经常被采用，它也是比较实用的方法。比如，GATT 第 20 条等条款经常作为参照的对象去分析争议条款的性质以及证明责任的分配，如前文所述，在"美国羊毛衬衫案"中即是如此。

（三）专家组的自由裁量权：正当性和合理性

WTO 协定缺乏对证明责任分配的明确规定，专家组享有相当充分的

---

① Michelle T. Grando, Allocating the Burden of Proof in WTO Disputes: A Critical Analysis, 9 (3) Journal of International Economic Law 615, 654 – 655 (2006).

自由裁量权。那么，如何看待专家组在 WTO 争端解决中证明责任分配方面的自由裁量权呢？

实际上，这样的自由裁量权在理论上也是其他国际司法机构享有的应有权力。有资深学者认为，国际司法机构有权决定哪一方负担证明责任，这是国际司法机构适当发挥职能必要的固有权力。[①] 常设仲裁法院（PCA）甚至在其 1962 年的一个仲裁与调解规则中明文规定：法庭应当决定程序以及程序的进程，它应当自由指定负担证明责任的当事方，并同样自由地评价被提交的证据。[②]

国内诉讼中证明责任的分配也非常复杂，相关文章与专著众多，实践中的证明责任分配也常常遇到争议。WTO 上诉机构在发展 WTO 证明责任分配的规则方面与国内法院相似，同样没有提供一套一劳永逸的（over-arching）原则或规则。[③] 这样，在 WTO 争端解决中专家组有时必须在个案中通过行使自由裁量权来确定证明责任的分配。所以，WTO 争端解决实践中专家组如此行事也是无可非议的。

由于证明责任分配实际上是实体法问题，[④] 实体法规则的不完善必然会折射到证明责任分配问题上。WTO 的协定与条款众多，相互关系复杂，不同的 WTO 协定往往由不同的谈判者、起草者确定，加之谈判是一场具有政治性的博弈的过程，WTO 协定本身就常常由含义不清的规则组成，条文的措辞以及条文之间的关系，谈判者在协定起草时恐怕也难以非常好地协调和考虑，那么"司法"过程中常常面临难以判断所谓的"一般规则—例外"关系的情况，这样就有赖于专家组尤其是上诉机构的解释。WTO 立法庞杂、不严谨的特点决定了 WTO 法并未将证明责任明确分配，需要 WTO 专家组和上诉机构予以澄清。

WTO 专家组报告和上诉机构报告虽然不具有普通法国家判例法那样的性质和地位，不过，在事实上具有对后来贸易争端中专家组的约束力，

---

① Chittharanjan F. Amerasinghe, Evidence in International Litigation, Martinus Nijhoff Publishers, 2005, p. 75.

② See article 19 of the Rules of Arbitration and Conciliation for Settlement of International Disputes Between Two Parties of which Only One is a State (1962) of the PCA.

③ David Unterhalter, Allocating the Burden of Proof in WTO Dispute Settlement Proceedings, 42 Cornell International Law Journal 209, 210 (2009).

④ Ibid., n10.

上诉机构也不会轻易推翻其做出的相关解释。这样，WTO 证明责任分配的规则总体上保持了确定性和灵活性的统一，并且伴随着实践和理论研究的深入而进一步发展。

本章小结

在 WTO 争端解决实践中，关于证明责任分配发展出了"一般规则—例外模式"，即申诉方就一般规则承担证明责任，被诉方就例外承担证明责任。但是在实践中，WTO 规则允许背离一般规则的情况并不都是例外或肯定性抗辩，还有"排除性规定"，即 WTO 协定认可甚至鼓励成员方履行基本义务以外的替代性义务。在排除性规定之下，由申诉方承担证明责任。在实践中，例外和排除性规定的区分比较复杂，甚至时常会产生争议。

在实践中，专家组和上诉机构曾经认定为例外的 WTO 协定条款包括：GATT1994 第 11.2（c）（i）条、第 15 条、第 18.11 条的但书、第 20 条、第 21 条、第 24 条、授权条款、SCM 脚注 59 第 5 句、GATS 第 14 条以及 TRIPS 第 30 条。另外，专家组也曾经将 SPS 第 5.7 条认定为例外。在实践中，专家组和上诉机构最终认定的排除性规定包括：ATC 第 6 条、SPS 第 3.3 条、TBT 第 2.4 条、SCM 第 27.4 条、《农业协定》第 13 条、GATT 第 2.2 条、SPS 第 5.7 条等。

在 WTO 争端解决中，WTO 条款的属性认定缺乏一以贯之的判断标准，降低了 WTO 争端解决的可预见性和稳定性。在个别案件中，还存在着对"谁主张，谁举证"原则的错误理解和适用。在"美国羊毛衬衫案"中确立的积极规则标准缺乏合理性和可操作性。在许多 WTO 争端解决中，专家组报告或上诉机构报告都存在对"例外"用语进行分析的做法，但是这种做法并未被用作判断条款属性的可靠依据。不过，自治权的认定与条款适用范围的认定成为有益的判断标准与方法。

作为解决 WTO 证明责任分配这一难题的方法，经济分析方法尽管可以提供一个有益的思路，但是难以作为解决这一问题的一般性工具。经济分析方法因为考虑成本收益并进行定量分析而具有"科学性"，但是作为证明责任分配方法不可能完全替代其他方法，也不可能作为规则使用。在国内司法中如此，在 WTO 争端解决中也是如此。

　　另外，有学者提出应该制订一部 WTO 证明责任法，这样的想法既不可行，也无必要。

　　WTO 争端解决中证明责任分配的一般思路应该是：WTO 条款从严解释，字面上的"例外"措辞未必表明它是例外条款，应当对两个相关条款的关系进行分析，并且从适用顺序与范围的角度进行确定，尤其需要运用目的解释的方法，同时经济分析方法也不失为一种有益的辅助性工具。此外，专家组的自由裁量权的行使在确定证明责任分配上具有合理性和正当性。专家组有权在适当尊重已有"判例"的情况下，决定证明责任分配。

第六章

WTO 争端解决中的初步
证据案件与证明标准

本章从初步证据案件的含义与功能入手，通过对专家组报告和上诉机构报告的考察，进一步探讨了"初步证据案件"在 WTO 争端解决中的运用以及存在的问题，并且提出对策建议，最后分析了 WTO 争端解决中实然和应然的证明标准。

第一节　初步证据案件的含义与功能

WTO 专家组和上诉机构报告频繁使用"初步证据案件"（prima facie case）这一表述，这一概念容易产生歧义，而且在实践中已经产生了理解和适用的混乱，其含义与功能有必要予以澄清。

一　初步证据案件的含义

初步证据案件是来源于普通法的概念。依据《布莱克法律词典》，"初步"（prima facie）是指"足以确立一项事实或成立一个推定，除非被有效反驳"；也可以指"初看地，或者第一印象，但有待进一步的证据或信息确认"。"初步证据案件"是指"一项符合要求的可反驳推定的确立，或者一方当事人提交足够证据允许事实裁判者推论出争议事实并且做出对该当事人有利的裁定"。[1]

在普通法法庭的诉讼中，初步证据案件属于证明标准的范畴。不过，

---

[1]　Brayan A. Garner, Black's Law Dictionary（8th edition）, West Publishing Company, 2004, p. 1229.

初步证据案件在不同的语境下具有不同的含义。①

　　第一，它与提供证据责任有关，初步证据案件是满足提供证据责任的证明标准。也就是说，如果未能够提供初步证据案件，法院会将其作为法律问题做出裁定并驳回诉请；相反，案件则可以提交给陪审团，由后者对事实做出认定。在初步证据案件下，即使被告未提供反驳证据，它也未必败诉。因为，初步证据案件的证明标准作为"准入"门槛比较低，满足该标准的案件经过陪审团最终认定，可能满足了说服责任，也可能没有。

　　第二，相当于推定（mandatory presumption），这意味着满足了比较高的证明标准。在原告确立了初步证据案件的情况下，如果被诉方未能反驳申诉方提供的证据，事实审理者应该做出有利于原告的事实认定，即原告满足了说服责任。在这种情况下，被告为避免败诉后果，被迫提供反驳性证据，换句话说，初步证据案件具有转移提供证据责任的功能，它将提供证据责任从提供了初步证据案件的当事人转移到了对方。

　　作为证明标准范畴的概念，初步证据案件在第一种情况下是比较弱意义上的证明标准，第二种是比较强意义上的证明标准。

二　初步证据案件的功能

　　可见，初步证据案件可能作为申诉方提供证据责任的证明标准，即门槛要求，如果申诉方提供的证据不能够满足初步证据案件，其诉请将被直接驳回；初步证据案件也可能作为争端双方之间互相转移证明责任的标准，当申诉方或被诉方提供的证据满足了该要求，证明责任转移给了对方，为避免败诉结果对方继续提供证据并且在满足了该证明标准后，证明责任又转移回来。另外，在有些情况下初步证据案件似乎被用作说服责任（相当于大陆法的客观证明责任）的证明标准。有学者推测，上诉机构似乎将初步证据标准同时适用于提供证据责任和说服责任。②

　　在 WTO 争端解决实践中，初步证据案件是指提供证据责任的证明标准，说服责任的证明标准，或是用于其他功能？WTO 争端解决实践似乎

---

①　Georg Nils Herlitz, The Meaning of the Term "Prima Facie", 55 La. L. Rev. 391 (1994).

②　James Headen Pfitzer and Sheila Sabune, Burden of Proof in WTO Dispute Settlement: Contemplating Preponderance of the Evidence, International Centre for Trade and Sustainable Development, Issue Paper No. 9, 2009, p. 25.

有些混乱。本文分别从不同方面求证初步证据在不同程序阶段的功能。

第二节　初步证据案件作为提供证据责任的证明标准

一　WTO 争端解决实践中专家组和当事方的立场

在一些国际司法机构，初步证据案件相当于普通法国家"提供证据责任"的证明标准，只有符合这样的标准，案件才可以继续审理，否则案件则被驳回。比如，欧洲人权法院曾经因为申请人未能够提供《欧洲人权公约》所保护的权利受到侵害的初步证据多次驳回申请人的申请。① 在"Golshani 案"中，伊朗—美国求偿庭驳回案件，理由是申诉方不能够提供转让契约真实性的初步证据，而该契约是其诉请标的所有权的证据而被诉方称其为伪造文件。②初步证据案件在 WTO 争端解决中是否有类似功能呢？

在 WTO 争端解决的个别案件中，专家组表示申诉方需要通过提交证据达到初步证据案件的要求，也就是说，专家组必须首先决定申诉方是否提交了初步证据案件，如果是，它可以继续基于所有证据决定系争措施是否与 WTO 协定相符。比如，在"美国综合拨款法案"中，专家组指出，申诉方应该提交足够的论点和证据，以确立一个系争措施违反 WTO 义务之推定，一旦申诉方做到这一点，专家组的任务就是权衡所有的论点和证据认定事实并做出判决。③

在"韩国酒类饮料案"中，争端双方争议的焦点问题之一是韩国国内酒饮料和进口酒饮料是否具有直接竞争性或替代性。专家组直接驳回了那些申诉方没有提供证据支持主张的相关产品的申请。专家组指出，它仅能够针对申诉方特别讨论的产品做出决定，而对于其他产品，申诉方没有确立初步证据案件。④

另外，在"美国陆地棉案""美国博彩案"以及"欧共体床单（印度

---

① See e. g. , Application No. 89/55（X. v. German Federal Republic）（1955），24 ILR p. 363；Application No. 107/55（X. v. Belgium）（1955）.

② （1995），Award No. 546 – 812 – 3，29 Iran – US CTR，p. 90.

③ Panel Report，US – Section 211 Appropriations Act，WT/DS176/R，para. 8. 19.

④ Panel Report，Korea – Alcoholic Beverage，WT/DS75/R，WT/DS84/R，para. 10. 57.

援引第 21.5 条）案"中，专家组或上诉机构也分别在其报告中体现了申诉方必须满足初步证据案件的立场。①

在 WTO 争端解决中，一些 WTO 成员方也直接或间接地表达了这种观点。在"美国内衣案"中，美国主张专家组分析的第一步应当是决定申诉方哥斯达黎加是否提供了确立（substantiating）案件的事实信息和法律主张。② 在"美国博彩案"中，美国要求专家组指示安提瓜进一步提供材料以界定具体的系争措施，如果安提瓜拒绝进一步提供信息，专家组应当初步裁定安提瓜列入申请书附件中的所有措施应当从程序中排除出去。③ 在"韩国乳品案"中，韩国主张专家组应当就申诉方是否确立了初步证据案件做出裁定，而专家组忽略了这一步骤，在此后对所有的证据进行审查。④ 另外，在"加拿大飞机案"中，加拿大提出异议，认为专家组没有就申诉方巴西是否确立初步证据案件进行初步裁定，而且这使得加拿大难以进行抗辩。⑤

二　评析：初步证据案件不应作为提供证据责任的证明标准

在普通法中，确立初步证据案件的目的在于让案件得以从初始阶段继续推进，在这个阶段原告需要向裁判者提供支持其主张的证据，在此之前被告不需要反驳原告提供的证据，法官仅基于原告所提供的证据做出初步证据案件是否确立的判定。

不过，在 WTO 争端解决中，把初步证据案件作为提供证据责任的"门槛"与初步证据案件运行的基本原理不符，理由如下：

第一，WTO 争端解决中，专家组没有义务及时裁定申诉方是否满足该要求。

专家组在"美国外国销售公司（欧共体援引第 21.5 条）案"中明确指出，专家组在可以继续审查提交的反驳证据之前，没有义务明确裁定初

---

① See Panel Report, US – Upland Cotton, WT/DS267/R, paras. 7. 959, 7. 974, 7. 986; AB Report, US – Gambling, WT/DS285/AB/R, para. 154; AB Report, EC – Bed linen（Article 21. 5 – India）, WT/DS141/AB/RW, para. 96.

② Panel Report, US – Underwear, WT/DS24/R, para. 5. 67.

③ Request for Preliminary Rulings by United States, paras. 22 – 24.

④ AB Report, Korea – Dairy, WT/DS98/AB/R, DSR2000：1, para. 15.

⑤ Panel Report, Canada – Aircraft, WT/DS70/R, para. 9. 84.

步证据案件是否已经确立。① 在"韩国乳品案"中，上诉机构裁定，专家组无须就申诉方是否提供初步证据案件做出裁定。② 所以，WTO 专家组没有义务判断初步证据案件是否确立。也正因为如此，有学者质疑在 WTO 争端解决中初步证据案件这一提法的意义。③

在争端解决实践的个别案件中，专家组明确告知争端方初步证据案件是否确立，如"美国陆地棉案"。这对于程序的可预见性而言，值得肯定。不过，这并不属于专家组义务的范畴，并且不被绝大多数案件中的专家组所采纳。

第二，当判断初步证据案件是否确立时，一些专家组不仅考虑申诉方提交的证据，而且也考虑其他来源的证据。④

在"韩国乳品案"中，申诉方欧共体所使用的证据主要是被诉方提出的报告。被诉方韩国在上诉中指出，专家组在申诉方未确立初步证据案件的情况下，就针对被诉方的论点及证据进行评价，违反了"日本影响农产品措施案"中上诉机构的裁决。上诉机构指出，专家组就申诉方原本依据的证据进行提问，后来申诉方在其反驳性书面意见中援引专家组后来据以作为认定事实证据的报告，并且指出欲依据该报告作为证据。⑤ 这与之前"日本影响农产品措施案"不同，申诉方不仅已经就该事实有所主张，而且对专家组指出欲以特定报告作为证据，专家组据以认定事实并无不当。就专家组的提问（并非直接提醒申诉方原本未提出之证据）与申诉方的回答看，专家组为了效率与速度并未超越其对于程序正当管理与引导

---

① Panel Report, US - FSC (21.5 - EC), WT/DS108/RW, footnote 51.

② AB Report, Korea - Dairy, WT/DS98/AB/R, paras. 144 - 145.

③ McGovern, International Trade Regulation, Globfield Press, pp. 2.23 - 2.50.

④ 当然，在有些案件中，专家组在判断初步证据案件是否确立时，对证据的范围进行了限定。比如，在"日本影响农产品措施案"中，上诉机构指出，专家组依据 DSU 第 13 条收集信息的权力，只得作为帮助其了解与评价当事方所提出之证据与论点，不得帮助申诉方确立其案件。See AB Report, Japan - Agricultural Products II, WT/DS76/AB/R, para. 129. 在"欧共体石棉案"中，专家组表示，如果当事方尚未确立初步证据案件，不得利用专家所得之资料，来确立该成员方主张之有效性。See Panel Report, EC - Asbestos, WT/DS135/R, para. 8.81. 在"印度汽车案"中，专家组表示，专家组的事实发现的职权不得替代无法达到初步证据案件之成员方达到该标准之责任。See Panel Report, India - Autos, WT/DS146/R, WT/DS175/R, para. 7.294.

⑤ AB report, Korea - Dairy, WT/DS98/AB/R, para. 148.

的范围。①

在"泰国反倾销案"中，专家组认为，专家组本来就可以依据任何证据判断事实，为了判断申诉方是否已经确立初步证据案件，可以依据被诉方所提出的证据与论点。② 在当事方的确有提出主张的情况下，欠缺足够证据确立初步证据案件，如果该证据由对方持有，专家组可行使事实发现之职权，要求该争端方提交该资料。

在"印度数量限制案"上诉程序中，印度主张专家组在得出美国已经确立了关于第 18 条 B 节第 11 段的补充注释被违反的初步证据案件之前，不当地考虑了 IMF 的意见。对此，上诉机构的立场是，专家组没有义务在考虑 IMF 或任何其他专家的意见之前得出初步证据案件已经确立的结论。③

可见，专家组在认定申诉方是否确立了初步证据案件时，不仅考虑申诉方提供的信息，而且还考虑其他当事方提供的证据，甚至还包括专家证据等信息。这与普通法传统的为满足提供证据责任的初步证据案件的含义不一致。在 WTO 争端解决中，初步证据案件概念的适用引致理解和适用的混乱。正如有些学者指出的那样，"如果所有的证据（包括那些由独立专家提供的证据和其他当事方的回应的证据）在被考虑之内，那么初步证据案件的提法不再有意义。"④

最后，在 WTO 争端解决中，仅仅保持沉默是不够的。因为，当事方在专家组做出裁决之前，必须将所有证据提交，但是依据普通法的传统概念，在一当事方确立了初步证据案件、提供证据责任转移给对方之前，其他当事方没有义务做出回应。

在 WTO 争端解决程序中，没有严格的当事方提交证据的顺序。尽管 DSU 附件 3《工作程序》的一些规定似乎表明它与普通法司法程序相似，但是在 WTO 争端解决实践中，当事双方都可以在第二次会议上向专家组提交文件材料，而且专家组在任何时候都可以提出问题，在实质性会议的

① AB report, Korea – Dairy, WT/DS98/AB/R, para. 149.

② Panel Report, Thailand – H – Beams, WT/DS122/R, para. 7. 50.

③ AB Report, India – Quantitative Restrictions, WT/DS90/AB/R, para. 142.

④ McGovern, International Trade Regulation, Globefield Press, pp. 2. 23 – 2. 52.

大多时间用来对这些问题进行解释和回答。① 专家组程序中实质性会议的
实践与普通法的做法并不相似，因为申诉方和被诉方被允许在会议上同时
提交证据，相比于普通法司法程序，这更类似大陆法司法程序。

在 WTO 争端解决中，当事方和专家组之间的直接交流极其有限，② 当
事方几乎没有机会在专家组成员面前为某一特定事项争辩，然后等待决
定，并调整策略进一步争辩。WTO 专家组程序没有类似普通法的动议实
践，在程序的任何时候审查证据提供方的证据的充分性。③ 尽管通常在专
家组程序中有两轮口头辩论，但是几乎没有任何制度框架指导什么问题应
当在某一特定时间讨论。④ 由于与其他国际司法机构相比 WTO 争端解决
程序存在的差异，将初步证据案件标准严格适用于该程序中的提供证据责
任难以施行，有时甚至成为不必要的负担。

从以上几个方面来看，WTO 争端解决中与传统普通法诉讼中的初步
证据案件在内涵上差异明显，其中的原因主要在于 WTO 争端解决机制与
普通法司法制度的差异：其一，WTO 争端解决机制中没有普通法国家传
统的陪审团制度，专家组成员都是国际贸易或国际贸易法方面的专家，有
更为充分的能力认定事实问题。如果专家组认为案件受理的证据不够，那
么驳回申诉的做法也不符合 WTO 专家组的实践。其二，在 WTO 争端解决
中，没有像普通法国家那样的证据开示程序可以利用。在普通法国家，依
据证据开示程序，当事方及其律师有权从证据持有人，包括从对方当事人
那里获取对其不利的证据，如果证据持有人不予配合，当事人可以申请法
院介入。在普通法国家，当事人获取证据的权利保障是充分的，有法院的
强力介入为后盾，如果证据持有人不配合，将会受到法院的严厉惩罚，包

---

① Yasuhei Taniguchi, Understanding the Concept of Prima Facie Proof in WTO Dispute Settlement,
in The WTO: Governance, Dispute Settlement & Developing Countries (M. E. Janow, V. Donaldson and
A. Yanovich. Huntington), Juris Publishing, Inc., 2008, p. 567.

② Kantchevski, Petko D. The Differences Between the Panel Procedures of the GATT and the WTO:
The Role of GATT and WTO Panels in Trade Dispute Settlement, 3 (1) BYU International Law & Manage-
ment Review 79, 135 (2006).

③ John J. Barcelo, Burden of Proof, Prima Facie Case and Presumption in WTO Dispute Settle-
ment, 42 Cornell Int'l L. J. 23, 38 (2009).

④ Yasuhei Taniguchi, Understanding the Concept of Prima Facie Proof in WTO Dispute Settlement,
in The WTO: Governance, Dispute Settlement & Developing Countries (M. E. Janow, V. Donaldson and
A. Yanovich. Huntington), Juris Publishing, Inc. 2008, p. 569.

括以藐视法庭论处。而在 WTO 争端解决机制中，争端方通常是具有主权地位的国家，WTO 争端解决机构不可能提供有强制性的保障以便当事方及时有效地获取证据。因此，WTO 争端解决机制更多地依赖争端方的合作。像普通法国家那样强调初步证据案件的门槛作用，可能不利于保障利益受到损害的 WTO 当事方。其三，更重要的是 DSU 第 13 条允许专家组可以从它认为适宜的任何个人或机构那里寻求信息，以弥补证据来源不足。在这方面，与大多数国际司法机构一样，WTO 专家组遵循了大陆法系法院的司法实践，① 这与普通法文化中裁判者保持完全消极中立的立场有很大出入。

如果确立门槛要求，那么在程序早期，专家组应该针对申诉方所提供的证据材料和论点及时做出判断。但是，这将会导致的问题是，在 WTO 程序早期做出初步证据案件是否达成的裁定不利于争端方的合作，对于 WTO 争端解决的公正性和准确性是不利的，所以这样的门槛要求是不适宜的。

第三节　WTO 争端解决中初步证据案件与证明责任转移

在 WTO 争端解决实践中，初步证据案件可以使证明责任发生转移。这种证明责任是一种什么证明责任？如何看待初步证据案件这一个概念在争端解决实践中的意义？是否有必要予以保留或避免使用这一概念和规则？这些基本问题非常重要，有必要予以深入探讨。

一　WTO 争端解决中"证明责任转移"的解读

（一）专家组报告和上诉机构报告中的"证明责任转移"

在许多 WTO 案件中，上诉机构或专家组在报告中使用了"证明责任转移"的措辞。

比如，在"美国羊毛衬衫案"中，上诉机构针对初步证据案件有过以下表述，涉及证明责任的转移：如果主张一项肯定性的特定诉请或抗辩

---

① ［美］戴维·帕尔米特、［希腊］佩特罗斯·C·马弗鲁第斯：《WTO 中的争端解决：实践与程序》（第 2 版），罗培新、李春林译，北京大学出版社 2005 年版，第 127 页。

的一方引用了充分的证据得出一项关于其诉请真实的推定，证明责任就转移到另一方身上，除非后者能够引用充分的证据来反驳这一推定，否则其将败诉。① 可见，在上诉机构看来，提交初步证据案件与可反驳的推定等同，产生证明责任转移的效果。

在"欧共体荷尔蒙案"中，上诉机构也使用了证明责任转移的措辞，指出初始责任在申诉方，它必须确立一个被诉方违反特定规定的初步证据案件，当初步证据案件得以确立，证明责任转移至被诉方，反过来由被诉方反驳申诉方的申诉。②

在"印度专利案"中，专家组认定美国作为申诉方确立了一项被诉方违反 TRIPS 第70.8（a）条的初步证据案件，因此认为"提出证据和主张否定该诉请的证明责任转移到印度"。③

"加拿大奶制品（第二次援引第21.5条）案"表明，"上诉机构一贯坚持，作为一项基本原则，证明责任归于申诉方。申诉方必须通过提供充分的证据来确立一项初步证据案件，以引发一项有利于其诉请的推定。如果申诉方成功地做到了这一点，被诉方接着可以寻求反驳这一推定"，④即证明责任转移到被诉方身上。

依据上述案件中专家组和上诉机构的观点，当一方确立了初步证据案件，或者说确立了一项推定，证明责任发生转移。然而，由于证明责任这一概念在普通法中可以指"说服责任"，也可以指"提供证据责任"，甚至可能仅指诉讼"策略性证明责任"（tactical burden）。⑤ 因此，即使在普通法法庭上，法官也往往无法精确地使用该用语，即使使用了"证明责任转移"的措辞，并不一定表示是指说服责任的转移。

（二）说服责任不发生转移

关于说服责任（或者说是客观证明责任）在案件审理过程中不发生

---

① AB Report, US – Wool Shirts and Blouse, WT/DS33/AB/R, p. 14.

② AB Report, EC – Hormones, WT/DS26/AB/R, WT/DS48/AB/R, p. 35.

③ Panel Report, India – patent（US），WT/DS50/R, para. 7. 40. 相似的情况可参见 Panel Report, India – patent（EC），WT/DS79/R, para. 7. 42.

④ AB Report, Canada – Dairy（21.5）II, WT/DS103/AB/RW2, WT/DS113/AB/RW2, para. 66.

⑤ 策略性证明责任是指当事人因为担心法官基于对方当事人提交的证据行使自由裁量权而得出对自己不利的事实结论而提交证据的一种负担。

转移，这一点无论是大陆法系国家还是普通法系国家的司法制度一般都会认可。也有学者指出，国际司法机构的证明责任分配，与前述一般国内法庭相当，于整个程序进行中并不会转移，而始终由特定当事者负担特定事项的证明责任。① 认为说服责任发生转移是不适当的，理由如下：

其一，如果负担证明责任的申诉方（例外情况下负担证明责任的被诉方）确立初步证据案件就会发生"证明责任转移"，会使对方处于比较不利的位置。如果申诉方为卸除原本分配给它的证明责任所满足的证明标准是在一个较低的水平上，低于优势证据的证明标准将会对申诉方造成偏袒，并且将影响 WTO 争端解决机制的公平性；即使这里指的是较强意义初步证据标准，能使说服责任发生转移仍然对申诉方有利。

其二，证明责任的分配应当符合正当法律程序原则。当证明责任转移给原本不负担证明责任的当事方，必须使其有相应准备。该推定是否形成由专家组来判断，仅专家组清楚。从目前的专家组程序实践看，专家组无须告知当事双方负担证明责任的成员方证明责任是否已经转移。当事方会顾虑证明责任已经转移给自己，而自己并不知悉。比如，在"加拿大飞机案"中，被诉方加拿大表示对于专家组未在期中报告中表明申诉方是否已经确立"初步证据案件"，造成其抗辩困难。该案专家组表示，被诉方应当假定申诉方就其所有主张均已确立"初步证据案件"来提出事实与主张。② 但是，从某种程度上来说，这无形中减轻了申诉方的负担，加重了被诉方的负担。

在许多专家组程序中，专家组在综合所有证据，包括第三者所提出的证据，就该推定是否确立做出认定。就不负担证明责任的当事方而言，其所提出的证据，无论是在推定形成后进行反驳，还是在一开始就阻止该推定的形成，似乎没有明显差别。可见，这些争端解决实践并不支持初步证据案件或推定造成说服责任移转这一说法。

在"欧共体石棉案"中，通过联系上下文，可以看出证明责任转移不是指说服责任转移。专家组指出，负担证明责任的成员方（援引 GATT 第 20 条之被诉方）一旦确立"初步证据案件"，"证明责任"（burden of

---

① Mojtaba Kazazi, Burden of Proof and Related Issues: A Study of Evidence before International Tribunals, Kluwer Law International, 1996, pp. 36 and 251 – 253.

② Panel Report, Canada – Aircraft, WT/DS70/R, para. 9.88.

proof) 即移转至他方。① 该案专家组随后表示，如果该主张或辩驳之证据至最后仍然保持平衡状态（remains in equipoise），负担"最初证明责任"（initial burden of proof）的当事方将被视为无法提出足够证据支持其主张。② 可见，负担证明责任的当事方确立初步证据案件以后，并不会让事实不明的责任转移至他方。因此，他方所负担的责任是尽力提出证据的责任，让事实真相仍然处于真伪不明的状态已经足够，最终需要说服专家组的仍然为原本负担证明责任的当事方。

在"韩国乳品案"中，专家组明确地否认证明责任会发生转移，它指出："作为法律问题，证明责任归于作为申诉方的欧共体，而且在专家组程序中，它不发生转移。作为专家组程序问题，欧共体将提交它的主张与证据，韩国将回应以反驳欧共体的诉请。在程序结束时，专家组应权衡和评价双方提交的证据及主张，以裁决欧共体的诉请是否具有充分依据。"③ 在该案上诉机构报告中虽然涉及了证明责任问题，但是没有就专家组关于证明责任不发生转移的观点做出裁定。

同时，也有个别案件的报告表明转移的所谓"证明责任"，实际上只是"提供证据责任"。比如，在 1998 年"日本胶卷案"中，专家组指出："正如在所有 WTO 或 GATT 争端解决机制下的案件一样，也的确如上诉机构在'美国羊毛衬衫案'中所阐明的，在绝大多数的司法体制下应由主张一项事实、诉请或抗辩的一方承担为此提供证明的责任。一旦该成员方提出了充分的证据以得出一项关于其所诉真实的推定，提供证据的责任（the burden of producing evidence）就转移到相对方身上，由其来反驳该推定。"④

（三）转移的是主观证明责任或策略性证明责任

那么应该如何理解"证明责任转移"？转移的到底是什么证明责任呢？

在"美国羊毛衬衫案""欧共体荷尔蒙案"等案件中，都表达了以下观点：当一方确立了初步证据案件，即确立了一项推定，证明责任发生转

---

① Panel Report, EC - Asbestos, WT/DS135/R, para. 5. 19.

② Ibid.

③ Panel Report, Korea - Dairy, WT/DS98/R, para. 7. 24.

④ Panel Report, Japan - Film, WT/DS44/R, p. 378.

移。这里的证明责任并非说服责任或客观证明责任，对此前文已经进行了详细的论述；初步证据案件也不应该是提供证据责任的证明标准，在WTO 争端解决中普通法意义的提供证明责任是不存在的，除了前文已经陈述的理由外，还有一个理由是，提供证据责任多次转移与普通法的传统理论不符，根据普通法的相关理论，提供证据的责任不可能反复多次发生转移，如果出现证据冲突的情况，该案件应当及时交由陪审团来认定事实。① 所以，当一方确立了初步证据案件后，所谓转移的"证明责任"接近于大陆法系的"主观证明责任"。

依据大陆法的证据理论，当一方当事人提供了足够的证据，促使审判者的临时心证形成，主观证明责任转移给了另一当事方。另一当事方可以提供反驳性证据，改变审判者形成的临时心证，使主观证明责任再次转移回去，如此可能发生多次反复。尽管裁判者在审理过程中并不对当事方是否满足主观证明责任做出裁定，但是由于当事双方为避免最终裁判结果的不利，主要通过举证来影响裁判者的心证，因此主观证明责任仍然发挥着重要的作用。

从普通法的理论与实践角度来看，当专家组和上诉机构提及证明责任的转移，其真实的意思相当于"策略性证明责任"的转移。在案件审理过程中，不论当事方是否负担证明责任，它们都试图提供证据，抵消对方证据的证明力，对裁判者施加积极影响。双方提供的证据可能会交替产生优势，这促使处于劣势或担心处于劣势的当事方进一步提供证据，使得这个过程就像在打"乒乓球"。策略性证明责任在争端解决程序中是可以发生转移的，但是它在普通法中不是真正的证明责任，不具有法律上的重要性。

二　初步证据案件作为证明责任转移标准之反思

（一）初步证据案件作为证明责任转移标准应予弃用

初步证据案件具有不同的含义，从程度上至少可以分为"较强意义上的初步证据案件"和"较弱意义上的初步证据案件"。当初步证据案件与证明责任转移挂钩，关于初步证据案件和证明责任的歧义容易造成不公平

① Michelle T. Grando, Evidence, Proof, and Fact - finding in WTO Dispute Settlement, Oxford University Press, 2009, p. 84.

的结果，要么会不合理地加重申诉方的证明责任，要么会不合理地加重被诉方的证明责任。①

虽然有学者认为，正是"初步证据案件"确立标准的模糊性激励着当事方提供证据的积极性，从而缩小了 WTO 争端解决机制下的证明责任规则与传统的证明责任规则在实际适用效果上的差异。② 但是 WTO 争端解决实践表明，专家组在程序进行中对初步证据案件是否确立不做出裁定，这使得初步证据案件和所谓"证明责任转移"的作用基本上无法正常发挥。

有学者主张，应当弃用初步证据案件之概念，而保留"推定"这一概念。但是，事实上推定之措辞也存在诸多歧义。③ 首先，推定并不能够准确地界定证明标准是什么，它仅仅表明某一既定事实可以推导待证事实的存在。其次，推定的基本含义是，如果证明了事实 A 即引起事实 B 存在的推定。推定的效果在于使被诉方承担反驳事实 B 存在的负担。"推定"规则的适用要求同时涉及两项事实：事实 A 和事实 B，证明事实 A 即引出一项关于事实 B 的推定。不过，WTO 争端解决中初步证据案件或推定的成立只涉及一项事实，这个事实尚未确立时，适用初步证据案件和推定的概念必将导致混乱。所以，初步证据案件以及推定之表述不应该与证明责任转移相联系。

（二）整体考量双方证据的方法之采用

为了避免使用初步证据案件、推定以及证明责任转移等概念带来的混乱，专家组和上诉机构应该采用"审查所有证据的方法"。在衡量所有证据以后，专家组得出是否达到最终证明标准的结论，并且做出最终裁决。通过对双方提供的所有证据进行评价，可以克服关于在什么时间、以什么顺序考虑某一证据的不确定性，有利于促进裁决的透明度、公平性以及说服力，而且降低上诉的可能，如在"印度数量限制案"中，如果采用这种方法，印度的上诉理由将不成立。

---

① John J. Barcelo, Burden of Proof, Prima Facie Case and Presumption in WTO Dispute Settlement, 42 Cornell Int'l L. J. 23, 42 (2009).

② 余敏友、席晶：《论 WTO 争端解决机制中的证据规则》（下），《法学评论》2003 年第 6 期。

③ Michelle T. Grando, Evidence, Proof, and Fact - finding in WTO Dispute Settlement, Oxford University Press, 2009, p. 124.

在"韩国乳品案"中，专家组明确表明，它将审查和评价双方提交的证据和论点，以便得出申诉方所提出的诉请是否具有充分基础的结论。① 当分析申诉方提出的每个申诉时，专家组审查了记录在案的所有证据，并且得出韩国措施是否违反保障措施协定的结论，未提及初步证据案件这一概念。在 WTO 的一些争端中，也存在专家组采用整体考量双方证据的方法的实践。

在"加拿大小麦出口与谷物进口案"中，专家组在分析美国提出的《加拿大谷物法》第 87 条的规定违反 GATT 第 3 条第 4 款的申诉时，专家组审查了记录在案的所有证据，然后指出，在审查和考虑了所有记录在案的证据后，得出的结论是美国未能证明《加拿大谷物法》第 87 条违反了GATT 第 3 条第 4 款。② 在这个案件中，专家组也未提及初步证据案件。

另外，在"韩国酒类饮料案"③"美国陆地棉（巴西援引第 21.5 条）案"④ 等案件中，专家组也采取了整体考量双方证据的方法。

在这些案件中，整体考量双方证据的方法之采用，实际上体现了这种方法的务实、有效以及合理性。同时，这些 WTO 案件也为在这种情况下限用初步证据案件而采用整体考量双方证据的方法提供了实践的基础。

第四节　WTO 争端解决中的证明标准

这里所谓的"证明标准"（standard of proof）是指最终证明标准，是在某一特定案件或某一类案件中，负有证明责任的一方提供证据对待证事实进行证明所应该达到的程度，⑤ 是当事方为卸除说服责任或客观证明责任需要承担的证明标准。

WTO 协定没有涉及 WTO 争端解决中的证明标准，但是这并不表明这个问题不重要。事实上，两大法系在证明标准方面立场不同，在实践中国际司法机构适用的证明标准经常会产生争议和分歧。对于同一案件所适用

① Panel Report, Korea - Dairy, WT/DS98/R, paras. 7.24 - 7.25.

② Panel Report, Canada - Wheat Exports and Grain Imports, WT/DS276/R, para. 6.375.

③ Panel Report, Korea - Alcoholic Beverages, WT/DS75/R, WT/DS84/R, paras. 10.67, 10.82, 10.86 and 10.94.

④ AB Report, US - Upland Cotton (Article 21.5 - Braizl), WT/DS267/AB/RW, para. 321.

⑤ 王圣扬：《论诉讼证明标准的二元制》，《中国法学》1999 年第 3 期。

的证明标准，仲裁庭或裁判机构的有些仲裁员认为证明标准过重，有些仲裁员则认为证明标准过轻。① 国际法院的法官也会批评缺乏较为具体的证明标准方面的指南。② 国际法院实践中所采取的自由裁量式的证明标准被认为存在诸多问题，在确定事实的过程中缺乏必要的指导，从而最终导致诉讼程序效率低下。与此同时，由于国际法院适用证明标准的模糊性，无疑对于当事方挑战法院在此基础上所做出的事实和法律结论具有极大的难度。③

同样地，WTO 争端解决中成员以及裁判者来自不同国家，他们之间也可能存在着证据文化上的差异。事实上，在 WTO 不同案件中存在着对证明标准不同的理解和适用。WTO 争端解决中证明标准的澄清，有利于减少实践中的分歧和混乱，促进实现 WTO 争端解决机制的目标，即可预见性、稳定性和统一性。

另外，对 WTO 争端解决中的最终证明标准进行界定，并不会像有些人担心的那样导致 WTO 争端解决机制的僵化。因为，证据标准是否满足取决于裁判者的主观判断，④ 专家组享有自由裁量权去决定负担证明责任的当事方是否满足了证据标准。因此，证据标准的界定实际上有利于平衡案件审理的可预见性和灵活性。

一   证明标准的法律文化差异

总体而言，普通法系法院采取了多元化的证明标准。比如美国，一般而言，它根据诉讼的性质和负担证明责任的主体不同，主要采取如下 3 种证明标准：（1）优势证据标准（preponderance of evidence），适用于普通

---

① Mojtaba Kazazi, Burden of Proof and Related Issues: A Study on Evidence before International Tribunals, Kluwer Law International, 1996, p. 350.

② Oil Platforms (Islamic Republic of Iran v. United States of America), Judgement of 6 November 2003, Separate Opion of Judge Higgins, ICJ, Reports of Judgements, Advisory Opions and Orders (2003), p. 234, para. 33.

③ Simone Halink, All Things Considered: How the International Court of Justice Delegated Its Fact - Assessment to the United Nations in the Armed Activities Case, 40 International Law and Politics 12, 25 (2008).

④ Mojtaba Kazazi, Burden of Proof and Related Issues: A Study of Evidence before International Tribunals, Kluwer Law International, 1996, p. 377.

民事诉讼和刑事诉讼中积极抗辩；（2）清晰和令人信服标准（clear and convincing），适用于特殊民事案件；（3）排除合理怀疑标准（beyond reasonable doubt），专门适用于刑事案件。其中，清晰和令人信服的标准，是指负有证明责任的当事方必须使得裁判者充分确信其事实的主张是正确的。[①] 该标准比"优势证据标准"严格，但是没有要求达到确信无疑的程度。在普通法的司法实践中还有"初步证据案件"标准，这种类型的证明标准程度较低，仅要求举证人提供的证据与其诉讼主张相符即可，除非将来另一方提供额外证据把初步证据推翻外，法庭可以接受其作为事实的证明。

与普通法系相比，许多大陆法国家的证明标准更多涉及法官的内心确信（conviction of the judge）问题。如果法官确信当事方提交的证据证明了事实主张，那么就满足了证明标准。与英美法系国家相比，是否需要设立一个明确的证明标准对大陆法系法官而言并非十分迫切。因为，正如有的学者所言，它是一种法官内在的深层次的个人确信。[②]

值得强调的是，源自普通法系的细致的证明标准，在大陆法体系中不存在。但是，它们在司法实践中的差别并非想象中那么明显。这是因为，当普通法系国家中的事实裁判者在权衡案件事实的盖然性问题时，其适用的客观标准往往允许一定程度的主观性。

二　其他国际司法机构适用的证明标准

在国际层面，大多国际司法机构的宪章性文件或法庭规则没有明确涉及证明标准，实践中也没有一致的证明标准，甚至同一法庭在其受理的案件中前后采取的证明标准也可能存在不同。总体上，国际司法机构的证明标准主要秉承了大陆法系传统，但是同时又合理吸收了普通法系的合理成分。

[①] 清晰和令人信服标准，起源于美国的司法实践，主要适用于涉及刑事犯罪的民事诉讼。由于民事诉讼的目的并非在于追究罪罚，因此在民事诉讼中对犯罪事实的证明无须达到"排除合理怀疑"的标准。该标准的适用范围包括身前口头契约、不适当的影响（undue influence）、欺诈、灭失遗嘱的内容、口头契约的履行等。何家弘：《外国证据法》，法律出版社 2003 年版，第 206 页。

[②] K. M. Clermont and E. Sherwin, A Comparative View of Standards of Proof, 50 American Journal of Comparative Law 243, 246（2002）.

比如，国际法院的相关规则对于证明标准并没有做出明确规定，仅在《国际法院规约》第 53 条①第 2 款的英文原文中使用了 "satisfy itself"（令自身满意）的措辞，但是何为 "satisfy itself"，并没有进一步予以界定，只能由法官在司法实践中自由裁量。就国际法院的实践而言，具有普通法背景的法官更倾向于国际法院应当明确规定其解决争端的证明标准；与之相比，来自大陆体系的法官基于证据方法的灵活性内在要求，并不认为国际法院采纳的证明标准存在任何缺陷，因而法院没有必要设定一项严格的证明标准。总体而言，国际法院的证明标准体制似乎反映了大陆法系传统。从既往的司法判例来看，它已经显示出关于证明标准的一个灵活的机制，即具体的证明标准将依据案件所涉事实情况的性质的严重与否而定。

在国际司法程序中最终的证明标准，一般来说，程度上由低向高分别为初步证据案件、②优势证据、清楚和令人信服的证据和排除合理怀疑。从国际法院的裁定中，也可以甄别出这 4 种不同层次的证明标准。③

第一，初步证据案件。国际司法机构在一些案件中接受初步证据案件标准，但这通常是在另一方未能提交任何证据反驳申诉方提供的初步证据案件的情况下。④ 在 "parker 案" 中，求偿委员会拒绝了以下主张："申诉人提供的证据，如果被申诉人没有反驳，应视为决定性的。"⑤有许多学者对初步证据作为国际司法最终的证明标准持否定态度。⑥

第二，优势证据。在 "Norwegian Loans 案" 中，Hersch Lauterpacht 法官认可了优势证据标准的适用，并且指出提供证据的证明程度不应当如此

---

① 该条规定的英文原文为："1. Whenever one of the parties does not appear before the Court, or fails to defend its case, the other party may call upon the Court to decide in favour of its claim. 2. the Court must, before doing so, satisfy itself, not only that it has jurisdiction in accordance with Articles 36 and 37, but also that the claim is well founded in fact and law."

② 作为最终证明标准的初步证据案件是指比较弱意义上的证明标准。

③ James A. Green, Fluctuating Evidentiary Standards for Self – Defence in the International Court of Justice, 58 International & Comparative Law Quarterly 163, 166 – 168 (2009).

④ Mojtaba Kazazi, Burden of Proof and Related Issues: A Study on Evidence before International Tribunals, Kluwer Law International, 1996, pp. 333 – 339.

⑤ Ibid., p. 337.

⑥ See e. g., Mojtaba Kazazi, Burden of Proof and Related Issues: A Study on Evidence before International Tribunals, Kluwer Law International, 1996, p. 337.

严格以至于使证明过度苛刻。① 国际法院在一些涉及刑事责任的案件中抗辩，也可能要求证明建立在盖然性权衡标准基础之上，如涉及自卫的情况。② 优势证据比较适合于一般国际司法程序，因为在这些程序中，证据不总是容易获取，或者证据在某一国的控制之下并且不能够强制其提交，而且优势证据标准有利于争端双方积极提供证据。

第三，清楚和令人信服的证据。这个标准在"Velasquez Rodriguez 案"中得以适用。在这个案件中，美洲人权委员会（IACHR）指出该案涉及洪都拉斯提出的关于政府暴行（state torture）主张，要求适用"一个考虑了指控严重性"并且"能够以令人信服的方式确立主张的真实性的证明标准"。③ 在"油井平台案"中，国际法院认为，美国主张伊朗应对导弹袭击美国游轮承担责任，但是提供的证据不充分，该案采用了清楚和令人信服的证明标准。④ 在"Nicaragua 案"中，国际法院指出，考虑到美国未出席案件的实质阶段，依据《国际法院规约》第 53 条，事实与法律需要有充分的根据（well - founded）令其满意。国际法院认为，《国际法院规约》的规定暗示着法院必须达到与其他案件中相同程度的确定性，即出庭当事方的诉请在法律上合理，而且只要案件性质允许，其所依据的事实由令人信服的证据予以支持。⑤

第四，排除合理怀疑。作为高标准，排除合理怀疑的证明标准通常适用于各国刑事案件中。在国际司法领域，该标准也通常适用于比较严重的指控。比如，对于那些涉及国际责任（international responsibility）的案件，国际法院要求排除合理怀疑标准，如"军事和准军事活动案"。国际法院在"Corfu Channel 案"中默示地适用了该标准，在这个案件中，英国主张导致两艘英国海军船舶损坏的雷区是在阿尔巴尼亚政府纵容下布置的。国际法院认为："对于一国如此极其严重的指控需要高度的确定性，在本案

---

① Certain Norwegian Loans［1957］CJ Rep, pp. 39 – 40（sep Op Lauterpacht）.

② Chittharanjan F. Amerasinghe, Evidence in International Litigation, Martinus Nijhoff Publishers, 2005, p. 242.

③ Chester Brown, A Common Law of International Adjudication, Oxford University Press, 2007, p. 100, n123.

④ Oil Platforms（Islamic Republic of Iran v. United States of America）, ICJ. Reports 2003, p. 190.

⑤ Nicaragua Case（Merits）, 1986 ICJ Reports, p. 24.

中还没有达到。"① 欧洲人权法院也将排除合理怀疑标准适用于一些案件。②

　　在国际争端解决程序中，缺乏关于适用证明标准的统一认识。国际司法机构依据个案的不同事实和情况适用不同的标准。不过，总的来说有以下基本原则可以遵循。其一，国际争端解决中依据相对低的证明标准一般是合理的。在"Corfu Channel 案"中，国际法院认为"违反国际法的受害人，通常不能提供引起责任的直接证据。这样一个国家应当允许对事实推定和旁证的较为宽松的援引。间接证据在所有的司法体系都被承认，国际裁决也认可其使用"。③ 其二，在国际司法中，对被诉方的指控轻重各不相同，指控的轻重差异影响着证明标准。Higgins 法官指出："指控越严重，对于所依赖的证据就必须越有信心。"④ 其三，证明标准会因为程序的目的、性质、当事方事实上是否平等因素的差异而有不同。

三　WTO 争端解决实践中证明标准的适用

　　WTO 争端解决实践中采用的证据标准是初步证据案件标准、优势证据标准、清晰而令人信服的证据标准，还是其他标准呢？除了少数案件外，在大多数 WTO 案件中专家组和上诉机构并未明确这个问题。

　　在"加拿大飞机案"和"欧共体荷尔蒙案"中，上诉机构认为，当另一当事方未能够提供任何证据反驳申诉方提供的初步证据时，初步证据案件可以作为认定事实的证明标准。⑤

　　在 WTO 争端解决中，有些情况下将初步证据作为说服责任的证明

---

① Corfu Channel (United Kingdom of Great Britain and Northern Ireland v. Albania), Merits, 1949 ICJ Reports, p. 17.

② See e. g. , Aydin v. Turkey [1997] 6 ECHR Rep (No50) 1867, 1889; Sevtap Veznedaroglu v. Turkey (ECHR Judgment of 11 Apri 2000).

③ Corfu Channel (United Kingdom of Great Britain and Northern Ireland v. Albania), Merits, 1949 ICJ Reports, p. 18.

④ Oil Platforms (Islamic Republic of Iran v. United States of America), Judgment of 6 November 2003, Separate Opinion of Judge Higgins, ICJ, Reports of Judgments, Advisory Opinions and Orders (2003), p. 234, para. 33.

⑤ AB Report, Canada – Aircraft, WT/DS70/AB/R, para. 1428; AB Report, EC – Hormones, WT/DS26/AB/R, p. 173.

标准。比如，在"美国归零案""日本苹果案""印度数量限制案"以及"欧共体床单案"中，上诉机构主张，专家组在分析初步证据标准时，考虑双方当事人所提交的证据和论证（argumentation），这似乎是把初步证据案件作为最终的证据标准，与"加拿大飞机案"的分析方法一致。①

在少数 WTO 争端中，专家组和上诉机构在报告中的措辞暗示其认可优势证据标准，但是并未明确使用优势证据标准之类的措辞。

在"美国陆地棉（巴西援引第 21.5 条）案"中，上诉机构对专家组权衡所有证据以决定争议项目是亏损还是盈利的事实认定进行审查，认为有得出结论的足够证据基础，修订的 GSM 项目亏损经营之事实的发生比不发生可能性要大（It's more likely than not）。② 这种表述表明了上诉机构权衡双方证据，认为其中一方的证据所证明的事实较为可信，也就是说，它适用了优势证据规则。

在"欧共体石棉案"中，专家组指出，当关于申诉或特定形式抗辩的证据总体平衡，对于该申诉或抗辩负证明责任的当事方应当承担不利裁判后果。③ 这表明该案中专家组采用了优势证据的证明标准。

四　WTO 争端解决中证明标准的应然分析

以下分别探讨初步证据案件、优势证据以及较高的证据标准作为 WTO 争端解决中证明标准的合理性。

（一）初步证据案件作为证明标准的合理性

有学者指出，WTO 争端方的证明责任限于提供充分的证据得出其诉请（或抗辩）真实的推定，举证方提出的初步证据标准不失为终局标准。也就是说，举证方并非需要完全证明其主张的真实性，只有专家组对提交证据的量与质满意时，才视为满足了证明责任的要求。④ 依据这个观点，初步证据案件可以作为 WTO 争端的最终证明标准。

---

① James Headen Pfitzer and Sheila Sabune, Burden of Proof in WTO Dispute Settlement: Contemplating Preponderance of the Evidence, International Centre for Trade and Sustainable Development, Issue Paper No. 9, 2009, p. 21.

② AB Report, US – Upland Cotton（Article 21.5 – Braizl）, WT/DS267/AB/RW, para. 321.

③ Panel Report, EC – Asbestos, WT/DS135/R, para. 8.79.

④ 韩立余：《WTO 争端解决程序中的证明责任》，《现代法学》2007 年第 3 期。

实际上，作为最低的一种证明标准，初步证据案件对申诉方有利，而且更重要的是它允许裁决基于比较少的证据做出，这不仅影响裁决的正当性，而且影响到争端解决机制的权威性本身。

一些国际司法机构将初步证据案件作为最终证明标准，其中大多案件中国际司法机构并没有仅仅基于初步证据或建议性证据做出裁决，而是额外考虑了具体案件中的相关事实或情况。比如，仲裁庭要求一当事方出示其持有的证据，后者没有出示并且没有提供正当理由，仲裁庭做出了不利推定，加之另一当事方已经确立初步证据的情况下，足以允许得出达到证明标准的结论。在有些情况下，国际司法机构在决定证明标准是否满足时，可能会考虑申诉方面临的获取证据的困难。比如，在"Corfu Channel案"中，国际法院注意到一国对其领土施加的排他性地域控制影响申诉方收集提供证据的能力，因此当这些情况出现时，国际法院认为申诉方"应当被允许更自由地借助事实推定和旁证"。[1]

在个别国际司法实践中，所谓"初步证据案件"被作为最终证明标准是令人怀疑的。初步证据案件能否成为最终证明标准可能转化成了什么是初步证据案件的界定。初步证据含义具有模糊性与弹性，同时裁判者具有广泛的自由裁量权，这样当裁判者基于一些证据认定某个事实时，他们是否会基于较低证明标准做出决定呢？[2] 此时所谓"初步证据案件"是否是较低的证明标准？有种说法是初步证据案件可以被量化为 25% 的盖然性，那么仅仅是 25% 的盖然性真地会足以认定事实？

Kazazi 认为，国际司法机构可以基于初步证据案件做出裁定，只要是该证据没有遇到反驳。[3] 即使 Kazaki 在其审理的案件中的判断是正确的，那么如此判断的依据也是伊朗—美国求偿庭遇到的特殊情况，即取证十分困难。伊朗革命导致申诉人离开伊朗境内，他们没有适当机会收集证据。也就是说，收集证据的困难使得证明标准的降低具有了正当性，但是这样的情况是其他国际司法机构包括 WTO 争端解决机构不具备的条件。WTO 争端解决机制并不是在相似的情况下运作，申诉方收集证据并没有那么困

---

① Corfu Channel (United Kingdom of Great Britain and Northern Ireland v. Albania) , Merits, 1949 ICJ Reports, p. 30.

② Mojtaba Kazazi, Burden of Proof and Related Issues: A Study on Evidence before International Tribunals, Kluwer Law International, 1996, pp. 337, 339.

③ Ibid. , pp. 333 – 339.

难，事实上 WTO 多边体制所要求的透明度义务使得申诉方相对方便地发现其他成员方违反 WTO 规则的立法、司法以及措施，并且能及时地收集证据。即使有些证据掌握在被诉方手中，那么专家组可以命令其出示该证据，或者在符合条件的情况下运用不利推定这一程序工具，基于初步证据案件确立之条件下的不利推定做出裁决。

（二）较高标准作为证明标准的合理性

较高的证明标准，指的是高于优势证据的证明标准，采用该标准意味着如果该标准得以满足，申诉方所主张的事实非常接近于客观事实。不过，司法和救济都具有成本，需要符合成本效益原则，国际争端解决也是如此。较高的证明标准耗费当事方的时间、精力以及金钱成本会相应比较高。尤其是在国际司法中，取证毕竟存在着比国内诉讼更多的障碍，有时因为一些证据在主权国家控制下无法获取。所以，较高的证据标准不仅意味着不符合效率原则，更可能导致裁决的不准确和不公平，使裁决将不利于负担证明责任的当事方。

但是，当对申诉方有利的错判比对被诉方有利的错判的相对社会成本要高时，就需要一个较高的证明标准。一个较高的证明标准可以降低对被诉方不利的错判。比如，SPS 不仅涉及被诉方的贸易，而且更涉及人类和动植物的健康或生命，专家组对于这方面的申诉可以考虑适用较高的标准。

（三）优势证据作为证明标准的合理性

有专家认为，在国际司法机构适用的一般证明标准应该是优势证据标准。[1] 这样的证明标准的优点在于以下三个方面。

第一，它可以减少司法错误。原则上，当双方当事人实力对等，政策上无特别考虑时，证明标准应该设定于正反双方证据的平衡点上。如果裁判者审查所有证据后，认为该事实存在与不存在的可能性相等时，负担证明责任的当事方应该承受不利的结果。在 1991 年美国最高法院曾经提出："由于优势证据标准可以带来争议当事方错误风险分配的大致平等，我们认为这一标准在私人之间的民事诉讼中可适用，除非涉及特别重大的利益

---

① Mojtaba Kazazi, Burden of Proof and Related Issues: A Study on Evidence before International Tribunals, Kluwer Law International, 1996, p. 333.

或权利。"① 而 WTO 争端从性质上来说，最接近的是国内民事诉讼而非行政诉讼或刑事诉讼。因为，当事方的法律地位平等，没有从属关系，在经济实力上相对接近，至少在有效参与诉讼程序、收集证据方面的能力相对接近。因此，从这个角度看，在 WTO 争端解决中，优势证据标准较为适合。

第二，优势证据标准可以调动争端方提交证据的积极性，有利于查明事实。WTO 缺乏国内法院尤其是普通法法院的证据披露程序，更依赖于当事方的合作，优势证据标准可以促进 WTO 争端解决机制的健康运作。在优势证据标准下，被诉方通常不会消极地应对申诉方的举证。相反，在高证明标准下，被诉方这种消极应诉常常成为可能，即在高标准被满足以前，不负担证明责任的一方可能倾向于保持观望态度，这通常又没有什么风险。

第三，一般而言，WTO 争端解决中，对申诉方有利的错判和对被诉方有利的错判具有相似的影响，因为双方当事人的利益损失总体上是相似的。在这种情况下，优势证据标准比较适合，这也是优势证据标准背后的基本理论依据。②

本章小结

"初步证据案件"这一概念来源于普通法国家。不过，即便是在普通法中，初步证据案件也具有不同的含义，在不同的语境下要做不同的理解。作为证明标准范畴，它可以指比较弱意义上的也可以是比较强意义上的证明标准。

在其他国际司法机构的实践中，存在着将初步证据案件作为提供证据责任的标准的做法，不符合该标准的案件将会被驳回。在 WTO 争端解决过程中，个别专家组以及一些当事方也曾经主张将初步证据案件作为案件继续审理的基本要求，认为申诉方应当确立初步证据案件，否则其诉请应当驳回。不过，在 WTO 争端解决中把初步证据案件作为提供证据责任的

---

① See Grogan v. Garner, 111 Sup. Ct. 654, 659 (1991), as quoted in Fleming James, Geoffrey C., Jr. Hazard, John Leubsdorf, Civil Procedure, Foundation Press, 2001, p. 339.

② Richard A. Poster, Economic Analysis of Law, Aspen Publishers, 2003, p. 617.

"门槛"与初步证据案件运行的基本原理不符，因为在 WTO 争端解决中，专家组没有义务及时裁定当事方是否满足该要求；当判断初步证据案件是否确立时，专家组不仅考虑申诉方提交的证据，而且也考虑其他来源的证据甚至是被诉方提交的证据；而且在 WTO 争端解决中，被诉方在申诉方确立初步证据案件前，仅仅保持沉默是不够的，当事方在专家组做出裁决之前必须将所有证据提交。

WTO 争端解决实践与其他国际司法机构的实践相比具有的特色之处在于，在许多 WTO 案件中，上诉机构或专家组在报告中常常使用"证明责任转移"的表述，并且将证明责任转移与初步证据案件或推定的确立挂钩。WTO 争端解决中不存在普通法意义上的提供证据责任，这里转移的证明责任也不是说服责任或客观证明责任，而是一种普通法实践中的"策略性责任"，或者相当于大陆法上的"主观证明责任"。将初步证据案件作为证明责任转移的证明标准造成了很大的歧义和混乱，上诉机构应当对其含义进行澄清。更为明智的做法是，专家组和上诉机构应当尽量避免在其报告中使用初步证据案件并将其作为证明责任转移的标准。而且，结合 WTO 争端解决机制的特点，专家组和上诉机构应当采用"审查所有证据的方法"。在衡量所有证据以后，专家组得出最终的证明标准是否得到满足的结论，然后做出最终裁决。事实上，这也是一部分 WTO 案件中专家组的做法，应当予以肯定。

另外，关于最终证明标准即说服责任的证明标准，国际司法领域存在以下几种类型，程度上由低向高分别是：初步证据案件、优势证据、清楚和令人信服、排除合理怀疑。初步证据案件代表着一种较低程度的证明标准。国际司法机构在一些案件中接受初步证据案件标准，这是因为另一方未能够提交任何证据反驳申诉方已经确立的初步证据案件，加之考虑到案件中的特殊情况。通常初步证据案件作为证明标准过低。在 WTO 争端解决中，清楚和令人信服标准和排除合理怀疑标准不符合效率原则，也容易导致裁决不公。优势证据标准适合作为 WTO 争端解决一般情况下的证明标准。同时 WTO 证明标准的适用应当具有灵活性，对于适用涉及重要社会利益或价值的特殊法律条文，应当允许专家组自由裁量提高证明标准。

第七章

WTO 证据规则与中国实践

本章简要总结和评价 WTO 证据规则，涉及 WTO 证据规则存在的不足、证据规则成文化的必要性以及与中国民事证据法的比较等问题。接下来，就典型的涉华 WTO 争端中证据规则的运用情况进行考察和分析，以期获得某些启示或者针对存在的问题提出对策建议。

第一节　WTO 证据规则评述

一　WTO 证据规则的发展及其不足

正如美国学者亨金所言，在各国关系中，文明的进展可以认为是从武力到外交，从外交到法律的运动。① 在国际贸易领域，WTO 争端解决机制的演变就是"从外交到法律的运动"的典范。

WTO 争端解决机制没有像各国国内诉讼那样具体完备的证据规则。WTO 争端解决中证据规则的渊源主要包括 WTO 协定、一般法律原则、专家组报告和上诉机构报告以及其他国际司法机构的实践。

WTO 证据规则在发展完善过程中，存在模糊不清甚至空白的地带，需要专家组和上诉机构通过行使自由裁量权予以澄清或填补。专家组和上诉机构在确定或适用证据规则的过程中，享有充分的自由裁量权，不过不得违反 WTO 协定的明文规定，并且应当与其职权相符，遵守善意原则、正当程序原则以及客观评估义务。

---

① Louis Henkin, How Nations Behave: Law and Foreign Policy (2nd edition), Columbia University Press, 1979, p. 1.

关于证据问题，专家组和上诉机构通过行使自由裁量权可以形成新的"判例"。几乎全部的专家组报告和上诉机构报告涉及证据尤其是证明责任问题，经过 GATT 尤其是 WTO 争端解决机制多年的运行实践，已发展出了初步体系化的证据"判例法"。尽管专家组报告和上诉机构报告在法律上不具普通法国家判例那样的约束力，但往往构成事实上的先例，在后来 WTO 争端解决受到尊重和援引，除非具有强有力的正当理由才可以背离。可以预见的是，"随着争端各方在争端中越来越多地使用证据来证明事实的可靠性，我们可以指望专家组会进一步发展出必要的程序规则。"① 发展中的 WTO 证据规则涉及证据的可采性与证明力、证据的收集与提交、证明责任与证明标准，等等。

由于专家组成员和上诉机构成员来自不同国家，具有不同的法律文化背景。在缺乏具体的成文证据规则的情况下，WTO 证据规则的发展必然体现了不同法律文化冲突之后的融合，不断从不同证据制度中汲取适合 WTO 争端解决的规则。因此，WTO 证据"判例法"可以看到不同法律文化的影子，呈现出"混合性"特征。

普通法法律文化对于 WTO 证据规则产生的影响体现在：当事方对于于己不利的证据具有披露义务、源于普通法传统的"法庭之友"制度在 WTO 争端解决中逐渐获得认可、在证明责任问题上"初步证据案件"概念与规则的使用、当事方专家的运用，等等。不过，WTO 争端解决机制的基本结构更接近于大陆法司法模式而不是普通法司法模式，证据规则的确定与适用会更多地受到大陆法司法模式的影响。WTO 争端解决通过法律专家或贸易专家进行，不像普通法的法院采取区分事实认定和法律适用的"二元制"，另外裁判者在争端解决程序中被赋予积极角色，② 这包括裁判者可以主动收集证据，独立专家相比于当事方专家具有更重要的地位和作用，专家组在庭审中常常会积极进行询问，证据认定不受严格的证据可采性规则的约束，等等。

尽管 WTO 证据规则逐步通过争端解决实践得以澄清和发展，不过仍

---

① ［美］戴维·帕尔米特、［希腊］佩特罗斯·C·马弗鲁第斯：《WTO 中的争端解决：实践与程序（第 2 版）》，罗培新、李春林译，北京大学出版社 2005 年版，第 101 页。

② Michelle T. Grando, Evidence, Proof, and Fact - finding in WTO Dispute Settlement, Oxford University Press, 2009, p. 66.

然存在一些有待完善的地方。比如，在现有 WTO 法律框架下法庭之友陈述采纳的合法性受到质疑；证据特免权及其具体内容还有待进一步完善；发展中国家和发达国家在证据收集的能力存在明显差距，有必要在 WTO 争端解决机制中确立专门的证据调查机构；商业秘密信息的保护程序与制度不够完善，常常成为争端方拒绝披露证据的理由；证明责任、初步证据案件以及推定等法律概念由于存在歧义，造成理解和适用上的混乱；WTO 争端解决中证明标准是初步证据案件、优势证据、还是其他标准，也存在分歧，在专家组报告或上诉机构报告中难以看到明晰的表述；证明责任的分配标准的合理性和统一性仍然受到质疑。对于这些问题，前面各章已经分别进行详细阐述，并提出建议，在此不予赘述。

二   WTO 证据规则成文化的必要性

在 WTO 证据规则仍有待完善的情况下，WTO 领域面临这样一个问题：是否需要制订具体的、成文的 WTO 证据法？

学术界一直存在一种声音，那就是为维护程序正义原则，加强争端解决机制的中立性和公正性，应拟定明确的证据规则。[①]事实上，总体而言没有必要去制订证据成文法，当然个别问题除外，比如法庭之友陈述的采纳缺乏明确的法律依据，需要相应的成文规则。

基于以下原因不宜制订一整套具体的 WTO 证据法：首先，关于 WTO 争端解决的证据问题，已经形成了一套初具规模与体系化的"判例法"，而且 WTO 争端解决实践仍然可以不断推进这些规则的完善。其次，一旦确立了具体的成文证据法，将会限制专家组的自由裁量权，阻碍专家组灵活高效地处理证据问题，推进争端解决程序。再次，证明责任分配问题更是没有必要制订成文规则，这已经在第五章进行了充分论述。最后，国际法院，解决投资争端国际中心，国际海洋法庭等国际司法机构都没有制订具体的成文证据规则，它们的良好运作也未受到无成文证据规则的影响。没有成文的证据规则，并不等于没有证据规则，只不过更多地以判例形式存在，并且不断通过争端解决实践和理论研究得以发展和完善而已。

退一步讲，如果一定要制订 WTO 证据规则，可以考虑制订一个 WTO

---

① 邵沙平、余敏友：《国际法问题专论》，武汉大学出版社 2002 年版，第 343 页。

证据指南。指南是建议性的，不具有强制约束力。这一点可以从国际商事仲裁实践获得借鉴，在国际商事仲裁领域，证据规则在最近 10 多年开始陆续出现，其中最具有代表性的算是国际律师协会的《国际仲裁取证规则》（分别于 1983 年，1999 年，和 2010 年制订或修订），这些证据规则不具有当然约束力，当事人或仲裁员可以选择适用。证据规则的制订对国际商事仲裁规范化同时避免仲裁诉讼化起到良好作用，有利于在国际商事仲裁中实现证据规则的确定性和灵活性的统一，在国际仲裁界获得广泛认可。如果制订 WTO 证据指南，那么它可以涉及那些容易产生分歧的关键问题，比如书证出示的范围与条件、证明责任、证明标准、初步证据案件以及不利推定的条件，等等。

三　WTO 证据规则与中国民事证据法的比较

WTO 证据规则与中国民事证据法相比，整体上存在一些相同点。比如，中国民事诉讼受职权主义模式影响，法官在诉讼程序中承担着积极主动的角色。对于专业性或技术性问题，法院通常依据当事人的申请去指定鉴定人（相当于独立专家），并由后者协助法庭认定事实。另外，中国司法实践逐渐认可当事人向法院申请具有专门知识的人员（即专家辅助人）出庭，就案件的专业性问题进行说明，接受询问，并可以对鉴定人进行询问。① 专家辅助人的角色类似于 WTO 争端解决中的当事方专家。与 WTO争端解决中的情况相似，在中国民事诉讼中没有普通法国家那样的繁杂的可采性规则，法官对证据的可采性享有较大的自由裁量权。关于证明责任的含义，在中国"双重含义说"已取得通说地位。关于民事诉讼中的证明责任分配，中国《民事诉讼法》确立了"谁主张，谁举证"的基本原则。

同时，中国民事证据法与 WTO 证据规则也存在一些差异。比如，中国法庭要求当事人披露于己不利的证据在实践中只是偶尔会出现，即使要求证据披露，也只是涉及个别文件，这样的做法不利于事实的查明。在中国民事诉讼中，鉴定人出庭率低，难以保障对鉴定结论的有效质证。法庭更多地依赖书证来发现事实，开庭的目的只是澄清书面材料所提到的事实问题，开庭时间通常很短。关于证据的证明力，采用自由心证和法定相结

① 2001 年《证据规定》第 61 条，《民事诉讼法》第 79 条。

合的方法。法官综合多种因素评判证据，在一定程度上属于自由心证。同时，法律明确规定某些证据比其他证据的证明力低，或者某些证据不能单独作为认定案件事实的依据等，这又体现了法定证据的特征。① 另外，在诉讼程序中不注重程序公正的情况比较常见，比如对待逾期证据的过分宽容态度，对当事人质证权利保护不够充分，这些是受中国重实体轻程序的法律文化的影响。

以上只是粗略的比较，两套规则之间仍存在其他许多微妙的差异。WTO 争端解决中的许多证据规则对于中国法律实务人士来说须要认真学习和研究。比如，书证披露范围的主张与异议（包括特免权问题）、"初步证据案件"的理解与适用、法庭之友陈述的提交、证明责任的分配、质证技巧等等。

第二节　涉华 WTO 争端解决中证据规则的运用

中国在 2001 年加入 WTO 后很快度过了"蜜月期"。2006 年"中国汽车零部件案"成为中国进入 WTO 争端高发期的重要标志，此后中国遭受了密集申诉，截至 2014 年 12 月底，中国在 WTO 被诉案件总数已经达到 32 次。在这个过程中，案件涉及的领域不断向纵深扩展，不仅涉及传统的贸易救济领域，还涉及服务贸易、知识产权，甚至还牵涉国家能源政策。自 WTO 成立后至 2014 年 12 月底，中国的被诉次数在世界各国名列前三。② 考虑到中国 2001 年才加入 WTO，中国被诉频率显然非常之高。另外一方面，中国作为申诉方参与 WTO 争端解决的次数也不断增加，截至 2014 年 12 月底，中国已经累计在 WTO 争端解决机制申诉 12 次，主动申诉次数在世界各国排名第 11 位。③ 中国申诉的案件主要集中在贸易救济领域。

---

① 王炜：《论民事诉讼证人的询问模式》，《内蒙古大学学报》2009 年第 6 期。

② 在 WTO 被诉次数列前 10 位的成员方是：美国（121 次）、欧盟（80 次）、中国（32 次）、印度（22 次）、阿根廷（22 次）、加拿大（18 次）、日本（15 次）、巴西（15 次）、韩国（14 次）、墨西哥（14 次）。数据来源：http://www.wto.org。

③ 排在中国之前的 10 个 WTO 成员方为：美国（107 次）、欧盟（94 次）、加拿大（34 次）、巴西（27 次）、墨西哥（23 次）、印度（21 次）、阿根廷（20 次）、日本（19 次）、韩国（16 次）、泰国（13 次）。数据来源：http://www.wto.org。

本章并不试图对所有涉华 WTO 争端进行全面的法律分析，而仅以证据规则的运用为视角，实证考察其中几起典型的争端解决。对于这些争端的分析，主要针对争议事实，围绕举证、质证以及认证各环节展开。通过对涉华 WTO 争端的考查，试图了解其中证据规则的运用情况，发现中国应对争端的不足。

一　"美国钢铁保障措施案"

2002 年 3 月，美国公布对进口钢铁的保障措施方案，欧盟、日本、韩国以及中国等国家纷纷提出磋商要求。"美国钢铁保障措施案"是中国入世以后的第一案，中国等申诉方的主要诉请最终得到了专家组和上诉机构的支持。该案涉及许多事实问题和法律问题，以下就其中的"未预见的发展""快速增长""因果关系"以及"发展中国家地位"等基本争议事实的证明与认定进行分析。

（一）"未预见的发展"的证明与认定

早在"美国羊羔案"中，上诉机构就曾指出：由于未预见的发展的存在是必须证明的先决条件，依据 GATT 第 19 条，这个证明必须在实施保障措施之前做出，否则，该措施的法律基础存在瑕疵；[1]《保障措施协定》第 3.1 条要求主管当局在其发布的报告中阐述所有有关事实问题和法律问题的观点和合理结论，为实施保障措施，"未预见的发展"的存在属于"有关事实问题和法律问题"，因此主管当局的报告必须包含对未预见发展的观点和合理结论。[2] 因此，在"美国钢铁保障措施案"中，被诉方美国有责任证明"未预见的发展"的存在。

美国在其第二份补充报告中提出"未预见的发展"，具体包括亚洲金融危机、苏联解体、美国经济强劲和美元升值。专家组指出："未预见的发展"的判断标准具有主观性，但是标准的主观性并不减损这样的事实，即对进口方而言，发展的未预见性是必须通过充分且合理的解释来证明的，而且未预见的发展必须与措施涉及的特定产品相关联。[3]专家组基于以下理由认可美国提出的"未预见的发展"。首先，亚洲金融危机发生在

---

① AB Report, US – Lamb, WT/DS177/AB/R, WT/DS178/AB/R, para. 72.

② Ibid., para. 76.

③ Panel Report, US – Steel Safeguards, WT/DS248/R, paras. 10.41 – 10.42, 10.44.

美国对保障措施所涉钢铁产品的关税减让谈判之后，这是"未预见的发展"；其次，虽然苏联解体发生在 WTO 成立之前，但是其导致的金融失调和币值波动可能是无法预见的，已经存在的事实也可能发展为先前不能预见的情形；再次，关于美国经济强劲和美元升值，美国将它和其他未预见的发展相联系，认为构成未预见的发展。①

关于未预见的发展是否导致进口增长，专家组指出，美国没有充分的数据来证明未预见的发展导致进口增长，美国没有提供充分且合理的解释。美国回应称，其报告中已经包括了这些数据，只不过不在"未预见的发展"这一部分，专家组应当将这些数据联系起来。上诉机构认为"其所需要的，不是数据本身，而是对数据的解释"，美国主管当局而不是专家组有义务提供合理的解释。②

美国在上诉中质疑专家组裁定美国应当证明未预见的发展如何导致每种产品进口的增长。美国认为 GATT 第 19 条只是要求进口增长是未预见发展的结果（a result of），而不是引起（cause）。上诉机构通过援引辞典指出，未预见的发展应当导致进口增长，而且证明每种产品进口的增长是重要的，否则就会出现即便某种产品进口没有增长，但是主管当局仍然对该类产品实施保障措施。③

可见，专家组采用非常宽松的标准认定了"未预见的发展"这一事实的成立；而对于"未预见的发展"如何导致进口增长的问题，专家组则采用了严格的认定标准，④ 而且，上诉机构认可了专家组的结论。

（二）进口增长的证明与认定

专家组指出，进口增长（is being imported）在协定中使用的时态是进行时，因此进口增长应当是最近的；⑤ 保障措施是针对未预见的发展而实施的，因此也必须是突然的进口增长。⑥ 专家组还认为，对于进口增长的

---

① Panel Report, US – Steel Safeguards, WT/DS248/R, paras. 10. 80 – 10. 84.

② AB Report, US – Steel Safeguards, WT/DS248/AB/R, para. 329.

③ Ibid. , para. 315.

④ 姜丽勇、纪文华：《WTO 之"美国 201 钢铁保障措施案"研究》，《国际经济法学刊》2005 年第 1 期。

⑤ Panel Report, US – Steel Safeguards, WT/DS248/R, para. 10. 159.

⑥ Ibid. , para. 10. 166.

结论，可以由调查结果来确定。① 专家组区分不同产品进行分析，最终认为其中 5 种产品存在进口增长，另 5 种产品的进口没有增长。

上诉机构首先考虑了调查期的问题，认为关于进口增长通过点对点的比较是不够的，需要考虑整个调查期的趋势。通过对不同产品的数据分析，上诉机构对专家组关于板材产品、不锈钢棒、热轧棒的分析结论基本认可，但是驳回了专家组对镀锡类产品和不锈钢线材产品增长问题的裁定。

（三）因果关系的证明与认定

《保障措施协议》第 4.2 条规定：除非调查根据客观证据证明有关产品的进口增长与严重损害或严重损害威胁之间存在因果关系，否则不得确定进口增长已经或正在威胁造成损害。如增长的进口之外的因素正在同时对国内产业造成损害，则此类损害不得归因于增长的进口。

专家组认为，在美国对 10 种产品的保障措施中，9 种产品没有充分证明进口增长和严重损害之间存在因果关系，对于第 10 种产品即不锈钢线，专家组认为证明了进口增长和严重损害之间存在因果关系。在前 9 种产品中，对于镀锡产品和不锈钢棒，由于在产品分类问题上美国国际贸易委员会委员的意见不能相互协调，专家组据此认为美国未能证实因果关系的存在。②

（四）"发展中国家地位"的证明与认定

《保障措施协定》第 9.1 条规定了对于发展中国家的特殊与差别待遇。美国宣布其保障措施根据普惠制和《保障措施协定》不适用于发展中国家，但是没有将中国作为发展中国家一同排除于保障措施适用范围。

中国指出：美国无权以普惠制来决定发展中国家的范围，美国未将中国作为发展中国家对待，应当提供充分而合理的解释；《中国加入议定书》和《中国工作组报告》均未特别将中国排除在《保障措施协定》第 9.1 条的范围之外。尽管《中国工作组报告》第 9 段提到：一些工作组成员指出，由于中国经济的巨大规模、快速增长和过渡性质，在确定中国援用发展中国家可适用的过渡期和 WTO 协定中其他特殊规定的需要方面，应采取务实的方式；应认真考虑和具体处理每个协定和中国的情况。但是

① Panel Report, US – Steel Safeguards, WT/DS248/R, para. 10. 171.

② Iibd., paras. 10. 307 – 10. 308.

在《中国工作组报告》中只是列举了农业、与贸易有关的投资措施以及补贴三个特殊领域，中国承诺不享受某些特殊与差别待遇。保障措施领域，中国应当享受发展中国家待遇。

美国认为，中国应当证明自己是一个发展中国家，但是中国没有就此确立一个初步证据案件。而中国的立场是，中国在列举《中国加入议定书》和《中国工作组报告》的内容之后即已经履行了证明责任，此时证明责任已转移至美国，由美国证明中国无权享受保障措施的发展中国家待遇。①

专家组出于司法节制的考虑对中国的发展中国家地位问题没有进行认定。在上诉过程中，中国将该问题作为附条件的反诉提出，因为所附条件未成就，上诉机构对此问题也未予认定。

（五）简评

美国实施保障措施所依据的《1974 年贸易法》，与《保障措施协定》相比，没有规定"不可预见的发展"是必须证明的事项。在"美国钢铁保障措施案"的审理过程中，美国也并不否认其国内法与 WTO 规则存在上述差异。② 这种差异是美国实施的保障措施不符合 WTO 规则的主要原因之一。

在"美国钢铁保障措施案"中，中国积极参与，在"不可预见的发展""快速增长""发展中国家问题"等诸多焦点问题上都提出了法律和事实方面的意见。③ 作为 WTO 争端解决中新的参与者，中国自此已经在运用 WTO 争端解决机制及其证据规则方面迈出了坚实的一步。

二 "中美知识产权案"

2007 年 6 月，美国针对中国识产权保护和实施措施启动 WTO 争端解决程序。美国质疑的措施主要包括：1. 中国对境内未经授权出版或发行的作品拒绝保护；2. 中国针对海关没收的侵犯知识产权商品的海关措施；

---

① 姜丽勇、纪文华：《WTO 之"美国 201 钢铁保障措施案"研究》，《国际经济法学刊》2005 年第 1 期。

② 李静冰：《中国在 WTO 第一案——美国 201 钢铁保障措施案首次听证会散记》，《中国律师》2003 年第 3 期。

③ 姜丽勇、纪文华：《WTO 之"美国 201 钢铁保障措施案"研究》，《国际经济法学刊》2005 年第 3 期。

3. 中国现行法律有关假冒商标或盗版行为的刑事门槛。

（一）拒绝保护作品的证明与认定

中国《著作权法》第 4 条第 1 款规定："依法禁止出版、传播的作品，不受本法保护。"美国指出，"不受本法保护"这个短语排除了《著作权法》第 10 条所列的权利和第 46、47 条规定的救济。中国在案件审理中对专家组第 89 号问题的回答也表明其同意第 4 条第 1 款规定不受保护的权利包括第 10 条所列的各项权利。①

专家组认为《著作权法》第 2 条第 2 款与第 4 条第 1 款有关联，第 2 条第 2 款规定某些外国人在其任何作品中享有的著作权"受本法保护"，而第 4 条第 1 款采用相同的用语，只是增加了一个否定词（不），规定某些作品"不受本法保护"。这表明第 4 条第 1 款否定了第 2 条第 2 款给予的保护。② 专家组判定："从字面上看，正如美国所主张的那样，《著作权法》清楚地表明第 4 条第 1 款拒绝给予包括 WTO 成员方国民的作品在内的某些作品以第 10 条的保护。"③

专家组进一步援引美国作为证据提供的中国最高人民法院 1998 年给湖南省高级人民法院的一份函中关于第 4 条第 1 款的解释："《内幕》一书正文未发现有违反法律的内容。因此，一、二审法院按照著作权法的规定对该作品给予保护，是正确的。"专家组因而认为"最高人民法院的函确认《著作权法》第 4 条第 1 款拒绝给予著作权保护，并澄清了第 4 条第 1 款适用于某作品因其内容被禁止出版、传播的情况。"④

对于中国在案件审理的第一次实质性会议之后提出的"不受本法保护"所拒绝的并非"著作权"而是"著作权保护"这一解释，专家组不予接受，并且指出："中国未解释在依第 4 条第 1 款不予著作权保护之后，在什么意义上，作者还能享受著作权，或者著作权还能存在。"⑤

专家组还审查了与《著作权法》第 4 条第 1 款"依法禁止出版、传播"有关的中国国内法，包括《刑法》《出版管理条例》《广播管理条例》《音响制品管理条例》《电影管理条例》和《电信管理条例》，认定这些法

---

① Panel Report, China – Intellectual Property Rights, WT/DS362/R, para. 7.47.

② Ibid., para. 7.41.

③ Ibid., para. 7.50.

④ Ibid., para. 7.52.

⑤ Ibid., para. 7.67.

律法规是判定作品内容"非法"的标准，并且审查了相应判定程序，认为美国举证不足，驳回美国关于中国将《著作权法》第 4 条第 1 款适用于四类作品（"从未在中国递交受内容审查的作品、在中国等待内容审查的作品、在中国未授权传播的已编辑作品、未通过内容审查的作品"）的指控，裁定只有"未通过内容审查的作品以及在构成著作权作品的范围内，已编辑作品中未通过内容审查的被删除部分"适用第 4 条第 1 款。①

最终专家组认定，中国《著作权法》尤其是第 4 条第 1 款违反了 TRIPS 的规定。

（二）刑事门槛过低的证明与认定

针对美国指控的"刑事门槛"过低，中国认为针对假冒商标或盗版行为的刑事程序和处罚门槛已经足够威慑犯罪，并没有违反 TRIPS 义务。② 1997 年《中华人民共和国刑法》第三章第七节的规定、《关于办理侵犯知识产权刑事案件具体应用法律若干问题的解释》以及《关于办理侵犯知识产权刑事案件具体应用法律若干问题的解释（二）》对侵犯知识产权行为具有足够的惩罚力度。

专家组认为，条约义务中的标准在适用于不同实际情况时会发生变化，并不要求成员国执行特定标准。主张成员国的实施方式不符合规定，应承担证明责任。拒绝对部分故意的假冒商标和著作权盗版行为追究刑事责任，是条约义务所允许的，美国仅仅提交了一些新闻报道，即使这些报道适宜作为证据，其信息量太小不足以说明中国任何产品的商业规模水平，况且美国递交的大部分媒体文章发表于美国或中国以外其他国家的英文媒体中，这些信息来源被认为不具有权威性，相关报道不具有证明力。③

专家组最终认定，美国未能证明中国的刑事门槛与中国根据 TRIPS 第 61.1 条承担的义务不符。④

（三）海关措施问题的证明与认定

美国指出经过权利人同意的捐赠符合 TRIPS 第 46 条体现的原则，问

---

① Panel Report, China – Intellectual Property Rights, WT/DS362/R, para. 7.103.

② Ibid., para 7.677.

③ Ibid., paras. 7.628 – 7.630.

④ Ibid., para. 8.1（c）.

题是中国系争措施没有限制海关当局转交社会福利机构的自由裁量权，在权利人利益可能受到损害的情况下，这是不适当的。① 如果捐赠物品是劣质产品或假冒产品，可能会损害权利人的声誉或引发赔偿请求；而且社会福利机构似乎可以不受限制地销售这些侵权产品，这会使这些产品重新进入流通领域。②

专家组认为，中国的海关措施已经从初步表明：就侵权货物能否用于社会公共福利，海关会做出决定；海关有义务对于此类货物的使用进行必要的监管，而且是通过海关与红十字会达成备忘录的方式实施这种义务。在这种情况下，证明责任转移至美国。③ 由于美国在这方面并没有提供充分的证据，最终专家组没有支持美国的主张。

（四）简评

当美国主张中国《著作权法》违反 WTO 规则，专家组进行相应审查的情况下，中国国内法以及司法实践都仅仅是作为证据对待，而非法律。对于申诉方而言，这些证据的收集比较容易，尤其是 TRIPS 第 63.3 条确定的合作机制对于申诉方获取相关证据非常有帮助④。

当诉请转向知识产权法的实施，美国则面临证据收集的困难。上述 TRIPS 第 63.3 条机制中被诉方的义务限于特定案件的司法裁决、行政裁定的提供，申诉方要证明成员方的法律实施及其有效性违反 TRIPS 的要求，仅凭一个或几个案件中的"违反"通常不足以构成有效质疑，因此证明难度要大很多⑤。关于海关措施的主张，美国因未能满足证明责任要求而败诉。以后欧美国家在涉及知识产权法律实施的争端中，必然会更加重视证据收集，中国政府和企业应当更加尊重知识产权；同时中国也应当依据 TRIPS 保护自身正当的利益，TRIPS 第 63.4 条规定了成员方披露信

---

① Panel Report, China – Intellectual Property Rights, WT/DS362/R, para. 7. 287.

② Ibid., paras. 7. 288 – 7. 298.

③ Ibid., paras. 7. 312 – 7. 313.

④ TRIPS 第 63.3 条规定：每一缔约方都应做好准备，在接到另一缔约方的书面请求之后提供 TRIPS 第 63.1 条规定的应当公布的法律、司法判决和行政决定等信息。"当一个缔约方有理由相信涉及知识产权的某一司法判决或者行政决定或者双边协定影响了其依据本协议所享有的权利时，也可以提出书面请求，以获得或者被告知这样的司法判决、行政决定或双边协定的详细细节。"

⑤ 马松涛：《析 TRIPS 协定争端解决中的困境——兼评中美知识产权案》，《武大国际法评论》2011 年第 1 期。

息的合作义务的例外，中国可以依据该例外规定基于公共利益和企业正当的商业秘密信息保护，拒绝其他 WTO 成员方关于信息提供的请求。

三　"美国双反措施案"

美国近些年来对原产于中国的产品频频实施"双反"调查并且同时征收反倾销税和反补贴税，为此中国多次在 WTO 提起申诉，比如，"美国铜版纸反补贴和反倾销案"（DS368）"美国双反措施案"（WT/DS379）以及"美国对特定中国产品的反补贴及反倾销措施案"（DS449）。"美国双反措施案"是其中具有代表性的案例。

2008 年 9 月 19 日，中国因美国商务部对中国新型非公路用充气轮胎等四种产品征收反倾销税和反补贴税提出与美国磋商。以下就公共机构、双重救济以及政策性贷款法律专项性等基本争议事实的证明与认定进行分析。

（一）公共机构的界定与证明责任

1. 公共机构的界定

中国诉称，美方认为中国国有企业及国有商业银行属于法定的和行使职能的政府当局没有依据，它们在法律上理当视为私有机构而非公共机构。美国商务部只有证明这些实体受到 SCM 第 1.1（a）（1）（iv）条意义上的"委托或指定"而提供货物和贷款，才能做出中国政府提供补贴的合法结论。由于美国商务部没有审查是否存在"委托或指定"，其做出的中国政府提供补贴的裁定不可能与 SCM 第 1.1 条相符。①

中国援引了相关案例支持自己的主张，指出在"美国对存储器征收反补贴税调查案"中上诉机构认为国有公司应初步判断为私有机构；② 而在"加拿大奶制品案"中上诉机构将"公共机构"定义为"行使政府授权的、为政府目的执行政府职能的实体"。③ 此外，中国引用法语和西班牙语中关于"公共机构"的含义、GATS 附件第 5（c）（i）段以及国际法委员会《国家国际不法行为草案条款》对"公共机构"的定义以支持自己的主张，其中 GATS 附件第 5（c）（i）段将公共机构定义为"由一成员

---

① Panel Report, US – Anti – Dumping and Countervailing Duties, WT/DS379/R, para. 8.3.

② AB Report, US – Countervailing Duty Investigation on DRAMS, WT/DS296/AB/R, para. 112.

③ AB Report, Canada – Dairy, WT/DS103/AB/R, para. 97.

拥有或控制的，主要为政府目的执行政府职能或进行活动的实体"。①

美国辩称，SCM 第 1.1（a）（1）（iv）条的"私有机构"术语是"公共机构"的对称，"私有"的一般含义是由私人拥有而非国家拥有，而"公共机构"可以是完全由国家拥有的实体。在美国看来，国有企业与国有商业银行不属于政府并不妨碍其被视为公共机构。公共机构不是私有实体，可以是政府拥有的实体。总之，"公共机构"包括政府拥有的实体，但不必行使政府职能。②

美国以《中国工作组报告》第 172 段为依据，认为它清楚表明中国承认国有企业（包括国有银行）是政府行为者，或至少是公共机构。但专家组指出，美国并未论证这一段内容构成中国关于 SCM 第 1.1（a）（1）条任何特定解释的承诺，因此分析《中国工作组报告》的用语并非必要。③

但是，专家组最终认为，SCM 第 1.1 条使用的"任何公共机构"术语是任何由政府控制的实体，这是按照 SCM 的上下文及其目的与宗旨对该术语的通常含义所做出的正确解释。④

上诉机构认为，根据 SCM 第 1.1（a）（1）条的第 4 段，政府和公共机构都可以委托或指示私有机构履行或从事一项或多项职责或行为。据此，公共机构可以行使职权强制或命令私有机构，或支配其行为，也可以向私有机构分派特定任务而赋予其责任，但公共机构本身必须拥有这种职权、强制或命令的能力。⑤ 据此，上诉机构推翻了专家组关于中国国有企业属于"公共机构"的认定，最终裁决美国商务部在反补贴调查中将中国国有企业认定为"公共机构"违反了 SCM 的规定。⑥

2. 公共机构的界定对证明责任的影响

在"美国双反措施案"中，中国国有企业是否"公共机构"关系到

---

① Panel Report, US – Anti – Dumping and Countervailing Duties, WT/DS379/ R, paras. 8.8 – 8.16.

② Ibid. , para. 8.22.

③ Ibid. , para. 8.93.

④ Ibid. , paras. 8.70, 8.94.

⑤ AB Report, US – Anti – Dumping and Countervailing Duties, WT/DS379/AB/R, paras. 293 – 294.

⑥ Ibid. , para. 611（a）.

当事方证明责任的负担以及证明对象的内容。

中国的基本立场是中国国有企业应视为或推定为私有机构而非公共机构，只有美国证明了这些实体受到"委托或指定"，才能构成"公共机构"。也就是说，中国国有企业被推定为私有机构，如果美国主张这些企业为公共机构，则需要负担关于"委托或指定"的证明责任。而美国的观点是"公共机构"是由政府控制的实体，判断标准是股权或者控制权。依据美国的观点，中国国有企业因政府所有或控股即可以认定为公共机构，美国无须再承担其他证明责任。

在公共机构认定问题上，上诉机构推翻了专家组做出的对中国不利的裁决。公共机构的认定在涉及补贴的争端中是一个基础性的问题，上诉机构的这一裁定对于中国参与 WTO 争端解决具有重要意义。

（二）双重救济的证明与认定

中国主张，美国在认定反倾销中已运用非市场经济方法计算正常价值，现又对同一产品征收反补贴税，构成双重救济，违反 WTO 规则。

专家组认为，SCM 第 19 条并未涉及双重救济问题，协定的起草者并未试图规制双重救济。专家组进一步指出，中国未能证明美国商务部在反倾销调查中运用非市场经济方法和对同一产品征收反补贴税与 SCM 第 19.3 条不符。① 而且专家组认定，美国商务部没有义务在反倾销调查中调查运用非市场经济方法是否会对补贴造成抵销作用，中国没有进一步论证以支持自己的主张，因此中国没有证实美国在调查中同时征收反倾销税与反补贴税的做法违反 GATT 第 6.3 条和 SCM 第 10 条的规定。②

上诉机构认为，依据非市场经济方法计算的反倾销税和同时针对同一产品征收反补贴税可能会导致双重救济。根据 SCM 第 19.3 条，美国调查机构有义务确认补贴的准确数额以及补贴税的适当数额，调查机构应当尽力调查相关事实，并且确定针对相同进口产品同时征收反倾销税与反补贴税是否以及在多大程度上构成对补贴的两次抵销。③ 可见，上诉机构认为

---

① Panel Report, US – Anti – Dumping and Countervailing Duties, WT/DS379/R, paras. 14. 129 – 14. 130.

② Ibid. , para. 14. 138.

③ AB Report, US – Anti – Dumping and Countervailing Duties, WT/DS379/AB/R, para. 602.

进口方调查机构负有不存在双重救济的证明责任。①

因此，上诉机构推翻了专家组的裁定，并且裁定美国商务部在调查中没有评估同时征税是否造成双重救济，违反了 WTO 义务。②

（三）政策性贷款的法律专向性的证明与认定

中国指控美国商务部关于法律专向性的裁定违反了 SCM 第 2.1（a）条下的义务。专家组对美国商务部裁定所依据的中国各级政府文件进行审查，这些文件包括《"十一五"规划》、《国务院关于发布实施〈促进产业结构调整暂行规定〉的决定》（以下简称《实施决定》）、《产业结构调整指导目录》（以下简称《产业目录》）、《国家经贸委 716 号通知》（以下简称《通知》）及相关省市级政府文件。

关于中国《"十一五"规划》，专家组指出，依据其原话，《"十一五"规划》的目标是"阐明国家战略意图，明确政府工作重点，引导市场主体行为"，而汽车是被作为优先发展的产业或部门之一；其第 11 章（振兴装备制造业）第 2 节规定，提升汽车工业水平，加快发展拥有自主知识产权的汽车发动机、汽车电子、关键总成及零部件；另外第 19 章（实施区域发展总体战略）第 2 节和第 3 节也涉及促进汽车产业发展。据此，专家组认为这个文件支持美国商务部的结论，即汽车部件被确定为中国的优先发展目标。③

专家组指出，《实施决定》确认了美国商务部的裁定，即《产业目录》的功能是形成各级政府投资方向的依据，而且具有强制性。《实施决定》明确规定《产业目录》的一项主要功能是分配金融机构提供的贷款，同时它也为地方各级政府如何执行中央政府计划中的优先投资项目规定了细节。据此，专家组裁定美国商务部对《实施决定》的定性有理有据。④

《产业目录》明确列举了鼓励类、限制类和淘汰类产业的项目。专家组认为鼓励类项目具有狭隘性，因为《产业目录》并未用一般性的条件描述属于鼓励类、限制类或淘汰类的项目。相反，其中各个类别中包含的

① 陈卫东、余敏友：《WTO 中反击欧美运用非市场经济方法歧视中国出口货物研究》，《国际贸易》2013 年第 4 期。

② AB Report, US – Anti – Dumping and Countervailing Duties, WT/DS379/AB/R, para. 611（d）.

③ Panel Report, US – Anti – Dumping and Countervailing Duties, WT/DS379/R, para. 9.55.

④ Ibid., para. 9.60.

是个别的项目类型，并且都是以具体的和严格限定的条件进行界定。专家组指出，所列明的每一部门中描述的项目具有狭隘性，只是被挑选的一些特定类型项目可以获得补贴。① 与该案直接相关的是，不同类型的轮胎分列于三个类型之中，可以佐证鼓励类项目的狭隘性。②

关于《通知》及相关省市级政府文件，专家组的审查结论是支持美国商务部的裁定，即《通知》向各级地方政府传达了中央政府关于轮胎产业投资的政策指示，而地方政府文件用于执行中央政府的计划。③

在上诉程序中，中国针对专家组的法律专向性裁定提出异议，但是上诉机构维持了专家组的裁定。

（四）简评

在"美国双反措施案"中，对中国国有企业和国有银行是否为"公共机构"的界定对当事方的证明责任会产生不可忽视的影响，上诉机构做出了支持中国立场的裁定，将有利于中国以后参与涉及反补贴的争端。

依据非市场经济方法计算的反倾销税和同时针对同一产品征收反补贴税可能会导致双重救济，如果由中国负担"双反"构成双重救济的证明责任，中国在 WTO 争端解决中将面临艰难处境。上诉机构虽然没有认定"双反"必然构成双重救济，但将不存在双重救济的证明责任施加给美国，这有利于中国应对双反措施。

在认定政策性贷款的法律专向性过程中，专家组审查的主要证据就是中国各级政府文件。根据 DSB 的裁决，中国的政策性贷款补贴计划本身需要调整；对于将来调整后的贷款计划，中国也应当在执行环节严格执行，审慎使用自由裁量权，否则也可能被认定为具有事实上的专向性。④

四 "中美轮胎特保案"

美国于 2009 年 4 月 24 日针对原产于中国的轮胎产品开始调查，并且最终认定这些产品的"快速增长"造成或威胁造成美国国内轮胎业的市场扰乱，进而裁定针对中国轮胎实施惩罚性关税，即在 4% 的原有关税基

---

① Panel Report, US – Anti – Dumping and Countervailing Duties, WT/DS379/R, para. 9. 68.

② Ibid., para. 9. 69.

③ Ibid., paras. 9. 80, 9. 94.

④ 张军旗：《WTO "美国——双反措施案"中中国政策性贷款的法律专向性认定疑析》，《上海财经大学学报》2014 年第 6 期。

础上，在以后 3 年分别加征 35%、30% 和 25% 的附加关税。中国为此启动 WTO 争端解决机制。此后，专家组报告做出了不利于中国的裁决，而且最终上诉机构维持了专家组裁决。

在专家组程序中，争端双方主要的争议事实包括：《中国加入议定书》第 16.4 条中的因果关系是否成立；美国限制措施是否超过"防止和补救市场扰乱所必需的限度"；美国限制措施是否超过了"防止和补救市场扰乱所必需的时限"。根据"谁主张，谁举证"原则，中国因提出相应主张因而承担证明责任。

（一）因果关系的证明与认定

中国指出：导致美国国内产业损害的原因，除涉案进口外，还包括其国内产业的经营战略等其他原因，美国国际贸易委员会应审查每一原因对国内产业的影响以及这些原因的累积效用；美国国际贸易委员会忽视或没有充分评估这些原因，不恰当地归因于涉案进口。[1]

中国认为经营战略是对美国国内产业造成实质损害的一项"其他原因"，某些损害应当归因于国内产业从替代市场的低附加值部门退出，而不应归因于涉案进口。根据这一理论，涉案进口仅仅是填补了产业退出留下的缺口。[2] 专家组在审查了美国提交的报告后指出，认定美国国际贸易委员会对国内产业替代经营战略的分析有误没有根据，中国未能确立初步证据案件。[3]

中国也指出，美国国际贸易委员会忽略了几个其他替代因素，包括原材料成本急剧升高和原材料短缺、提高生产的自动化、原油价格上涨导致的动力缺乏、罢工和劳工问题、美国轮胎生产商的高遗留成本以及诸如设备限制的其他因素。专家组认为，中国没有针对这些因素展开论述并提供合理解释。[4]

关于累积评估问题，中国指出，将各种因素分别考虑，切断了涉案进口与市场扰乱的因果关系，当这些其他因素被累积起来考虑时，它们在因

---

① Section V. C. 4 of China's First Written Submission, entitled "The USITC ignored or failed to assess fully other causes of injury".

② Panel Report, US – Tyres (China), WT/DS399/R, para. 7.285.

③ Ibid., para. 7.322.

④ Ibid., para. 7.368.

果关系上的重要程度更为显著。① 专家组认为，尽管《中国加入议定书》没有关于累积评估的要求，但有些情况下若其他因素产生了具有主导作用的共同损害效果，进口增长造成的损害不应认定为"重要原因"。但是，中国没有证明这种情况的存在，因此专家组认定中国未能证明美国国际贸易委员会本应提供对其他原因影响的累积评估。②

（二）超出"必需的限度"的证明与认定

《中国加入议定书》第 16.3 条指出保障措施应"在防止或补救此种市场扰乱所必需的限度内"。中国认为，美国在本案中所采取的救济措施与第 16.3 条的规定不符，因为救济措施超出了中国进口增长导致的市场扰乱程度，美国采取的救济措施是针对其所声称的所有市场扰乱。美国国际贸易委员会将关注点放在了国内产业的利益问题上，而没有界定不同原因引起的市场扰乱。③

专家组提及"美国线管案"中上诉机构的观点，即《保障措施协定》第 4.2（b）条第 2 句规定了非归因分析（non - attribution analysis），它是一个判断归因于进口损害的"基准"（benchmark），可用于认定保障措施的范围。专家组指出，《中国加入议定书》第 16.4 条没有规定同类型的非归因分析，因此"美国线管案"中上诉机构的推理不能适用。由于《中国加入议定书》没有规定成熟的非归因分析，缺乏衡量救济措施范围的基准，也不存在任何依据来认定：如果没有区分进口增长和其他因素的损害效果，就初步证明救济措施过度。虽然缺乏"基准"造成质疑特保措施的困难，但是中国仍然负有初步证明（establish prima facie）救济措施过度的责任。中国没有尽到证明责任，比如，中国不仅没有质疑美国第 20 号证据中的分析（该分析显示特保措施建立在对第一年影响的客观评估基础上，这种影响本应当涉及对涉案进口的数量和价格产生的效果）的准确性，也没有提供任何一种对特保措施可允许采取的最大范围的评估，以致缺乏证明特保措施过度的程度的基准。④

（三）超出"必需的时限"的证明与认定

《中国加入议定书》第 16.6 条规定采取保障措施应"在防止和补救

---

① Panel Report, US - Tyres（China），WT/DS399/R，para. 7. 372.

② Ibid. , para. 7. 377.

③ Ibid. , paras. 7. 380，7. 385 - 7. 386.

④ Ibid. , paras. 7. 394 - 7. 395.

市场扰乱所必需的时限内"。中国认为 3 年的救济时限超出了"所必需的时限",① 对此,专家组认为,美国没有义务解释为什么 3 年的救济措施是必需的,也没有义务量化因进口增长导致的损害,或者区分由其他因素导致的损害。中国简单地指出美国国际贸易委员会所采取的 3 年救济时限超出了"所必需的时限"是不够的,事实上,中国有责任就此确立初步证据案件,但中国未能满足这一证明责任的要求。②

（四）简评

在"中美轮胎特保案"中,中国对于自己的主张负有证明责任,中国未能充分准备证据、未能履行证明责任是败诉的主要原因。在 WTO 争端解决实践中,专家组通常认为,申诉方需要针对其主张确立初步证据案件,只要确立初步证据案件,证明责任即转移给被诉方,中国仅仅提出主张或者分析是不够的。为查明事实,专家组可以依申请或自行要求被诉方披露证据,但这需要满足相应条件,包括文件的相关性和重要性、文件的特定性以及文件在对方控制之下,如果中国要求披露的证据本可通过其他途径收集而未收集,专家组也不会要求被诉方予以披露。

另外,《中国加入议定书》第 16.4 条没有规定《保障措施协定》第 4.2（b）条第 2 句中同类型的非归因分析,缺乏衡量救济措施范围的基准,造成中国质疑特保措施、履行证明责任面临更多的困难。

五　"中美电工钢案"

2012 年 10 月 18 日,上诉机构发布了中美电工钢案的报告,该报告维持了专家组裁定,即中国针对原产于美国的电工钢征收反倾销与反补贴税违反了 WTO 规则。关于中国执行 DSB 建议与裁决的合理期限,美国要求根据 DSU 第 21.3（c）条进行仲裁。

中国请求仲裁员给予 19 个月的履行期限,其中 8 个月用于行政性立法（administrative rulemaking）,其余 11 个月用于重新行政裁定（administrative redetermination）。③

原则上中国应立即执行建议与裁决,除非存在某些"具体情况",既

---

① Panel Report, US – Tyres (China), WT/DS399/R, paras. 7. 400 – 7. 402.

② Ibid., para. 7. 414.

③ Award of the Arbitrator, China – GOES, WT/DS414/12, para. 2. 1.

然中国主张 19 个月的合理期限，那么相应地中国应对其法律体系、行政程序等"具体情况"负担证明责任。在这个案件中，制订新的行政性立法必要性以及重新行政裁定的时间安排成为争端双方确定合理期限过程中的争议焦点。

（一）行政性立法必要性的证明与认定

建议与裁决的执行是否需要行政性立法，属于确定合理期限的重要"具体情况"。如果需要另行制订新法，"合理期限"会长很多。

中国指出，虽然《对外贸易法》为贸易救济措施提供了宽泛的法律基础，《反倾销条例》和《反补贴条例》对于反倾销与反补贴进行了更具体的规定，但是并未提供"修正和改变贸易救济措施"的法律依据。[①] 因此，中国需要 8 个月制订新法作为执行新贸易救济措施的依据。

美国认为，依据中国现行立法，中国可以重新审查正在执行的贸易救济措施，包括《反倾销条例》第 49 条和《反补贴条例》第 48 条都提供了针对"继续征收反倾销税、反补贴税的必要性进行复审"的法律依据。另一方面，美国还指出，基于《反倾销条例》第 57 条、《反补贴条例》第 56 条，中国商务部具有足够权限而且能够合理地处理与反倾销、反补贴有关的对外磋商、通知和争端解决事项。[②]而且中国过去曾经依据《行政复议法》和《反倾销条例》进行过至少三次行政复审，历时分别在 5 周、3 个月和 2 个月。据此，美国主张，中国依据现行法律可进行复审程序。[③]

仲裁员指出，正如中国所回应的那样，复审（review）和重新裁定（redetermination）是两个不同的概念。[④]他认同中国依据现行国内法没有权限及机制来执行 DSB 的建议与裁决，[⑤] 履行义务需要修正法律或制订新法。[⑥]但仲裁员同时指出，中国早应于专家组报告和上诉机构报告通过前即可准备立法，不认同在当前阶段给予中国更长期限。[⑦] 可见，仲裁员尽

---

① Award of the Arbitrator, China – GOES, WT/DS414/12, paras. 2. 4 – 2. 5.

② Ibid. , para. 2. 42.

③ Ibid. , para. 2. 44.

④ Ibid. , para. 3. 40.

⑤ Ibid. , para. 3. 26.

⑥ Ibid. , para. 3. 28.

⑦ Ibid. , paras. 3. 31 – 3. 33.

管认可了制订新法的必要性，还是基于中国怠于立法的事实拒绝了中国的请求。这种实践符合 WTO 的善意原则，同时这也可以看出仲裁员在决定合理期限问题上进行了利益平衡。

（二）重新行政裁定的时间安排的证明与认定

中国提出，需要约 11 个月重新裁定以执行 DSB 的建议和裁决，这 11 个月会处理以下步骤，包括筹备工作（45 天），起草并通过重新裁定的公告（20 天），考虑审议各方意见（30 天），举行听证会（37 天），起草初步决定（30 天），相关文件的内部审查与批准（30 天），商务部条约法律司对该文件的审查（10 天），考虑审议相关各方在文件中的意见（20 天），起草和审查最终决定（40 天），国务院关税税则委员会批准最终决定（30 天），发布公告（10 天）。[①]

美国主张在满足中国国内法程序要求的基础上，促使中国商务部行政措施能够在最短时间内符合 WTO 协定，这个最短时间应当以商务部按照《反倾销条例》和《行政复议法》规定以前完成的三个行政复审的平均时间作为标准，并要求仲裁员以此来确定中国执行 DSB 的建议与裁决所需要的合理期限。[②]

仲裁员指出，复审和重新裁定是两个不同的概念，两种措施的法律程序也不同。[③] 他认可中国所主张的行政步骤，但否定了中国提出的期限。一方面，仲裁员认为，美国要求中国在行政执行中体现最大的灵活性，这符合 DSU 第 21.1 条的规定；另一方面，中国在对这些行政步骤的举证中，多数步骤缺乏国内法上时间框架方面的依据，因此仲裁员认为中国的主张没有体现出最大的灵活性，同时认为从正当程序与灵活性的平衡角度，给予中国更短执行时间不会对相关各方造成损害。[④]最终仲裁员确定的"合理期限"为 8 个月 15 天。

（三）简评

"合理期限"的决定取决于中国对"具体情况"的证明，在中国现有法律体系下，建议与裁决的执行是否需要制订新的法律法规、立法程序及

---

① Award of the Arbitrator, China – GOES, WT/DS414/12, para. 3. 38.

② Ibid. , para. 3. 39.

③ Ibid. , para. 3. 40.

④ Ibid. , para. 3. 46.

行政程序的繁琐与否以及相关程序是否具有强制性，都会直接影响合理期限的确定。仲裁员基于中国急于立法的事实，拒绝了中国制订新法的请求，体现了 WTO 的善意原则，无可厚非。在以后的争端解决中如果作为被诉方，那么中国应考虑为建议与裁决的执行及早进行准备。

由于中国行政程序中缺少明确的或强制性的时间框架要求，因此专家组基于灵活性的理由，并未完全满足中方的时限要求，这启示中国应当反思行政程序的透明度与法治化问题，改变行政程序具有较大的随意性和主观性的现实情况。

关于合理期限问题，先前的裁决虽不具有判例的效力，但对于当前案件中合理期限的确定具有类似证据的重要作用，"中美电工钢案"中当事方的举证以及裁决都以先前裁决为参考标准，中国有必要重视对"合理期限"先前裁决的研究。

仲裁员对于合理期限的仲裁，实际是在双方举证的基础上，充分考虑影响执行期限的相关因素，权衡各方利益，以求快速有效地执行 DSB 的建议与裁决的过程。中国主张 19 个月为"合理期限"，并负有证明责任；裁决兼顾了措施的灵活性和当事方的利益平衡，一方面基于中国急于立法否定了中国制订新法的要求，另一方面很大程度上认可了中国关于重新行政裁定所需时间的主张，关于"合理期限"的裁定对于中国可以接受。

六 "中国稀土案"

2012 年 3 月 13 日，美国、日本以及欧盟针对中国关于稀土、钨及钼的出口措施提出与中国磋商。在此后的专家组程序中，中国并不否认针对稀土、钨及钼的出口税和出口配额违反相关义务和承诺，但是援引 GATT 第 20 条进行抗辩。[①]

（一）例外条款的可适用性

涉案的中国出口税和贸易权事项直接规定于《中国加入议定书》和《中国工作组报告》而非 GATT1994，中国能否援引 GATT 第 20 条进行抗辩成为焦点问题。

1. 违反《中国加入议定书》第 11.3 条的出口税能否援引一般例外

---

① 中国将贸易权限制措施（即将相关企业的出口实绩、先前出口经验以及最低资本要求作为参与出口配额的条件）看作出口配额制度的一部分，一同援引一般例外进行抗辩。

专家组否定了 1994 年之后的《中国加入议定书》（包括第 11.3 条）自动成为 GATT1994 的组成部分，而且援引"中国原材料案"中上诉机构的观点，即《中国加入议定书》的用语没有表明 GATT 第 20 条例外可适用于第 11.3 条，专家组认为中国未能提出足够的理由推翻"中国原材料案"中上诉机构的上述结论。①尽管其中一位专家组成员阐述了不同的独立意见，最终专家组还是认定中国违反《中国加入议定书》第 11.3 条不能援引一般例外。

中国针对专家组的中间结论而非最终裁决提起上诉，希望上诉机构澄清《中国加入议定书》与《建立 WTO 协定》以及 WTO 多边贸易协定的关系。对此，上诉机构强调这些关系需要进行个案分析以及运用多种手段进行解释，并且引述了"中美出版物案"和"中国原材料案"中关于《中国加入议定书》条款的解释加强论证。②最终上诉机构维持了专家组的观点。

2. 违反关于贸易权的义务能否援引一般例外

中国关于贸易权的义务规定于《中国加入议定书》第 5.1 条和《工作组报告》第 83 段、第 84 段。专家组确认了上诉机构在"中美出版物案"的立场，即第 5.1 条可援引第 20 条（g）项例外。由于第 83 段、第 84 段没有类似于第 5.1 条"在不损害中国以与《WTO 协定》的方式管理贸易的权利的情况下"的表述，所以《中国工作组报告》第 83 段、第 84 段能否援引例外需要进一步探讨。③

专家组从文本上指出《中国加入议定书》第 5.1 条与《中国工作组报告》第 83 段、第 84 段是规范同一内容的条款，标题都也是"贸易权"。从内容上看，第 83 段、第 84 段也涉及与 WTO 相符的贸易管理措施。因此，专家组认为如果允许第 5.1 条援引一般例外，而排除第 83 段、第 84 段援引一般例外，在法律和逻辑上不连贯。专家组进一步援引"中美出版物案"中专家组和上诉机构的立场：《中国工作组报告》第 83

---

① Panel Report, China – Rare Earths, WT/DS431/R, WT/DS432/R, WT/DS433/R, para. 7.92.

② AB Report, China – Rare Earths, WT/DS431/AB/R, WT/DS432/AB/R, WT/DS433/AB/R, paras. 5.58 – 5.65.

③ Panel Report, China – Rare Earths, WT/DS431/R, WT/DS432/R, WT/DS433/R, para. 7.1025.

(d) 段和第 84 (a) 段应当与第 5.1 条进行一致解释。① 最后，专家组认定违反中国关于贸易权的义务可以援引一般例外。

(二) "中国稀土案" 中的抗辩与证明

1. 关于征收出口税的抗辩与证明

尽管专家组认为，违反《中国加入议定书》第 11.3 条的出口税不能援引一般例外，但是仍然审查了中国出口税措施是否符合 GATT1994 第 20 条 (b) 项要求。

专家组首先总结和梳理了 GATT1994 第 20 条 (b) 项抗辩的裁判思路。第一步，通过分析系争措施的设计和构成判断该措施是否属于保护人类、动植物生命或健康的政策范围。第二步，如果结论是肯定的，分析该措施对于实现其政策目标是否 "必需"。为此，专家组必须考虑相关因素，尤其是所涉利益的重要性、该措施对于实现目标的贡献度以及该措施对贸易的限制性。第三步，如果上一步分析的初步结论是肯定的，接下来需要对系争措施与申诉方指出的替代措施进行比较。最后，分析该措施是否与第 20 条的序言相符。②

中国援引一般例外，总体上需要负担满足 GATT 第 20 条 (b) 项和序言下的证明责任。但是，为证明 "必需"，"巴西翻新轮胎案" 和 "美国博彩案" 确立了这样的规则：申诉应当证明存在与 WTO 规则相符的替代性措施，如果申诉方提出了这样的措施，被诉方有责任证明这些措施并非合理可用。

关于出口税的设计与构成，中国强调对于稀土、钨、钼产品征收出口税是试图减轻污染、保护动植物健康的综合政策的组成部分。但专家组认为，仅仅主张这些不够，并且援引了 "中国原材料案" 的专家组在类似情况下的观点：中国仍然需要提供环保标准与出口限制之间具有联系的具有说服力的证据。③专家组通过分析申诉方提交的以下证据，认为中国实施的出口税的目的更可能是为促进国内具有高附加值的下游产品的生产。第一，申诉方提交了一位教授的专家意见即《出口税作为应对环境外部性

---

① Panel Report, China – Rare Earths, WT/DS431/R, WT/DS432/R, WT/DS433/R, paras. 7.1026 – 7.1031.

② Ibid. , paras. 7.145 – 7.148.

③ Ibid. , paras. 7.157, 7.160.

的方法》,这位教授认为,出口征税导致国外市场价格上升、本国市场价格下降以及抵销了国外消费下降的国内消费上升,对于试图实现环保目标的政策而言,出口税导致的国内销售增长不能令人满意。第二,申诉方提请专家组注意中国的高级别文件中包含的某些声明。比如,中国国务院承认出口税试图支持具有高科技含量和高附加值的深加工产品的出口,中国工信部也有类似表述。第三,申诉方提交证据证明中国以稀土、钨、钼为原料的下游产品从 21 世纪初到 2010 年的增长。第四,申诉方指出中国的出口税不适用于最下游的增值产品。所以申诉方认为,出口税不是为阻止稀土、钨、钼的消费,而是为刺激增值产品的生产。专家组指出,中国并未有效反驳上述申诉方的证据。①

关于系争措施对于目标的贡献,申诉方反复强调中国仅对出口征税而对国内消费部分没有相应征税,对于中国所述目标的完成没有任何贡献。② 对此,中国指出申诉方未能证明这些产品的国内价格因出口征税经历下行压力。但专家组指出,作为援引 GATT1994 第 20 条(b)项的当事方,中国负担证明责任。

申诉方提出的可替代性措施包括:加强开采数量和生产数量的限制,对开采和生产进行有效的污染控制;对消费征收资源税;征收污染税以及实施出口许可制度。中国辩称这些可替代性措施实际已在中国实施,专家组承认这一点,但是质疑中国未能以加强对开采数量和生产数量的限制、增加资源税和污染税等措施替代征收出口税。③

关于系争措施是否符合 GATT1994 第 20 条序言,专家组认为该序言不仅规制违反最惠国待遇原则的歧视,也规制违反国民待遇原则的歧视,④ 因区别对待国内外企业,中国出口税未构成歧视的抗辩不能成立。中国主张其出口税没有以构成"对国际贸易变相限制"的方式实施,其理由是这些措施是为环保政策制订并且构成其固有部分,但是专家组指出,仅仅主张不是证据,一句话的辩解也不能卸除中国的证明责任。专家组进一步指出,中国对 82 种不同的稀土、钨、钼产品征收 5% – 25% 不

---

① Panel Report, China – Rare Earths, WT/DS431/R, WT/DS432/R, WT/DS433/R, paras. 7. 169 – 7. 170.

② Ibid. , paras. 7. 176 – 7. 178.

③ Ibid. , paras. 7. 185 – 7. 186.

④ Ibid. , para. 7. 190.

等的从价出口税，却没有解释确定出口税水平的标准或者它们的具体影响，具有武断性。①

最终，专家组认为中国未能证实其出口税可以依据 GATT 第 20 条（b）项得以正当化。②

2. 关于出口配额的抗辩与证明

关于中国对出口配额措施援引第 20 条（g）项的抗辩，专家组先后考虑中国出口配额是否与自然资源的保护相关，是否与限制国内生产或消费同时实施，然后再审查与第 20 条序言是否相符。中国分别针对稀土、钨、钼三组产品的出口配额提出抗辩、进行举证，以下仅以稀土为例进行阐述。

中国主张，关于出口配额的法律文件证明了该措施与保护可用竭自然资源的目标存在密切和真实的关联。专家组认为，有些规定没有直接提及自然资源保护的目标而只是提及《对外贸易法》，后者列明了几项实施出口配额的正当理由。这些规定没有提供系争措施与保护自然资源目标之间的关系，即使另外一些规定提及自然资源保护，也未能解释这些目标如何通过出口配额实现。③ 专家组指出，中国不仅允许未使用的出口配额在国内销售，而且似乎没有任何机制阻止向国内使用者非法销售出口配额。而且专家组强调，出口配额适用于少于开采量 20% 的稀土，剩余的 80% 用于国内消费。④

专家组进一步指出，依据现有证据不能断定中国的开采限额和生产限额构成第 20 条（g）项意义上的限制。中国没有向专家组提供 2012 年稀土出口的预计需求数量的充分证据，这样专家组无法判定中国的开采限额和生产限额低于预计需求。而且专家组认为，中国的准入限制、生产配额、环境规定以及资源税同时影响国内和国外的使用者，而中国出口配额专门适用于外国使用者。⑤ 专家组认为，中国出口配额似乎试图保障国内下游产业使用稀土的最低数量，以便鼓励出口其最终产品。与对较低附加

①　Panel Report, China – Rare Earths, WT/DS431/R, WT/DS432/R, WT/DS433/R, paras. 7. 191 – 7. 192.

②　Ibid. , para. 7. 196.

③　Ibid. , para. 7. 602.

④　Ibid. , para. 7. 603.

⑤　Ibid. , paras. 7. 609 – 7. 610.

值产品的出口限制相比，中国对较高附加值产品的出口以出口退税等方式进行出口刺激。①

另外，专家组也认定中国未能证实关于稀土的出口配额符合第 20 条序言的要求。

中国上诉称，专家组判定中国关于稀土和钨的出口配额不是"关于"自然资源保护的措施以及关于稀土、钨、钼的出口配额未能与国内限制"同时有效实施"，错误解释和适用了 GATT1994 第 20 条（g）项，违反了 DSU 第 11 条规定的客观评估义务。②

上诉机构认为，专家组对"关于"的分析和裁定不存在错误，对"同时有效实施"的解释存在错误，因为专家组在解释第 20 条（g）项时认为一项措施在"与国内生产或消费同时有效限制"之外需要满足"平等对待"（even - handedness）要求，这样被诉方需要证明自然资源保护的责任被平等分配，而第 20 条（g）项并无这样的规定。但是上诉机构接着指出，专家组并未按这样的解释进行相应的评估，所以不认为专家组的这一错误弱化了第 20 条（g）项其余部分的解释，这部分解释的瑕疵不属于可推翻裁决的法律错误。专家组也没有违反 DSU 第 11 条规定的客观评估义务。③ 最终，上诉机构维持了专家组的相应结论。

3. 违反关于贸易权的义务的抗辩与证明

申诉方主张中国管理稀土、钨、钼的出口配额的具体措施（包括对相关企业的出口实绩、先前出口经验以及最低资本要求）与《中国加入议定书》第 5.1 条以及《中国工作组报告》第 83 段、第 84 段的规定不符，违反中国关于贸易权的义务。④ 中国仅仅是将上述出口实绩等资格标准作为出口配额制度的一部分，因此仅仅为出口配额进行了抗辩，未对违反关于贸易权的义务进行专门抗辩。⑤

---

① Panel Report, China - Rare Earths, WT/DS431/R, WT/DS432/R, WT/DS433/R, para. 7.612.

② AB Report, China - Rare Earths, WT/DS431/AB/R, WT/DS432/AB/R, WT/DS433/AB/R, para. 5.80.

③ Ibid., paras. 5.247 - 5.248.

④ Panel Report, China - Rare Earths, WT/DS431/R, WT/DS432/R, WT/DS433/R, para. 7.97.

⑤ Ibid., para. 7.1038.

专家组认为，实施出口配额违反了 GATT1994 第 11.1 条数量限制禁止的规定，出口实绩、先前出口经验以及最低资本要求违反了《中国加入议定书》中关于贸易权的义务。两者是对不同义务的不同违反，这些违反必须分别提供正当化理由。① 专家组指出，中国没有提供具体的理由解释其系争措施中包含的资格标准为什么与保护可用竭的自然资源有关。② 即使在其出口配额的抗辩中，中国提及资格标准以及一些相应理由，这些理由也不符合第 20 条（g）项的要求。在专家组看来，中国未能证实其违反关于贸易权的义务可以依据第 20 条（g）项得以正当化。③

（三）逾期证据的采纳

在专家组第二次实质性会议之后，美国向专家组提交了 10 份证据材料，其中有 4 份专家报告。中国要求专家组拒绝采纳这些证据。④ 申诉方认为本次争端的"专家组工作程序"⑤ 特别规定了当事方可以为反驳之目的而提交证据或针对对方的答复进行评论，申诉方提交的每份证据材料与关于中国对专家组问题之回答的评论一并提出，符合"专家组工作程序"。⑥中国强调所有的证据材料本应当早些时候提交，并指出专家组规定的时限过短，中国不会有足够时间对证据材料涉及的要点进行回应。⑦

"专家组工作程序"第 7 段规定：每一当事方不应晚于第一次实质性会议期间提交所有的事实证据，除非是为反驳、回答问题或评论其他当事方的回答之目的的必要的证据。该程序的例外应当在充分理由的基础上予以准许。当准许这样的例外，专家组应当酌情给予其他当事方一段时间针对第一次实质性会议后提交的任何新证据发表评论。这段规定充分兼顾了原则性和灵活性，可以作为其他争端解决中专家组确定工作程

---

① Panel Report, China – Rare Earths, WT/DS431/R, WT/DS432/R, WT/DS433/R, para. 7.1040.

② Ibid., para. 7.1043.

③ Ibid., paras. 7.1044 – 7.1045.

④ Ibid., para. 7.11.

⑤ 专家组经过与当事方协商于 2012 年 10 月 18 日通过了"专家组工作程序"（Working Procedure of the Panel）以及时间表。See Panel Report, China – Rare Earths, WT/DS432/R, WT/DS433/R, para. 1.7.

⑥ Panel Report, China – Rare Earths, WT/DS431/R, WT/DS432/R, WT/DS433/R, para. 7.13.

⑦ Ibid., para. 7.14.

序的范本。

专家组经过权衡，未采纳申诉方提交的这些证据，并给出了如下具体理由。第一，针对美国搜集的关于中国稀土措施的负面报道，专家组认为绝大多数证据本可以并且本应当较早时候提交。比如《羊城晚报》关于稀土产业重组的信息早在 2012 年 2 月 28 日即已刊登，申诉方直到 7 月中旬才提交。① 第二，采纳新的专家报告将不必要地拖延审理进度。根据 DSU 第 3.3 条的规定，高效解决争端对于保证 WTO 争端解决机制的有效运作是必要的。专家组认为，在较晚阶段允许专家报告的提交将会拖延程序，因为中国毫无疑问也会提出自己的专家报告，美国也会再次进行反驳，如此可能经历无数回合的专家报告提交。②最后，关于出口配额以及中国推动下游产业发展的证据，因为申诉方此前已向专家组提交过类似的证据材料，不属于"专家组工作程序"第 7 段"为反驳之目的必要的证据"。③

（四）简评

在"中国稀土案"中，第 11.3 条的违反不能援引一般例外，这延续了"中国原材料案"的实践；关于《中国加入议定书》第 5.1 条的违反，专家组再次确认这种情况下可以援引一般例外，这也延续了"中美出版物案"在贸易权问题上的实践；因与《中国加入议定书》第 5.1 条具有密不可分的关系，《中国工作组报告》第 83 段、第 84 段的违反同样可以援引一般例外。

被诉方以 GATT 第 20 条（b）项和（g）项作为抗辩，负担比较重的证明责任，在过去的 WTO 争端解决中除"欧共体石棉案"之外，鲜有成功实例。中国的抗辩与举证尚难以满足（b）项或（g）项以及序言的要求，原因不仅在于证据问题，更重要的是中国自然资源保护的法律与政策确实存在与 WTO 规则的不符，有待完善。

专家组在本次争端中协商确定的"专家组工作程序"明确规定了逾期证据的采纳。专家组需要根据具体案情、平衡不同的价值和利益决定是

---

① Panel Report, China – Rare Earths, WT/DS431/R, WT/DS432/R, WT/DS433/R, para. 7.21.

② Ibid., para. 7.24.

③ Ibid., para. 7.25.

否作为例外情况采纳逾期证据。中国及时提出了反对意见并阐述了充分理由，得到专家组认可。同时，中国在 WTO 争端解决中需要注意避免因逾期提交证据（尤其是专家证据）被拒绝采纳而导致对本方不利事实的认定。

第三节　若干启示与建议

基于对涉华 WTO 争端解决实践中证据规则运用的考察，以下在个案简评的基础上进一步总结，以期得出一些关于中国参与 WTO 争端解决中证据问题处理的启示与建议，为中国以后参与 WTO 争端解决提供一些有益的思路。

一　发展中国家地位的证明

中国的发展中国家地位是有争议的，并非不证自明的事实，这早在《中国工作组报告》第 9 段中就有体现。如果中国主张自己是发展中国家，据此要求享受发展中国家的特殊与差别待遇，那么首先须要解决证明责任的履行这一难题。中国在"美国钢铁保障措施案"中就已经面临这一问题。由于发展中国家地位的敏感性，专家组和上诉机构对于中国发展中国家地位的界定持谨慎态度，都回避了对这一问题的认定。

中国在《中国工作组报告》中承诺，农业、与贸易有关的投资措施以及补贴三个特殊领域，中国不享受某些特殊与差别待遇。除此之外，根据《中国工作组报告》第 9 段，在个案中采取务实的方式认定中国的发展中国家地位并非不可能，这需要结合相关协定以及中国的具体情况进行证明，如果主张这种地位，中国务必做出充分准备，否则没有任何实质意义。

二　条约文本及其解释对证明责任的影响

条约文本及其解释对证明责任具有重要影响，这在一系列涉华 WTO 争端中一再得到验证。

在"中美出版物案"、"中国原材料案"以及"中国稀土案"中《中国加入议定书》和《中国工作组报告》中的相应条款以及与 WTO 协定之间的关系如何解释，关系到中国可否援引一般例外，间接影响到中国的证明责任。

早在"中国原材料案"后，中国学者们即开始了对该案中专家组报告和上诉机构报告进行批评，认为不应采取狭隘的文义解释方法，欠缺对条约"目的和宗旨"的考虑，使国家以推动公共健康方式规制贸易的固有权利被扭曲为经授予的权利。① 不过也有学者经过综合分析指出严格遵循条约文义优先的解释方法是 DSB 一向坚持的做法，具有合理性，对此应当"理性看待"；《中国加入议定书》第 11.3 条没有纳入 GATT 第 20 条的措辞的原因可能有两个方面：一是中国作为入世的代价在谈判中有意而为之；二是对 WTO 规则研究不够深入情况下的疏漏。不管怎样，除《中国加入议定书》第 3 条、第 9 条和第 11.3 条之外的其他条款，中国有权援引第 20 条作为抗辩。②这是一种理性的务实态度。对于中国而言，问题的关键是能否满足一般例外下的证明责任。事实上，中国在所有援引一般例外条款的争端中，专家组无一例外地认定不能满足相应的证明责任要求。

另外，在"美国双反措施案"中，中国国有企业是否为"公共机构"、"公共机构"如何解释对当事方证明责任产生了不可忽视的影响；在"中美轮胎特保案"中专家组认为，《中国加入议定书》第 16.4 条没有规定《保障措施协定》第 4.2（b）条第 2 句中同类型的非归因分析，缺乏衡量救济措施范围的基准，造成中国履行证明责任面临更多的困难，并导致最终败诉。

可见，条约文本及其解释对证明责任分配具有重要影响。这种影响是因为"证明责任法"基本上属于隐形法，由实体法本身预置，具有派生性。所以，在今后制订 WTO 实体规则的谈判中，中国应当注意到条约文本可能对证明责任分配潜在的影响，根据本国情况在深入研究 WTO 规则的基础上主张订入条约文本的内容；而对于既有 WTO 规则，条约解释非常重要，中国应当努力争取对于自身有利的解释。

---

① 张新娟、张新娟：《论 GATT1994 第 20 条一般例外是否适用于〈入世议定书〉第 11.3 段》，《中国青年政治学院学报》2013 年第 6 期。

② 贺小勇：《〈关税及贸易总协定〉第 20 条与"议定书"的法律关系辨析》，《法学》2012 年第 6 期，第 62—64 页。

三　重视并加强举证

国内有学者通过统计分析指出"举证不能"是申诉方败诉的最主要原因，[①] 在专家组报告中，也常常可以见到"未提供充分证据""未能证实"等类似表述。中国在 WTO 争端解决中，因举证不能而败诉的情况比较突出。

在"中美轮胎特保案"中，专家组在"因果关系""必需的限度"以及"必需的时限"等方面，都认定中国未能确立初步证据案件。在"美国双反措施案"中国也存在证据准备不充分的情况，对此中国商务部条法司官员也予以明确承认。[②] 另外，在"中美出版物案""中国原材料案"以及"中国稀土案"中，专家组也都认为中国都没有提供充分证据证明系争措施符合 GATT 第 20 条（b）项或（g）项的要求。

中国参与 WTO 争端解决中应当充分准备证据。比如在"中国稀土案"中，中国针对出口配额援引 GATT 第 20 条（g）项时，应当积极证明中国对国内稀土的开采和消费实施了有效的限制措施，由于认为中国没有提供稀土出口的预计需求数量的证据，专家组无法判定中国的开采限额和生产限额低于预计需求。中国针对出口税援引 GATT 第 20 条（b）项时，专家组提出中国应当提供而没有提供关于环保标准与出口限制之间存在联系的具有说服力的证据。与中国举证乏力形成鲜明对比的是，美国等申诉方通过提交专家报告、中国国务院在政府文件中的相关表述以及以稀土、钨、钼为原料的下游产品增长的证明材料，使得专家组相信中国征收出口税的目的在于促进国内具有高附加值的下游产品的生产，不是为阻止消费或保护环境。

贸易争端的性质决定了，证明诸如"进口增长""因果关系"以及成本等争议事实有赖于充分的数据作为证据。量化证据并进行分析是抗辩能否成功的关键，哪怕是在数量预测和假设基础上的分析，只要逻辑清晰，都具有相当的证明力。[③] 需要强调的是，数据虽然重要，但是如"美国钢

---

①　朱榄叶：《赢多输少还是输多赢少？——WTO 争端解决机制申诉方败诉案件解析》，《现代法学》2009 年第 11 期，第 128 页。

②　李成钢：《世贸组织规则博弈》，商务印书馆 2011 年版，第 136 页。

③　刘瑛：《GATT 第 20 条（a）项公共道德例外条款之研究》，《法商研究》2010 年第 4 期。

铁保障措施案"中上诉机构强调,当事方必须基于数据提供合理解释,否则当事方仍可能达不到证明目的。

另外,WTO 争端解决涉及诸多专业性问题,专家证据也往往起到关键作用。在"中国稀土案"中申诉方提交一份专家意见即《出口税作为应对环境外部性的方法》,用于证明中国出口征税会导致国外市场价格上升、本国市场价格下降以及国内消费上升,不利于实现保护环境的政策目标,在这种情况下的专家证据具有针对性和说服力,有效反驳了中国关于征收出口税目的的抗辩。

四 证据的收集与保全

证据的收集与保全是举证的基础,中国政府和企业应予以高度重视,并且加强证据收集和管理的能力建设。在这方面,中国与欧美国家有较大差距。欧盟、美国常常组织庞大的队伍进行大力度的证据收集,比如收集各类网站中关于中国地方政府包括乡镇级别政府的税收优惠政策的信息。[①] 在"中国稀土案"和"美国双反措施案"中,从美国等国家提供的各类证据看,他们能准确地掌握中国的产业政策和立法,甚至包括地方媒体的报道。中国政府也应当积极培养和组织收集证据的专业人员,针对国外违反 WTO 规则的法律法规、政策等信息进行及时、全面的收集。

有学者就提出,实际上美国在天然气出口方面也存在限制,进口国需要层层审批,耗时费力。美国《外交政策》杂志就声称如果把"稀土"换成"天然气","中国企业"换成"美国企业",那么华盛顿就会发现自己未来也将受制于此项裁决。[②] 中国如果能够有理有据地实现主动出击,就可以对欧美针对中国的频繁申诉形成反制,进而减轻中国相关政策以及应诉方面的压力。但这需要中国充分了解美国的政策和具体产业信息,在此之前应当加强在证据收集上的重视程度和能力建设。

为 WTO 争端解决中获得有力证据,中国政府和中国企业须要进行积

---

① 中国商务部、各级地方政府以及媒体早已注意到这些动向。参见《欧盟"搜查队"要整中国黑材料》,《参考消息》2008 年 4 月 21 日。

② 彭德雷:《美国诉中国稀土出口规制措施的法律争议评析》,《国际商务》2014 年第5 期。

极互动和配合。很多情况下，尤其是在外国对华实施反倾销的案件中，中国企业及其律师应当积极关注国外调查机构的动向，注意收集与保全相关的证据，包括法律、政策、行政措施以及相关的新闻报道。

在 WTO 争端解决实践中，如果中国政府提交的证据来自中国企业，那么中国应增强对证据涉及的企业商业秘密信息的保护。如果这些商业秘密信息没有得到适当的保护，中国政府可能会因为企业以后不予积极配合无法及时、全面获得所需证据，这样很可能使中国在 WTO 争端解决中面临不利的裁决。在中国企业的商业秘密信息的具体保护措施上，一方面，中国相关政府部门，应要求本方接触商业秘密信息的人，比如参与争端的政府代表或外聘顾问签订保密协议。同时，立法部门应建立完善的信息保密制度，使违反商业秘密信息保密义务的人受到应有惩罚和警戒。另一方面，为防止商业秘密信息从其他争端方渠道泄露，可以根据具体情况参考"加拿大建议"中的商业秘密信息保护程序向专家组提出相应的建议和要求，尽量使专家组以相对严格的条件对中国提供的企业商业秘密信息进行保护。

五　加强国内立法的技巧性

在 WTO 争端解决中，专家组常常需要审查当事方的法律、政策以及贸易措施的合规性，中国应当加强立法技巧，至少做到"表面相符"。

在"中国稀土案"中，中国针对出口配额措施援引第 20 条（g）项的抗辩，专家组首先考虑系争措施是否与自然资源的保护相关。专家组经审查指出，中国关于出口配额的法律文件有些没有直接提及自然资源保护的目标而只是提及《对外贸易法》，专家组得出了初步结论：这些规定没有提供系争措施与保护自然资源目标之间的关系。另一方面，中国国务院与中国工信部在相关政府文件中承认涉案出口税试图支持具有高科技含量和高附加值的深加工产品的出口，由于当事方的声明和承认对对方的主张具有较强的证明力，这些表述成为申诉方主张系争措施的目的在于支持下游产业出口而非自然资源保护的有力证据。

实际上，在中国国内立法中，尤其是有可能违反 WTO 规则的情况下，可以有针对性地把 WTO 协定中的例外规定适当地引入立法的目的条款和某些具体条款的表述中，如"为保护人类、动植物生命健康"、"为保护可穷竭的自然资源"等。类似的表述可以构成中国系争措施的目的符合

WTO 规则的表面证据。①

在"中美出版物案"中，系争措施在用语上直接表达了内外有别的管理模式，比如国有独资企业要求，明显不符合 GATT 第 20 条序言。在这种情况下，可以通过量身定做只有某些类型国内企业才比较容易满足的条件来限制贸易权。这样的立法设计至少可以初步证明它与 GATT 第 20 条序言相符，减轻中国援引一般例外的证明责任。②

六　关于法庭之友陈述的采纳

"美国钢铁保障措施案"涉及法庭之友陈述问题，中国在此案中对上诉机构应否接受法庭之友陈述未发表意见。实际上，中国政府对于法庭之友陈诉的采纳持反对立场。

在 WTO 争端解决中法庭之友陈述的采纳有利有弊，总体而言具有合理性。众多发展中国家的顾虑在于法庭之友大多来自发达国家，法庭之友陈述可能使其在争端解决中处于不利地位，这种情况不是必然的，但在个案中不是没有可能性。

中国需要面对法庭之友陈述在 WTO 争端解决中已经逐渐被认可的现实，同时做好应对：一方面，中国在 DSU 改革涉及法庭之友陈述问题，不必持积极支持立场。另一方面，对自身相关国内政策进行调整，促使非政府组织将来能够在 WTO 争端中发挥积极作用。中国政府应认可非政府组织在社会管理方面的积极作用，鼓励非政府组织的发展，使其逐渐有能力在 WTO 争端解决中发声，提供法庭之友陈述。当然，非政府组织的利益诉求与中国政府的立场可能并不一致，只要其诉请合理合法，中国政府也应采取宽容的态度。同时，中国政府应加强与国外非政府组织的联系和沟通，使对方加深对中国的贸易、环境等方面的政策的理解，甚至在环境等方面可以加强彼此合作，减少外国非政府组织对中国政策存在的偏见。

本章小结

WTO 争端解决机制已经发展为一个司法性体制。通过 GATT 尤其是

---

① 刘瑛：《GATT 第 20 条（a）项公共道德例外条款之研究》，《法商研究》2010 年第 4 期。

② 同上。

WTO 争端解决机制多年的司法实践，体系化的证据"判例法"已然形成。WTO 证据规则中可以看到不同法律文化的影子，呈现出"混合性"特征。尽管 WTO 证据规则仍然存在一些有待完善之处，不过不宜制订一整套具体完备的 WTO 证据法。另外，通过比较可以发现 WTO 证据规则与中国民事证据法在一些方面存在差异，中国参与 WTO 争端解决的实务人士有必要了解和掌握。

中国自 2001 年加入 WTO 后逐渐开始频繁涉诉。通过对"美国钢铁措施案""中美知识产权案""美国双反措施案""中美轮胎特保案""中美电工钢案"以及"中国稀土案"的考察，可以整体上了解中国在 WTO 争端解决中证据规则的运用情况，发现不足，并且获得某些启示。

中国在"美国钢铁保障措施案"中面临发展中国家地位的证明问题，专家组和上诉机构尚未在其报告中表明立场。这一问题的认定需要结合相关协定以及中国的具体情况，如果主张这种地位，中国应为此进行充分准备，否则没有任何实质意义。条约文本及其解释对证明责任分配具有重要影响，在今后 WTO 实体规则制订的谈判中，中国应当注意条约文本对证明责任分配可能产生的影响，在深入研究的基础上主张订入有利于自身的条约文本；而对于既有 WTO 规则，中国应当努力争取对于自身有利的解释。中国在 WTO 争端解决中，因举证不能而败诉的情况比较突出，中国应充分准备证据，包括合理运用相关数据和专家证据。证据的收集与保全是举证的基础，中国政府和企业应高度重视，并且加强证据收集和管理的能力建设，同时中国政府和中国企业须要进行积极互动和配合。在 WTO 争端解决中，专家组常常需要审查当事方的法律、政策以及贸易措施的合规性，中国应当加强立法技巧，至少做到"表面相符"，减轻自身的证明责任。关于法庭之友陈述，中国需要面对现实进行应对：一方面，中国在 DSU 改革涉及法庭之友陈述问题上，不必持积极支持立场。另一方面，在国内对相关政策进行调整，促使非政府组织将来能够在 WTO 争端解决中发挥积极作用。

结　语

在实践中，WTO 证据规则的发展与 WTO 争端解决机制的司法属性增强相辅相成相互促进，这使得律师在 WTO 争端解决中的作用日益重要。

在涉华 WTO 争端解决实践中，中国政府从一开始就高薪聘请富有经验的外国律师，同时聘请中国律师与商务部条法司官员一同参与争端解决。外国律师主要负责庭审中的辩论和回答问题，中国律师主要从事调查本国情况、整理证据材料，中国政府只是在最近个别案件中尝试启用中国律师在部分问题上直接与对方辩论。总体而言，中国律师在 WTO 争端解决中难以起到主导作用。而日韩等国虽然也聘请欧美国家的律师，但这些律师主要是提供建议和指导，在庭审中还是依靠本国律师发挥作用。我国 WTO 专业律师的业务水平包括对 WTO 证据规则的运用与欧美国家尚有相当距离，在 WTO 争端解决的作用尚未充分发挥。

我国政府应当加大投入，在重视 WTO 理论包括 WTO 证据规则研究的同时，重视培养熟悉 WTO 争端解决实务技能和熟练运用 WTO 证据规则的专业人才。高校应注重实践教学，强化以 WTO 争端解决为内容、以职业教育为导向的教学方法的运用，培养学生在熟悉不同证据文化的基础上掌握 WTO 证据规则以及相关的实践技能，比如质证技巧。WTO 国际模拟法庭竞赛，为具有不同法律文化背景的各国学生提供了交流平台，有条件的中国法学院应积极组织并参与其中，包括国内的预选赛。通过加大投入和培养力度，希望我国律师能够逐渐在国际法律服务市场上立足，在 WTO 争端解决中为当事方尤其是中国提供高质量的法律服务，维护国际多边贸易体制的健康发展。

缩略语

1. ATC：Agreement on Textiles and Clothing（《纺织品与服装协定》）

2. DSB：Dispute Settlement Body（争端解决机构）

3. DSU：Understanding on Rules and Procedures Governing the Settlement of Disputes（《关于争端解决规则与程序的谅解》）

4. GATT：General Agreement on Tariffs and Trade（关税与贸易总协定）

5. GATT：General Agreement on Tariffs and Trade（《关税与贸易总协定》）

6. GATS：General Agreement on Trade in Services（《服务贸易总协定》）

7. SCM：Agreement on Subsidies and Countervailing Measures（《补贴与反补贴措施协定》）

8. SPS：Agreement on the Application of Sanitary and Phytosanitary Measures（《卫生与植物卫生措施协定》）

9. TBT：Agreement on Technical Barriers to Trade（《技术性贸易壁垒协定》）

10. TRIPS：Agreement on Trade – Related Aspects of Intellectual Property Rights（《与贸易有关的知识产权协定》）

11. WTO：World Trade Organization（世界贸易组织）

参 考 文 献

一 中文资料

（一）中文著作

1. 毕玉谦：《民事证明责任研究》，法律出版社 2007 年版。

2. 陈刚：《证明责任法研究》，中国人民大学出版社 2000 年版。

3. 崔起凡：《国际商事仲裁中的证据问题研究》，浙江工商大学出版社 2013 年版。

4. 高田甜：《WTO 争端解决机制证明负担规则研究》，法律出版社 2012 年版。

5. 韩立余：《既往不咎：WTO 争端解决机制研究》，北京大学出版社 2009 年版。

6. 贺小勇：《国际贸易争端解决与中国对策研究》，法律出版社 2006 年版。

7. 何家弘、刘品新：《证据法学》，法律出版社 2004 年版。

8. 纪文华、姜丽勇：《WTO 争端解决规则与中国的实践》，北京大学出版社 2005 年版。

9. 纪格非：《证据能力论——以民事诉讼为视角的研究》，中国人民公安大学出版社 2005 年版。

10. 纪文华、姜丽勇：《WTO 争端解决规则与中国的实践》，北京大学出版社 2005 年版。

11. 李浩：《民事证明责任研究》，法律出版社 2003 年版。

12. 刘敬东：《WTO 法律制度中的善意原则》，社会科学文献出版社 2009 年版。

13. 徐昕、张磊：《WTO 争端解决机制的法理》，上海三联书店 2011 年版。

14. 尹伟民：《国际民事诉讼中证据能力问题研究》，法律出版社 2008 年版。

15. 余敏友、左海聪、黄志雄：《WTO 争端解决机制概论》，上海人民出版社 2001 年版。

16. 曾令良：《世界贸易组织法》，武汉大学出版社 1996 年版。

17. 张保生：《证据法学》，中国政法大学出版社 2009 年版。

18. 赵维田：《WTO：解释条约的习惯规则》，湖南科学技术出版社 2006 年版。

19. 朱榄叶、贺小勇：《WTO 争端解决机制研究》，上海世纪出版集团 2007 年版。

20. 左海聪：《国际经济法的理论与实践》，武汉大学出版社 2003 年版。

（二）译著

1. ［美］戴维·帕尔米特、［希腊］佩特罗斯·C·马弗鲁第斯：《WTO 中的争端解决：实践与程序》（第二版），罗培新、李春林译，北京大学出版社 2005 年版。

2. ［美］米尔建·达马斯卡：《漂移的证据法》，李学军等译，中国政法大学出版社 2003 年版。

3. ［英］詹宁斯、瓦茨：《奥本海国际法》（第 1 卷第 1 分册），中国大百科全书出版社 1995 年版。

4. 世贸组织秘书处：《贸易走向未来》，张江波译，法律出版社 1999 年版。

5. ［爱尔兰］彼得·萨兰德等：《WTO 的未来——阐释新千年中的体制性挑战》，刘敬东等译，中国财政经济出版社 2005 年版。

6. ［英］艾伦·雷德芬等：《国际商事仲裁法律与实践》（第四版），林一飞、宋连斌译，北京大学出版社 2005 年版。

（三）编著

1. 从前主编：《WTO 法律规则与中国现行法律制度的应对与策略全书》，中国商业出版社 2001 年版。

2. 郭瑜编著：《国际经济组织法教程》，北京大学出版社 2002 年版。

3. 李成钢主编：《世贸组织规则博弈》，商务印书馆 2011 年版。

4. 何家弘主编：《外国证据法》，法律出版社 2003 年版。

5. 何家弘主编：《证据法学研究》，中国人民大学出版社 2007 年版。

6. 邵沙平、余敏友主编：《国际法问题专论》，武汉大学出版社 2002 年版。

（四）中文论文

1. 陈卫东、余敏友：《WTO 中反击欧美运用非市场经济方法歧视中国出口货物研究》，《国际贸易》2013 年第 4 期。

2. 崔起凡：《论 WTO 争端解决中证明责任的分配》，《武大国际法评论》2014 年第 2 期。

3. 崔起凡：《WTO 争端解决中的证明责任：概念与原理》，《WTO 法与中国论坛年刊（2015）》，知识产权出版社 2015 年版。

4. 崔起凡：《论 WTO 争端解决中的证据披露》，《上海对外经贸大学学报》2014 第 4 期。

5. 崔起凡：《WTO 争端解决中的"初步证据案件"与证明标准》，《国际经济法学刊》2013 年第 4 期。

6. 崔起凡：《论 WTO 争端解决中商业秘密信息的保护》，《云南大学学报（法学版）》2011 年第 5 期。

7. 韩立余：《WTO 争端解决程序中的证明责任》，《现代法学》2007 年第 3 期。

8. 贺小勇：《〈关税及贸易总协定〉第 20 条与"议定书"的法律关系辨析》，《法学》2012 年第 6 期。

9. 姜丽勇、纪文华：《WTO 之"美国 201 钢铁保障措施案"研究》，《国际经济法学刊》2005 年第 1 期。

10. 姜作利、武轶尘：《WTO 专家组和上诉机构举证责任分配标准的经济分析》，《东岳论丛》2009 年第 10 期。

11. 姜作利：《WTO 专家组和上诉机构证明责任分配标准的合理性分析》，《现代法学》2008 年第 6 期。

12. 孔繁华：《英美行政法上的案卷制度及其对我国的借鉴意义》，《法学评论》2005 年第 2 期。

13. 李静冰：《中国在 WTO 第一案——美国 201 钢铁保障措施案首次听证会散记》，《中国律师》2003 年第 3 期。

14. 雷万来等：《再论票据诉讼之证明责任》，台湾民事诉讼法研究基金会《民事诉讼法之研讨》（七），1998 年版。

15. 刘衡：《WTO 证据法论纲》，《国际经济法学刊》2010 年第 2 期。

16. 刘瑛：《GATT 第 20 条（a）项公共道德例外条款之研究》，《法商研究》2010 年第 4 期。

17. 彭德雷：《美国诉中国稀土出口规制措施的法律争议评析》，《国际商务》2014 年第 5 期。

18. ［英］乔纳森·科恩：《证明的自由》，何家弘译，《外国法译评》1997 年第 3 期。

19. ［日］平觉：《WTO 争端解决程序的适用规则——多边环境保护条约能否成为适用规则》，白巴根译，《世界贸易组织动态与研究》2010 年第 5 期。

20. 王圣扬：《论诉讼证明标准的二元制》，载《中国法学》1999 年第 3 期。

21. 王炜：《论民事诉讼证人的询问模式》，《内蒙古大学学报》2009 年第 6 期。

22. 颜维震、曹丰、黄幸：《WTO 争端解决机制中的举证责任问题研究》，《WTO 法与中国论丛（2011）》，知识产权出版社 2011 年版。

23. 余敏友、席晶：《论 WTO 争端解决机制中的证据规则》（上），《法学评论》2003 年第 5 期。

24. 余敏友、席晶：《论 WTO 争端解决机制中的证据规则》（下），《法学评论》2003 年第 6 期。

25. 张军旗：《WTO "美国——双反措施案"中中国政策性贷款的法律专向性认定疑析》，《上海财经大学学报》2014 年第 6 期。

26. 张新娟、张秀文：《论 GATT1994 第 20 条一般例是否适用于〈入世议定书〉第 11.3 段》，《中国青年政治学院学报》2013 年第 6 期。

27. 曾炜：《WTO 争端解决中"法庭之友"之实证分析》，《世界贸易组织动态与研究》2006 年第 8 期。

28. 郑小敏：《论执行 DSB 建议和裁决的合理期限》，《河南省政法管理干部学院学报》2005 年第 1 期。

29. 朱榄叶：《赢多输少还是输多赢少？——WTO 争端解决机制申诉方败诉案件解析》，《现代法学》2009 年第 11 期。

（五）学位论文

1. 张卫彬：《国际法院解决领土争端中的证据问题研究》，博士学位论文，华东政法大学，2011 年。

2. 刘衡:《WTO 争端解决机制中的证据问题研究》，硕士学位论文，西南政法大学，2008 年。

3. 吕微平:《WTO 争端解决机制的正当程序研究》，博士学位论文，厦门大学，2007 年。

4. 郑富霖:《"法庭之友"参与 WTO 争端解决程序问题之解构》，硕士学位论文，台湾政治大学，2005 年。

5. 杨志凯:《"法庭之友"在 WTO 争端解决机制中之适用、实践与展望》，硕士学位论文，东吴大学，2004 年。

二　英文资料

(一) 英文专著

1. Adrian Keane, the Modern Law of Evidence, 7th ed., Oxford University Press, 2008.

2. Benjamin Kaplan, Richard H. Field, and Kevin M. Clermont, Civil Procedure: Materials for a Basic Course (9th ed.), Foundation Press, 2007.

3. Brayan A. Garner, Black's Law Dictionary (8th edition), West Publishing Company, 2004.

4. Colin Tapper, Cross and Tapper on Evidence, Oxford University Press, 2007.

5. Chittharanjan F. Amerasinghe, Evidence in international litigation, Martinus Nijhoff Publishers, 2005.

6. Cheng Bin, General Principles of Law as Applied by International Courts and Tribunals, Cambridge University Press, 2006.

7. Chester Brown, A Common Law of International Adjudication, Oxford University Press, 2007.

8. Durward V. Sandifer, Evidence before International Tribunals, University Press ofVirginia, Charlottesville: University Press of Virginia, 1975.

9. D. Terris, C. P. R. Romano and L. Swigart, The International Judge – An Introduction to the Men and Women Who Decide the World's Cases, Oxford University Press, 2007.

10. Edmond McGovern, International Trade Regulation, Globefield Press, 2008.

11. Fleming James, Geoffrey C. , Jr. Hazard, John Leubsdorf, Civil Procedure, Foundation Press, 2001.

12. G. Evans, Law Making under the Trade Constitution: A Study in Legislating by the World Trade Organization, Springer, 2001.

13. Jeffrey Waincymer, WTO litigation: procedural aspects of formal dispute settlement, Cameron, 2002.

14. John H. Jackson, Sovereignty, the WTO and Changing Fundamentals of International Law, Cambridge University Press, 2006.

15. John O'Connor, Good Faith in International Law, New York: Oxford University Press, 1991.

16. John Henry Wigmore, Evidence in Trials at Common Law (James H. Chadbourn rev. 1981).

17. Joachim Ahman, Trade, Health, and the Burden of Proof in WTO Law, Kluwer Law International, 2012.

18. Louis Henkin, How Nations Behave: Law and Foreign Policy (2nd edition), Columbia University Press, 1979.

19. Michelle T. Grando, Evidence, Proof, and Fact – finding in WTO Dispute Settlement, Oxford University Press, 2009.

20. Mojtaba Kazazi, Burden of Proof and Related Issues: a Study on Evidence before International Tribunals, Kluwer Law International, 1996.

21. Marion Panizzon, Good Faith in the jurisprudence of the WTO, Portland: Hart Publishing Ltd, 2006.

22. Richard A. Poster, Economic Analysis of Law, New York: Aspen Publishers, 2003.

（二）英文论文

1. Arwel Davies, The DSU Article 3. 8 Presumption that an Infringement Constitutes a Prima Facie Case of Nullification or Impairment: When Does it Operate and Why? 13（1）Journal of International Economic Law Volume 181（2010）.

2. Bruce L. Hay, Allocating the Burden of Proof, 72 IND. L. J. 651（1997）.

3. Chester Brown, the Inherent Powers of International Courts and Tribunals, 76 British Yearbook of International Law195（2005）.

4. Chester Brown, The Cross – Fertilization of Principles Relating to Procedure and Remedies in the Jurisprudence of International Courts and Tribunals, 30 Loy. L. A. Int'l & Comp. L. Rev. 219 (2008).

5. Claus – Dieter Ehlermann, Experiences from the WTO Appellate Body, 38 Taxes International Law Journal 469 (2003).

6. David Collins, Institutionalized Fact Finding at the WTO, 27University of Pennsylvania Journal of International Economic Law 367 (2006).

7. David Unterhalter, Allocating the Burden of Proof in WTO Dispute Settlement Proceedings, 42Cornell International Law Journal209 (2009).

8. David Unterhalter, The Burden of Proof in WTO Dispute Settlement, in The WTO: Governance, Dispute Settlement & Developing Countries (Merit E. Janow et al. eds., 2008).

9. Ernesto Hernandez Lopez, Recent Trends and Perspectives for Non – State Actor Participation in World Trade Organization Disputes, 35 (4) Journal of World Trade 469 (2001).

10. Frieder Roessler, the concept of nullification and impairment in the legal system of world trade organization, in International Trade Law and the GATT/ WTO Dispute Settlement System (ErnstUlrich Petersmann ed.), Kluwer Law International, 1997.

11. G. Abi – Saab, The Appellate Body and Treaty Interpretation, in The WTO at Ten: the Contribution of the Dispute Settlement System (G. Sacerdoti, A. Yanovich and J. Bohanes eds.), Cambridge University Press, 2006.

12. G. Marceau and M. Stilwell, Practical Suggestions for Amicus Curiae Briefs before the WTO Adjudicating Bodies, 4 (1) Journal of International Economic Law155 (2001).

13. Gene M. Grossman and Alan O. Sykes, a Preference for Development: the Law and Economics of GSP, 4 (1) World Trade Review41 (2005).

14. Georg Nils Herlitz, The Meaning of the Term "Prima Facie", 55 La. L. Rev. 391 (1994).

15. James A. Green, Fluctuating Evidentiary Standards for Self – Defence in the International Court of Justice, 58International& Comparative Law Quarterly163 (2009).

16. James Headen Pfitzer and Sheila Sabune, Burden of Proof in WTO Dispute Settlement: Contemplating Preponderance of the Evidence, International Centre for Tradeand Sustainable Development, Issue Paper No. 9, 2009.

17. Jona Razzaque, Changing Role of Friends of the Court in the International Courts and Tribunals, 1 (3) Non－State Actors and International Law169 (2001).

18. John A. Ragosta, Unmasking the WTO－Access to the DSB System: Can the WTO DSB Live Up to the Moniker "World Trade Court"?, 31 Law & Pol'y Int'l Bus. 739 (2000).

19. John J. Barcelo, Burden of Proof, Prima Facie Case and Presumption in WTO Dispute Settlement, 42 Cornell Int'l L. J. 23 (2009).

20. Joost Pauwelyn, the Role of Public International Law in the WTO: How Far Can We Go? 95 (3) American Journal of International Law535 (2001).

21. Joost Pauwelyn, the Use of Expert in WTO Dispute Settlement, 51International and Comparative Law Quarterly325 (2002).

22. Joost Pauwelyn, Evidence, proof and persuasion in WTO dispute settlement. Who bears the burden? 1 (2) J Int Economic Law227 (1998).

23. Kantchevski, Petko D. The Differences Between the Panel Procedures of the GATT and the WTO: The Role of GATT and WTO Panels in Trade Dispute Settlement, 3 (1) BYU International Law & Management Review79 (2006).

24. K. M. Clermont and E. Sherwin, A Comparative View of Standards of Proof, 50American Journal of Comparative Law243 (2002).

25. Kristin Bohl. Problems of Developing Country Access to WTO Dispute Settlement, 9 Chi－Kent J. Int' l & Comp. L. 130 (2009)

26. Michelle T. Grando, Allocating the Burden of Proof in WTO Disputes: a Critical Analysis, 9 (3) Journal of International Economic Law615 (2006).

27. Norah Gallagher, Legal Privilege in International Arbitration, International Arbitration Law Review, Issue 2, 2003.

28. Rambod Behboodi, 'Should' means 'shall': a critical analysis of the obligation to submit information under article 13. 1 of the DSU in the Canada －

Aircraft, 3 Journal of International Economic Law563 (2000).

29. Richard M. Mosk and Tom Ginsburg, 50Evidentiary Privileges in International Arbitration, Int' l & Comp. L. Q. 345 (2001).

30. Ryan David Thomas, Note, Where's the Beef? Mad Cows and the Blight of the SPS Agreement, 32 Vand. J. Transnat'l L. 487 (1999).

31. R. Higgins, Respecting Sovereign States and Running a Tight Courtroom, 50 (2) International and Comparative Law Quarterly121 (2001).

32. Robert, B. von Mehren, Burden of Proof in International Arbitration, in Planning Efficient Arbitration Proceedings (Albert Jan Van Den Berg ed., 1996).

33. Simone Halink, All Things Considered: How the International Court of Justice Delegated Its Fact – Assessment to the United Nations In the Armed Activities Case, 40International Law and Politics12 (2008).

34. Scott Andersen, Administration of Evidence in WTO Dispute Settlement Process, in Rufus Yerxa and Bruce Wilson (ed.), Key Issues in WTO Dispute Settlement: The First Ten Years, Cambridge University Press 2005.

35. Sylvia Ostry, Looking Back to Look Forward: The Multilateral Trading System after 50 years, in the WTO Secretariat, From GATT To The WTO: The Multilateral Trading System in the New Millennium, Hague: Kluwer Law International, 2000.

36. Thomas R. Lee, Pleading and Proof: The Economics of Legal Burden, 1997Brigham Young University Law Review1 (1997).

37. Taniguchi, Yasuhei, Understanding the Concept of Prima Facie Proof in WTO Dispute Settlement, in The WTO: Governance, Dispute Settlement & Developing Countries (M. E. Janow, V. Donaldson and A. Yanovich. Huntington), NY: Juris Publishing, Inc. 2008.

（三）GATT/WTO 裁判文书（专家组报告、上诉机构报告以及仲裁裁决等）

1. Panel Report, US – Superfund, L/6175, BISD 34S/136.

2. Panel Report, Uruguayan Recourse to Article XXIII, BISD 11S/95.

3. Panel Report, US – Tuna (Mexico), DS21/R – 39S/155.

4. Panel Report, US – Malt Beverages, DS23/R – 39S/206.

5. AB Report, US – Gasoline, WT/DS2/AB/R.

6. AB Report, Japan – Alcoholic Beverages II, WT/DS8/R, WT/DS10/R, WT/DS11/R.

7. Award of the Arbitrator, Japan – Alcoholic Beverages II, WT/DS8/15, WT/DS10/15, WT/DS11/13.

8. Panel Report, Australia – Salmon, WT/DS18/R.

9. AB Report, Australia – Salmon, WT/DS18/AB/R.

10. Panel Report, Australia – Salmon (21.5 – Canada), WT/DS18/RW.

11. Award of the Arbitrator, Australia – Salmon, WT/DS18/9.

12. Panel Report, US – Underwear, WT/DS24/R.

13. Panel Report, EC – Hormones (US), WT/DS26/R.

14. Panel Report, EC – Hormones (Canada), WT/DS48 /R.

15. AB Report, EC – Hormones, WT/DS26/AB/R, WT/DS48/AB/R.

16. Award of the Arbitrator, EC – Hormones, WT/DS26/15, WT/DS48/13.

17. AB Report, EC – Bananas III, WT/DS27/AB/R.

18. AB Report, EC – Bananas III (21.5 – Ecuador II), WT/DS27/RW/ECU.

19. Panel Report, EC – Bananas III (21.5 – US), WT/DS27/RW/USA.

20. Decision by the Arbitrator, EC – Bananas (Article 22.6 – EC), WT/DS27/ARB/ECU.

21. Panel Report, Canada – Periodicals, WT/DS31/R.

22. Panel Report, US – Wool Shirts and Blouses, WT/DS33/R.

23. AB Report, US – Wool Shirts and Blouses, WT/DS33/AB/R.

24. Panel Report, Turkey – Textiles, WT/DS34/R.

25. AB Report, Turkey – Textiles, WT/DS34/AB/R.

26. Panel Report, Brail – Aircraft, WT/DS46 /R.

27. AB Report, Brazil – Aircraft, WT/DS46/AB/R.

28. AB Report, Brazil – Aircraft (21.5 – Canada), WT/DS46/AB/RW.

29. Panel Report, Brazil – Aircraft (Second Recourse to Article 21.5), WT/DS46/RW/2.

30. Decision by the Arbitrator, Brazil – Aircraft (article 22.6 – brazil), WT/DS46/ARB.

31. Panel Report, India – patent（US）, WT/DS50/R.

32. AB Report, India – Patents（US）, WT/DS50/AB/R.

33. Panel Report, Indonesia – Autos, WT/DS54/R, WT/DS55/R, WT/DS59/R, WT/DS64.

34. Panel Report, Argentina – Textiles and Apparel, WT/DS56/R.

35. AB Report, Argentina – Textiles and Apparel, WT/DS56/AB/R.

36. Panel Report, US – Shrimp, WT/DS58/R.

37. AB Report, US – Shrimp, WT/DS58/AB/R.

38. AB Report, US – Shrimp（Article 21. 5 – Malaysia）, WT/DS58/AB/RW.

39. Panel Report, Canada – Aircraft, WT/DS70/R.

40. AB Report, Canada – Aircraft, WT/DS70/AB/R.

41. Panel Report, Korea – Alcoholic Beverages, WT/DS75/R, WT/DS84/R.

42. Award of the Arbitrator, Korea – Alcoholic Beverages, WT/DS75/16, WT/DS84/14.

43. Panel Report, Japan – Agricultural Products II, WT/DS76//R.

44. AB Report, Japan – Agricultural Products II, WT/DS76/AB/R.

45. Panel Report, India – patent（EC）, WT/DS79/R.

46. Panel Report, India – Quantitative Restrictions, WT/DS90/R.

47. AB Report, India – Quantitative Restrictions, WT/DS90/AB/R.

48. Panel Report, Korea – Dairy, WT/DS98/R.

49. AB report, Korea – Dairy, WT/DS98/AB/R.

50. Panel Report, Canada – Dairy, WT/DS103/R, WT/DS113/R.

51. AB Report, Canada – Dairy, WT/DS103/AB/R.

52. Panel Report, Canada – Dairy（21. 5 – New Zealand and US）, WT/DS103/RW, WT/DS113/RW.

53. AB Report, Canada – Dairy（21. 5 – New Zealand and US）II, WT/DS103/AB/RW2, WT/DS113/AB/RW2.

54. Panel Report, US – FSC（21.5 – EC）, WT/DS108/RW.

55. AB Report, US – FSC（21.5 – EC）, WT/DS108/AB/RW.

56. Decision by the Arbitrator, US – FSC（22.6 – US）, WT/DS108/ARB.

57. Panel Report, Chile – Alcoholic Beverages, WT/DS110/R.

58. Panel Report, Chile – alcohol, WT/DS87/R, WT/DS110/R.

59. Panel Report, Canada – Pharmaceutical Products, WT/DS114/R.

60. Award of the Arbitrator, Canada – Pharmaceutical Patents, WT/DS114/13.

61. AB Report, Thailand – H – Beams, WT/DS122/AB/R.

62. Panel Report, Australia – Automotive Leather II, WT/DS126/R.

63. Panel Report, Mexico – Corn Syrup, WT/DS132/R.

64. Panel Report, EC – Asbestos, WT/DS135/R.

65. AB Report, EC – Asbetos, WT/DS135/AB/R.

66. Panel Report, US – lead and Bismuth II, WT/DS138/R.

67. AB Report, EC – Bed linen (article 21.5 – India), WT/DS141/AB/RW.

68. Panel Report, India – Autos, WT/DS146/R, WT/DS175/R.

69. Panel Report, US – Section 301 Trade Act, WT/DS152/R.

70. Panel Report, Argentina – Hides and Leather, WT/DS155/R.

71. Panel Report, Canada – Dairy, WT/DS160/R.

72. Award of the Arbitrators, US – Section 110 (5) (Article 25), WT/DS160/ARB25/1.

73. AB Report, Korea – Various Measures on Beef, WT/DS161/R.

74. Panel Report, US – 1916 Act (Japan), WT/DS162/R.

75. Award of the Arbitrator, US – 1916 Act (Japan), WT/DS136/11, WT/DS162/14.

76. Panel Report, Guatemala – Cement II, WT/DS156/R.

77. Panel Report, US – Section 211 Appropriations Act, WT/DS176/R.

78. AB Report, US – Lamb, WT/DS177/AB/R, WT/DS178/AB/R.

79. Panel Report, US – Hot – Rolled Steel from Japan, WT/DS184/R.

80. AB Report, Chile – Price Band System (Article 21.5 – Argentina), WT/DS207/AB/RW.

81. Award of the Arbitrator, Chile – Price Band System, WT/DS207/13.

82. Panel Report, Egypt – Steel Rebar AD Measures, WT/DS211/R.

83. Award of the Arbitrator, US – Offset Act (Byrd Amendment), WT/DS217/14, WT/DS234 /22.

84. Panel Report, US – Section 129 (c) (1) URAA, WT/DS221/R.

85. Panel Report, Canada – Aircraft Credits and Guarantees, WT/DS222/R.

86. Decision by the Arbitrator, Canada – Aircraft Credits and Guarantees (Article 22.6 – Canada), WT/DS222/ARB.

87. Panel Report, EC – Sardines, WT/DS231/R.

88. AB Report, EC – Sardines, WT/DS231/AB/R.

89. AB Report, US – Corrosion – resistant Steel Sunset Review, WT/DS244/AB/R.

90. Panel Report, Japan – apples, WT/DS245/R.

91. AB Report, Japan – Apples, WT/DS245/AB/R.

92. Panel Report, EC – Tariff Preferences, WT /DS246 /R.

93. AB Report, EC – Tariff Preferences, WT/DS246/AB/R.

94. Award of the Arbitrator, EC – Tariff Preferences, WT/DS246/14.

95. Panel Report, US – Steel Safeguards, WT/DS248/R.

96. AB Report, US – Steel Safeguards, WT/DS248/AB/R.

97. AB Report, EC – Export Subsidies on Sugar, WT/DS265/AB/R, WT/DS266/AB/R.

98. Panel Report, EC – Export Subsidies on Sugar, Complaint by Brazil, WT/DS266/R.

99. Award of the Arbitrator, 2005 EC – Export Subsidies on Sugar, WT/DS265/33, WT/DS266/33, WT/DS283/14.

100. Panel Report, US – Upland Cotton, WT/DS267/R.

101. AB Report, US – Upland Cotton (Article 21.5 – Braizl), WT/DS267/AB/RW.

102. AB Report, US – Oil Country Tubular Goods Sunset Review, WT/DS268/AB/R.

103. Panel Report, Canada – Wheat Exports and Grain Imports, WT/DS276/R.

104. AB Report, Canada – Wheat Exports and Grain Imports, WT/DS276/AB/R.

105. Panel Report, US – gambling, WT/DS285/R.

106. Panel Report, EC – Approval and Marketing of Biotech Products, WT/DS291/R, WT/DS292/R, WT/DS293/R.

107. AB Report, US – Zeroing (EC), WT/DS294/AB/R.

108. AB Report, US – Countervailing Duty Investigation on DRAMS, WT/DS296/AB/R.

109. Panel Report, Dominican Republic – Cigarettes, WT/DS302/R.

110. Panel Report, EC – Selected Customs Matters, WT/DS315/R.

111. Panel Report, Canada – Continued Suspension, WT/DS321/R.

112. Panel Report, Brazil – Retreaded Tyres, WT/DS332/R.

113. AB Report, Brail – Retreaded Tyres, WT/DS332/R.

114. Panel Report, Turkey – Rice, WT/DS334/R.

115. Panel Report, China – Auto Parts, WT/DS339/R.

116. AB Report, US – Stainless Steel (Mexico), WT/DS344/AB/R.

117. AB Report, US – Continued Zeroing, WT/DS350/AB/R.

118. Panel Report, India – Additional Import Duties, WT/DS360/R.

119. AB Report, India – Additional Import Duties, WT/DS360/AB/R.

120. Panel Report, China – Intellectual Property Rights, WT/DS362 /R.

121. Panel Report, China – Publications and Audiovisual Entertainment Products, WT/DS363/R.

122. AB Report, China – Publications and Audiovisual Entertainment Products, WT/DS363/AB/R.

123. Panel Report, China – Raw Materials, WT/DS394/R, WT/DS395/R, WT/DS398/R.

124. AB Report, China – Raw Materials, WT/DS394/AB/R, WT/DS395/AB/R, WT/DS398/AB/R.

125. Panel Report, US – Anti – Dumping and Countervailing Duties, WT/DS379/ R.

126. AB Report, US – Anti – Dumping and Countervailing Duties, WT/DS379/AB/R.

127. Panel Report, US – Tyres (China), WT/DS399 /R.

128. Award of the Arbitrator, China – GOES, WT/DS414/12.

129. Panel Report, China – Rare Earths, WT/DS431/R, WT/DS432/R, WT/DS433/R.

130. AB Report, China – Rare Earths, WT/DS431/AB/R, WT/DS432/AB/R, WT/DS433/AB/R.